무용 예술의 기초

김제홍 · 유영근

한국문화사

무용 바슬아 가죠

문학 예술 총서

무용 예술의 기초

김재홍 유영근 공저

국립출판사
평양 - 1957

《머리》말

민족 문화 예술은 인민 대중의 오랜 창조적 노력 과정에서 그들의 재능과 지혜의 축적의 집중적 표현으로서 이루어진 재보이다. 이는 인민 대중의 창조적인 로동생활과 분가분리의 련관을 가져 오로지 그들을 위하여 전적으로 복무 리용되는 때에라야만 자기의 고상한 사명과 역할을 수행할 수 있는 것이다. 그것은 또한 오늘의 우리 나라에서와 같이 국가적인 전면적 방조와 장려에 의하여서만, 전 인민적인 관심과 열성적인 참가로써만이 풍부히 개화될 수 있는 것이다.

조선 민족 무용 문화의 풍부한 유산들은 조선 로동당과 공화국 정부의 끊임없는 배려와 지도 밑에 풍부하고 다양한 내용과 형식으로써 찬란하게 꽃피여가고 있으며 사회주의 건설의 위대한 현실 속에서 전진하는 인민들의 강유력한 문화 예술 생활의 한 분야로서 복무하고 있을 뿐만 아니라 오늘 자기들의 민족 무용 문화의 전통과 특색을 서로 자랑하며 시위하는 국제 무대에서도 찬연한 이채로서 높은 평가를 받고 있다.

그러나 력사적인 조선 로동당 제3차 대회의 결정 정신이 요구하는 수준에 비추어 볼 때에 우리 무용 예술 앞에는 아직도 많은 사업들이 제기되고 있다.

공화국 무용 예술이 해방 후 10여 년간에 걸쳐 비약적인 발전과 장성의 길을 걸어오는 과정에서 얻고 체험한 고귀한 창조적 경험과 교훈들을 리론적으로 집대성하여 광범하게 일반화하며 무용 예술에 관계하는 여러가지 전문적인 리론과 지식으로써 무용 배우들과 무용 학도 및 광범한 무용 써클원들을 교양하는 사업도 중요하고 절절한 문제의 하나로 제기되고 있다.

그러므로 우리가 이미 모선배들이나 선진 리론들과 문헌들에 의하여 배우고 연구하여 왔으며 창조 생활에서 체험해온 몇 가지 문제들을 발표함으로써 우리 나라 민족 무용 예술 창조 사업의 보다 높은 발전에 조그만 기여라도 있을가 하여 이 책자의 반간을 시도한 것이다.

이에 강조하여 말할 것은 이 책자에 제시되는 매개 문제들은 심오한 리론적 분석을 거처 서술된 것들은 아닌 것이며 그 것은 이더까지나 개념적으로 서술된 초보적인 리론으로 창작 활동에 측면적인 방조를 주려는 데 그 의도가 있다.

또한 이는 해방후 10여 년간 단편적으로 발표된 무용 예술에 관한 론문들을 참작하여 이에 몇 가지 문제들을 제기함으로써 광범하고 활발한 토론을 전개시켜 무용 예술의 창조적 리론을 더욱 풍부히 발전시킴에 자극을 주려는 데 그 목적을 두고 있다.

오늘 무용 예술의 각 부면에 걸치는 리론적 해명 및 분석과 아울러 창작상의 방법 경험 등 실천과 결부된 문제들의 해명이 절실하게 요구되는만큼 우리가 내놓는 이 소책자가 불충분하나마 무용 예술을 연구하며 지도하는 광범한 독자들에게 약간의 참고나마 되리라고 믿는다.

아직 체험이 옅고 배우는 과정에 있는 무용 학도인 우리들의 천박하고 미숙한 견해들에 의거하여 서술된 이 책자의 내용들은 적지 않은 부족점들과 부분적인 그릇된 견해를 면치 못할 것이라고 생각하는 바, 선배 동지들의 많은 충고와 보충 수정을 바라 마지 않는다.

1956년 10월 평양에서

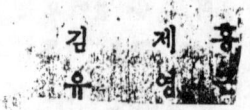

차 례

머리말 · · · · · · · · · · · · · · · · · · 3

I. 무용에 대한 개념 및 무용의 몇 가지 형태 · · 5
   1. 무용이란 무엇인가 · · · · · · · · · · · 5
   2. 원시적 무용 형태 · · · · · · · · · · · 14
   3. 우리나라 「역사 무용」과 봉건 사회의 민간 무용 · 23
   4. 민족 무용과 성격 무용 · · · · · · · · · 29
   5. 발레 무용에 대하여 · · · · · · · · · · 37
   6. 20세기초 전후하여 출현한 새로운 형태의
      몇 가지 무용들 · · · · · · · · · · · 44
   7. 오락 무용에 대하여 · · · · · · · · · · 56

II. 조선 민족 무용 · · · · · · · · · · · · 61
   1. 조선 민족 무용에 대하여 · · · · · · · · 61
   2. 조선 민족 무용의 몇 가지 기교 동작 해설 · · 92

III. 무용 작품 창작 과정에 대하여 · · · · · · 117
   1. 무용 대본에 대하여 · · · · · · · · · · 123
   2. 창작 구성안 (창작 구서 플랜)에 대하여 · · 129
   3. 무용 음악에 대하여 · · · · · · · · · · 136
   4. 무용 창작 법 · · · · · · · · · · · · 142
   5. 안무 연출에 · · · · · · · · · · · · 160

IV. 클라식 발레로 기본 훈련의 의의 및 기교 해설 · 174

V. 외국 민족 무용 기본 훈련의 의의 및 기교
   해설 · · · · · · · · · · · · · · · · 203

VI. 무용 써클의 조직 운영과 창작 과정에서
   제기되는 몇 가지 문제 · · · · · · · · · 2X

1. 무용에 대한 개념 및 무용의 몇 가지 형태

1. 무용이란 무엇인가

　무용이란 무엇인가 하는 개념을 리해하기 위해서는 우선 무용의 기본적인 표현 소재이며 요소라고 할 수 있는 육체의 률동과 기교가 발생하게 된 동기와 과정을 알아야 할 것이다.
　동시에 무용이 발생 당시부터 인간 생활에 있어서 어떠한 역할과 기능을 수행하여 왔으며 발전해 왔는가 하는 것을 알아야 할 것이다.
　그렇다고 해서 원시 무용사를 위시한 세계 무용 발전사를 여기에 서술하려는 것은 아니고 다만 무용 예술이란 무엇인가 하는 개념적 문제에 기초하여 력사적 발전 과정에서 나타난 특징적인 몇 가지 형태의 무용의 성격을 개괄적으로 서술해 보려고 한다.
　우리들은 극장이나 그밖의 모든 곳에서 무용을 관람할 수도 있으며 또한 춤추는 대렬에 직접 쥐여 유쾌하게 즐길 수도 있다.
　그런데 우리는 어떠한 곳에서 보고 즐길 수 있는 춤이건간에 그것이 모두 동일한 형식과 형태의 것이 아니고 그 춤들이 각기마다 자기의 특수성과 특징들을 지니고 있음을 리해할 수 있다. 이처럼 무용 예술은 다양하고 다채로운 형식과 형태를 자기의 표현 수단으로 가지고 있는바, 이를 다음과 같은 형태 군로 개괄할 수 있다.

즉 각 나라의 민족 무용 중 그 나라 지방마다에 특유한 민속 무용들, 민족 발레트 (고전적 형태와 현대적 형태의 것으로 나눌 수 있다), 조선 민족 무용 (궁중 무용적 형태, 민간 무용적 형태, 종교적인 무용 형태로 나눌 수 있다) 등이 그것이다.

클라식 발레트와 그의 소품들, 신흥 무용, 률동 무용, 꼭두 무용, 체육 무용, 그 밖에도 군중 무용의 형태로서 향로 무용, 사교 무도 등 실로 다양한 형태를 가지고 있다.

그러면 이미 언급한 조선 민족 무용의 세 가지 형태란 어떤 것들인가.

첫째로 궁중 무용적 형태와 형식이란 군중춤, 처용무, 포구락, 무고 등, 완만하고 우아한 아악조에 의한 음악에 맞추어 가지 각색의 아름다운 옷도리, 한삼, 금방울련 붉은 띠, 패자 등으로 장식하고 유유한 률동으로써 완만하고 넓은 시울 공간에 그리는 춤들을 말하는 것이며,

둘째로 종교적인 무용의 형식과 형태란 승무, 바라무, 방울춤 및 부채춤과 같이 불교 계통과 무당 계통에서 온 춤들을 말하며,

세째로 민간 무용 형태란 농악무, 봉산 탈춤, 사자춤, 수박춤, 돈돌나리, 강강수월래, 꽤지나 칭칭나네 등 인민들의 집단적 정서와 환희 및 지방적 특색이 농후한 춤들을 말한다.

이와 같은 민족 무용의 형태, 형식은 다른 나라의 민족 무용에서도 공통적으로 찾아볼 수 있다.

무용 예술은 자기의 본질적인 사명 수행에 있어서 예술 무용과 군중 유흥 무용으로 구분할 수 있다.

예술 무용이란 미적으로 정비되고 체계화되었으며, 형식화된 육체적 활동, 기교 형식, 동작 (포즈, 표정을 포함)을 표현 수단으로 하여 인간의 사상 감정과 생활의 어느 측면을

그며, 인간의 정신 생활, 사상 발전에 자극을 주며 이에 모쇼하기를 지향하는 무용이며,

군중 유흥 무용이란 미적으로 률동화되고 과장되고 형식화된 리드미칼한 육체적 운동과 동작들의 련관 및 집합으로써 인민들의 집단적 친선과 우의 및 여흥을 환기시키는데 그 목적을 두고 있다. 이는 로동에서의 피곤을 가시고 래일의 로동에 대한 보다 높은 열정을 고취함과 동시에 일반적 문화 생활을 향상시키는데도 커다란 역할을 노는 것이다.

무용은 극장 무대 뿐만 아니라 극장을 떠난 어떠한 곳에서도 볼수 있는 것이다. 도시 농촌 어촌 할 것없이 사람들이 집단을 이루고 있는 장소라면 공장, 기업소, 학교, 공원, 구락부, 민주 선전실, 협동 조합의 전야 등 어디서나 우리는 무용을 보고 즐길 수 있으니 이것은 무용이 음악과 함께 가장 대중적인 예술의 하나임을 말하여 주는 것이다.

보충적으로 언급할 것은 클라식 발레로나 신흥 무용과 같이 전문적인 극장 무용의 씨스제마로써 고안 발전된 형태의 것을 제외하고는 어떠한 형식과 형태의 것이건 그것은 창작자의 일정한 계획과 의도에 따라서 예술 무용으로도 군중 유흥 무용으로도 만들어질 수 있다는 것이다.

군중 유흥 무용의 창작은 무용 예술의 본질적 내용에 있어서 사고와 구상의 초보적 계단이며, 예술 무용의 창작은 사고와 구상의 고급적 계단이라고 말할 수 있다.

그것은 예술 무용의 창작이란 인간의 심오한 사상 감정을 반영 전달할 수 있는「언어와 행동」을 추궁하여 형상해 내는 것이며, 군중 유흥 무용에 있어서는 사람들이 즐기며 놀 수 있는「동작과 형식」을 추궁하여 형상이 아니라 꼼비나찌야 (련합하여 련결시키는것) 한다는 본질적 차이로서 설명된다.

다음으로 무용의 기본적인 표현 소재이며 수단인 기교 형식과 동작에 대하여 분석하여 보기로 하자. 즉 무용의 기교, 동작은 무엇이며 그 자체 조상간에는 어떠한 특징과 관계가

있는가.

　이에 있어서 무용적 동작과 일반적 동작, 특수적으로 스포 쯔의 동작과는 어떤 본질적 차이가 있는가 하는 문제들이 제기 될 수 있다.

　우리가 관찰하는 어떠한 형태와 형식의 춤이건간에 그것이 한결같이 팔, 다리, 동체를 위시한 육체의 률동적인 운동이며 동작임에는 틀림없으며, 이가 스포쯔의 제 동작의 구성과 공통 한 점이 있음은 틀림 없다. 그러나 동시에 무용의 매개 기교, 형식, 동작군 호상간에는 엄밀히 관찰 분석하여 볼 때 일반적 공통성과 개별적 특수성이 함께 내포되여 있다는 것을 파악 할 수 있다.

　어떠한 형태와 형식의 춤이건간에 그 기교 동작들이 팔, 다리, 동체를 위시한 육체의 신축(伸縮), 굴신, 굴곡의 변화, 조약과 회전, 균형적이며 합법칙적인 동작 운동의 련속적 변 화, 체제적 긴장과 이완(弛緩), 운동의 격렬성과 완만성 등 인 간의 육체적 유기체와 신경의 최고도의 반양으로 된 동작들이 라는 것, 그리고 기교와 동작들이 공간에 그리는 선(線)과 호 흠에 있어서 곡선, 포물선 및 직선과 기하학적 선들을 보여 준 다는 것, 한결같이 매개 기교, 동작이 원숙한 조형성을 내포하 고 있으며 발휘하고 있다는 것 등을 일반적 공통성이라고 말할 수 있다. 그러나 이것들은 서로 상이하고 특색있는 전통과 「미적 관념밑에」 률동화되였으며 과장 및 형태화된 것인 것 이다.

　그러면 이런 개별적 특수성과 차이점이란 무엇인가. 비록 모든 무용의 기교 형식 및 동작들이 인간의 육체적 운동을 기 초로 하고 있으며 인간의 육체적 유기체와 신경의 고도로 되는 반양을 이룬 운동들의 한 부분이라 하되, 그 매개의 기교 동작 과 형식은 다음과 같은 조건에 의하여 판이해지는 것이다.

　ㄱ. 민족적 전통과 특수성에 의하여 각이한 색채와 성 격, 흥취와 정서를 가지며, 그 민족의 지방적 풍습의 특징에

따라 차이를 가지는 것이며,

ㄴ. 리용 대상의 사회적 환경에 의하여 판이해지는 것이니 그것이 특권 계급에게 리용될 때에는 특권 계급의 생활 감정 정서 및 취미가 반영된 것으로서 그것이 근로 인민들에게 리용되는 것은 근로 계급의 생활 감정 정서가 반영된 것으로서 나타나며,

ㄷ. 소여 사회의 정치 경제 문화적 특수성에 의하여 가이하며,

ㄹ. 그것을 연구하는 지향 여하에 따라서, 즉 그를 리용하는 사람의 미학적 견해의 차이에 따라서 엄연한 차이점과 특수성을 가지는 것이다.

이것은 일반적으로 다 같은 육체적 운동이며 동작인 동시에 다같은 무용의 기교 동작이지만 각 나라들의 춤동작과 기교가 엄연히 서로 상이한 특징들과 색채를 지니고 있는 것으로써도 알 수 있으며, 또한 클라식 발레트와 신흥 무용이 구별되며, 귀족적 싸롱무용과 농민들의 률무 형식인 민간 무용이 서로 구별되는 것으로도 알 수 있다.

물론 오늘날 어떠한 무용의 형태와 형식을 따져 분석해 본다 할지라도 그것이 완전히 고립된 환경에서 아무런 타의 영향도 없이 이루어진 것은 없을 것이니 각 형태의 무용은 역사적 발전 행정에서 인민들과 전문가들의 재능에 의하여 서로 교류 섭취되면서 풍부화된 것이라고 할 것이다.

다음으로 언급할 것은 무용적 동작 기교와 스포쯔적 동작 기교간의 차이점에 대한 것으로 물론 이 량자가 육체적 운동과 동작을 기본 토대와 수단으로 하고 있는 공통점을 발견할 수 있으나 량자는 각자의 목적과 훈련 방법에 있어서 본질적 차이점을 가지고 있다.

스포쯔의 동작과 기교의 목적은 육체적 발달 (골격, 근육, 내부 구조) 발육에 있으며, 경기에서의 성과적 수행에 있으며, 체력 향상에 그의 동기와 목적을 두고 있다.

그러나 무용적 동작과 기교의 목적은 인간의 내적인 심리 현상과 감정을 표현하는 데 있는 것이니, 이는 배우 호상간, 배우와 관객 사이의 언어적인 의사 표시의 수단으로서 형성 발전될 것이다.

그러면 무용 동작과 기교에 대한 근원과 본질을 살펴 보기로 하자.

인간은 심리지 변화 및 감정의 반동 여하에 따라 그의 격동의 정도에 따라 각양한 움직임을 갖는 것이며 동작과 휘르마 (姿勢)도 각이한 형태를 나타낸다. 극도의 흥분과 감정의 고조는 사람으로 하여금 팔을 휘두르게 하며 뛰여오르고, 쥐여뜯고, 땅을 치며 통곡하는 동작과 휘르마를 동반하게 한다.

이와 같은 심리적 변화와 감정의 반동으로서 발현되는 제 동작과 행동은 무용 기교와 동작의 소박한 (세련되지 않은) 소재라 할 수 있다.

이와 같은 소박한 무용적 소재는 물론 사람에게만 있는 것이 아니고 금수들에게서도 감축할 수 있다.

그러나 그것을 일정한 목적을 위한 의식적인 표현의 수단으로서 예술적인 령역으로 이끌어 올린 것이 바로 인간이라고 말할 수 있다.

각 가지 구체적 실례를 들어 보기로 하자. 아무 동작이나 되는 대로 해서는 무용의 기교가 될 수 없으며 되지도 않는다.

걸어가는 동작 하나를 들어 분석하여 본다 할지라도 무용에 있어서의 걸음은 우리들이 보통 거리에서 걸어가는 것과는 다르다. 무대에서의 걸음은 일정한 법칙이 있다.

즉 무용적 보법(步法) 이 그것이며, 이는 벌써 일정한 미적 의식에 준한 특수한 훈련과 제약에 의하여 세련성이 부여되어 아름다운 동작으로 표현된 것이며, 음악 서물과 리듬 우에 능이 띠고 머갈란 보법이다.

이것은 무용에 소요되는 모든 동작, 운동에 대하여 동일한 견해로서 말할 수 있는 것이다.

인제 무용 예술 작품의 진정한 예술적 가치는 어떻게 이루어지는가에 대하여 생각해 보기로 하자.

모든 표현 소재들은 예술로서의 완성에 의하여 그의 특질을 최고도로 발휘하게 된다.

무용은 민족 무용이건, 그다지 반대로이건 간에 출연자와 창작자의 예술적인 표현 의욕이 얼마만큼 강렬한가에 따라 또는 출연자의 기능이 정리되고 련마된 예술적 표현 수단을 통해서 얼마만큼 발휘되였는가에 따라 그 작품의 예술적 가치가 결정되는 것이다.

출연자와 창작자의 예술적 의도가 진지하고 기능이 심오하며 생활의 전형을 묘사하는 데 심혈이 경주되였을 때 우리는 단순히 아름다운 리듬과 률동에만 흥미를 가지게 되는 것이 아니라 나아가 작품이 가지는 생활이나 사상성에 스스로 감동할 것이며 공명하게 될 것이다.

무용 예술 작품에 있어서도 진실의 고도와 보편성 다시 말해서 사상 예술적 강도에 의하여 그 작품의 가치가 평가되는 것은 말할 것도 없다.

우리는 혼히 써클들에서 상연되는 작품들 중에 기교와 형식 자체에 있어서는 어느 정도 미숙하다 할지라도 그 작품의 전반적 호흡에서 생활의 본질이 진실하게 취급되고 전개되여 나갈 때, 관객의 심금에 무엇인가 강렬한 사상적 감동을 주며 또한 이가 근로자들의 창조적 생활에 일정한 긍정적 역할과 위안을 줌을 발견하게 된다.

그 반면에 무대적 장식이라든가 조명이 효화 찬란하고 외형적 기교 형식이 정연한데도 불구하고 관중들의 가슴에 아무것도 호소하는 것이 없고 도리여 공허를 주며 악영향을 끼치는 작품을 볼 수 있다. 그의 좋은 실례는 오늘 미국과 서구라파의 일부 나라에서 지배적으로 류행되고 있는 그로떼쓰끄적 순수 예술과 떼낸 곳에서 찾아볼 수 있다.

이번 사명은 진정한 예술적 사명을 상실한 것이며, 부르죠 아지들의 비속한 미학적 관념과 유흥적 목적에 의하여 안출된 퇴폐적인 오락 무용으로서 이는 부르죠아 전쟁 상인들의 돈'주 머니에 예속된 값싼 선전 도구에 지나지 않는다.

물론 그렇다고 하여 무용 예술에 있어서 기교 형식의 풍 부성과 무대적 환경 조건의 효화성을 과소 평가하는 것은 아니다.

풍부하고 세련된 기교 형식이나, 주제에 적용한 사실적이 며 효화로운 무대 환경 조건은 표현하려는 내용의 사상 예술성 을 제고시키는 데 긴정적인 의의를 가진다는 것을 잊어서는 안 된다.

이것은 기교 형식과 아울러 사상 예술성이 풍부한 리브레 또(대본), 풍부하고 성격적 선명성을 가진 무용 음악, 의상, 소도구, 장치, 조명 등의 제 예술 쟌르와 수단들이 종합되여 하 나의 작품을 이루게 되는 무용에 있어서는 더욱 중요한 문제 이다.

사상 예술적으로 고상한 무용 예술을 창조하기 위해서는 그의 표현 수단인 마스쩨르스뜨보(기교)의 제고에 대한 부단 한 투쟁과 병행하여, 맑스-레닌주의 사상으로 확고히 무장된 계급적 립장에서 사회 발전의 합법칙적 현상을 파악하며 사물 에 대한 원칙적이며 정확한 관찰과 해석을 가지는 문제가 중요 하게 제기된다. 그럼으로써 무용이라는 예술적 형식과 수단을 통하여 생활을 예술적 정서와 감흥이 깊게 박진력있게 묘사함 으로써 관중들에게 사상적 양식과 위안을 주도록 견지하고 계 속적인 노력을 경주해야 할 것이다.

예술 작품에 대한 평가는 어떤 기계적인 채점으로써 명확 히 하기는 곤난한 것이며, 일률적인 척도로 재일 수는 없는 것이다.

대개 작품마다에는 각이한 생활적 특성이 있어 각이한 계

관중에게 호소하는 것이며 그 형식과 형태가 다양할뿐더러 형상에 있어서의 자자률의 풍부한 개성시인 수법들이 보여지고 있는 것이다.

그러나 그 작품이 가지고 있는 당성이나 인민성의 강도와 예술적 향기의 강도에 따라 작품의 우렬이 결정되는 것은 두말할 것 없다.

다른 자매 예술과 함께 무대 예술의 한 분야로서 인간의 사상 감정과 생활을 형상함으로써 이데올로기 전선의 한 성원으로 참가하고 있는 무용 예술이 그의 기능을 최고도로 발휘하기 위해서는 무용 곡목 혹은 무용극 창작과 프로 편성에 있어서 그 당시에 조성된 정치적 과업과 목적을 도와 인민을 고무 추동하도록 해야 할 것이며 관중 대상을 항상 고려해야 할 것이다.

이렇게 창작 편성될 때에 비로소 무용 예술 작품은 〈특별한 언어의 지식이 요구되지 않으며 누구든지 직접적인 시각을 통하여 어떠한 것이라도 알 수 있는〉 것으로 될 것이다.

무용 예술의 개화를 위하여 진정으로 투쟁한 여러 선배들은 항상 인간의 사상과 감정이 최고도로 원만하고 심각하게 표현되는 방향으로 무용 예술이 나가도록 그렇게 애썼던 것이다.

무용 예술의 특징을 지적하면서 레오나르도 다빈찌는 〈출연자들의 포즈는, 그들의 손과 다리의 동작은 그들의 정신과 사상을 표현하지 않으면 안된다.〉 라고 격려하였고 아·스·뿌슈낀은 〈비약하는 기분으로!〉 라고 그 표현성을 강조하였던 것이며 또한 18세기 불란서의 무용 예술의 거장이며 개혁가인 쟌 조르쥬 노벨은 무용 예술의 선명하고 풍부한 표현에 대하여 강조함과 아울러 주제와 형상의 진실성에 대하여 력설하였던 것이니 이는 우리에게 귀중하고 흥미있는 교훈들로 된다.

마지막으로 예술 무용의 초보적 형태의 출현에 대하여 력사적으로 간단히 살펴 보기로 한다.

력사 문헌들에 의하면 기원전 6~7세기 희랍에서 희랍 비극이 나왔을 때부터 이미 그 형태를 찾아볼 수 있다고 한다.

기원전 6~7세기 당시의 희랍 비극은 일정한 무대에서 전문가에 의하여 연출되고 상연되였는바 당시의 희랍 비극은 음악이며, 연극인 동시에 무용이였다고 한다 (오병초 저 《세계 연극사》 참조).

무용이 단순한 감상 여흥을 위한 것으로 그치는 것이 아니라 일정한 목적과 의도에 의하여 인간의 사상 감정과 생활을 표현하기 위한 창작성이 무용에 부여되였을 때부터 예술 무용이 발생하였던 것이니 이리하여 무용은 다른 자매 예술과 함께 계급 투쟁을 반영하는 수단으로 되여 인류에게 복무하게 되였다.

예술 무용의 발생에 대하여 추가적으로 언급할 것은 예술 무용의 한 형태로서 희랍 비극을 그 기원의 일종으로 말하기는 하지만 이는 완전한 무용 자체의 독자적 기능을 수행한 것이 아니라 노래와 연극과 합치된 것이였다는 것이다.

가사와 대사가 없이 무용의 독자적 기능으로서 즉 음악과 빤또미마 (무언극) 에 무용적 률동과 기교 형식을 합쳐서 일정한 사상 감정을 표현하게 된 것은 장구한 세월이 경과한 뒤였으며, 그의 가장 오랜 것이 고전 발레트의 발생이라고 본다.

발레트에 대하여서는 뒤에 다시 언급하기로 한다.

2. 원시적 무용 형태

1. 원시 사회의 로동과 무용

무용은 로동 생활 과정에서 발생하였으며 로동과 투쟁을 고무하는 수단으로서 리용되였다.

무용의 발생에 대한 학설은 실로 구구한바 혹은 원시인들이 무엇을 흉내내기 시작한 동작들이 무용 동작의 시초라고도 하며 혹은 언어가 아직 생기지 않았거나 완전히 발달되지 못하였을 때 자기의 감정과 의사를 아름답게 열정적으로 이성(異性)에게 충분히 전달하기 위한 수단으로서 취해진 동작들이 무용 동작의 시초라고도 하며 또는 원시인들의 집단적 혹은 개별적인 유희 본능의 심리적 표현으로 나타난 이러저러한 동작들이 점차적으로 형태화되여 무용의 기원을 이루었다고도 하는데 이와 같은 모방 본능설, 이성 흡인설, 유희 본능설들은 당시 원시인들의 실제 생활 형편이나 그들의 생활상 목적과는 거리가 있는 것으로 합당치 않다고 본다.

맑스—레닌주의 정치 경제학은 원시 사회에서는 생산 도구의 극단한 미개 상태로 인하여 자기 혼자서는 생활을 영위해 나갈 수 없었으며 또한 자연 피해와 맹수들의 습격으로부터 자기들의 생명을 보호하기 위하여 수십명씩 집단을 이루고 살았던 것이며 그들이 획득하는 식료는 겨우 그들의 생명을 유지해 나갈 정도에 불과하였다는 것을 말하여 주고 있다. 그러므로 무용이 원시인들에게 있어서 단지 모방 본능, 이성 흡인, 유희 본능 등으로 발생하였다고 한다면 원시인들의 생존과 결부되는 선차적인 문제 즉 로동 생산보다 이것들이 선행하는 것으로 보는 관점이니 이는 결국 「정력의 파잉」에서 무용의 기원을 찾는다고 볼 수 있다.

그러나 무용의 발생을 단지 원시인들의 정력의 파잉에서 산생되는 이러저러한 욕구에서 찾는다면 원시 시대에는 무용은 실제상 존재하기 힘들었을 것이며 존재하지 않았을 것이라는 결론이 나올 것이다.

그것은 원시 시대의 인간에게는 정력이 남아 돌아 갈 만한 풍부한 생활적 자료들이 조건지어져 있지 못하였으며 겨우 그의 생명을 유지할 정도였다는 것을 증명하여 주기 때문이다.

그러나 력사는 원시 사회로부터 이미 무용이 노래와 더불어 그들의 생활과 떨어질 수 없는 관계를 가지고 있었으며 생활 영위의 중요한 수단으로서 리용되였다는 것을 증명해 주고 있다.

원시인들은 자기들의 집체적 로동의 반복 속에서 작업에 동반되는 리듬을 발견하였다. 그들은 힘에 겨운 로동을 강력하고 단조로운 리듬에 맞추어서 수행하면 피곤이 덜할 뿐만 아니라 합심 합력할 수 있으며 로동의 능률을 더욱 높일 수 있다는 것을 깨달았다. 즉 강력하고 단조로운 리듬과 거기에 맞추어서 하는 로동의 률동성은 로동을 조직적으로 즐겁게 한다는 것을 알았다.

원시인들의 단조롭고 강력한 리듬과 그에 적응한 률동성은 원시인들에게 불리여지는 노래 (원시적이며 단조로운 음절의 반복)와 분리해서 생각할 수 없다.

로동 도구가 유치하고 미개한 상태에 있던 그들은 몇개월 혹은 몇년씩 걸려 배를 만드는 작업 같은 데 있어서 로동에 참가하는 사람들로하여금 동일한 수법으로 동일한 간격을 두고 힘을 집중하도록 하기 위하여 타악기의 리듬을 중요하게 리용하였다는 것이다. 중앙 아프리카의 어떤 지방의 원주민들은 자기들이 만든 크고 육중한 배를 바다로 밀어 내는 말하자면 오늘의 진수식(進水式)에 있어서 자기들이 만든 배의 주위를 북소리에 맞추어 열광적으로 노래부르고 춤추면서 돌아 가다가 약속된 소리 혹은 군호에 의하여 일제히 배에 들어 붙어 한 걸에 한번씩 밀어 내는 동작을 률동적으로 반복함으로써 바다까지 배를 밀어 냈다는 것이 알려져 있다.

원시인들은 자기들의 생활 과정에서 일어나는 여러 문제와 사건 및 감정들을 률동적인 몸짓 손짓을 통한 시늉으로써 다른 사람들에게 전달하였으며, 자기들이 겪은 경험을 일반화하였다.

이러한 행동들은 그들 상호간에 일정한 감정과 기분을 산생케 하였으며 경험을 납득시키는 것으로 되였으며, 그들로 하여금 묘상 동일한 감정과 기분으로 단합시켰을 것이다. 하루의 사냥 혹은 로동에서 돌아 온 이후에 그들은 모닥불을 피워 놓고 자기들이 획득한 짐승이나 야채, 과일들을 뜯어 먹어가며 수

협행정에서 관찰한 동물의 움직임을 모방하는 것으로써 그 동물의 성격과 특징들을 소개하였으며, 그 동물을 어떻게 잡을 것인가 하는 수렵 방법들을 소개하는 동작들은 률동적으로 재현하였다는 것이다. 뿐만 아니라 원시인들은 로동을 흥겹게 하며 피곤을 덜게 하기 위한 춤이라든가, 전투, 제사등을 설명하는 가지각색의 춤을 낳았으며 이를 밤 가는줄 모르고 즐겼다고 하는바, 물론 그 동작들은 비상히 명료하게 직접적으로 생산력의 상태를 반영한 빤또미마(무언극)이였으며 가무 형식이였을 것이다.

원시 시대에 있어서의 수렵 생활 혹은 수렵 무용을 반영한 아주 사실적이며 생활적인 무용들은 여러가지 문헌들에 소개되여 있는데 그 몇 가지 례를 들면 다음과 같다.

1. 아프리카 콩고 토인들은 고리라 혹은 코끼리를 생포하러 떠날 때 한 사람이 고리라 혹은 코끼리의 생활 동작이라든가 장애물을 극복하기 위하여 이리저리 발악하는 고리라나 코끼리의 동작을 흉내내이는 다른 사람들은 그를 습격하고 생포하는 동작을 률동적으로 추었다고 하는바 이렇게 수렵 방법의 반영으로서의 무용이 전하여 내려오고 있다고 한다.

2. 인도의 깊은 산속, 산맥을 끼고 사는 곤드족들은 산'소 사냥의 춤을 춘다고 하는바 산'소의 가죽을 쓴 한 사람이 뿔피리를 가지고 산'소 흉내를 내면 여러 사람이 그것을 쫓아 다니고 물고 하는 춤이라고 한다.

3. 남양 보르네오의 어느 종족들은 새들이라든가 곰의 흉내를 내며, 호주의 토인들은 캉가르의 흉내를 내여 뛰여다님으로써 그를 어떤 술법으로 잡아 내는가를 률동적으로 모방 재현한다고 한다.

이와 같이 수렵 과정을 률동적으로 재현함으로써 경험을 일반화하고 전무 사기를 앙양시키는 수단으로서 수렵 무용이 발생하였다.

다음으로 원시인들의 생활에서 중요한 위치를 차지하는 것은 린접 부족간의 싸움이다. 원시 시대에 부족 호상간에는 빈번히 싸움이 있었다고 한다.

생명 보존을 위한 식량 략탈로 인하여, 살기 좋은 지대의 쟁탈을 위하여, 녀성들의 쟁발 등을 둘러싸고 그들 사이에는 빈번히 싸움이 벌어졌는바 무용은 이런 싸움에 있어 큰 역할을 놀았다.

그들은 출진을 앞둔 전사들을 고무 격려하는 데나 승리를 축원하고 맹세하는 데 노래와 춤을 리용하였고 전투훈련, 전승축하 등을 노래와 함께 박력있고 열정적인 무용들로써 장식하였다고 한다.

몇 가지 이러한 자료들을 인용하면

1. 키다르 키나르도에서는 출진 준비를 갖춘 무장한 전사들이 대렬을 지어 발을 구르다가 공중으로 창과 방패를 내던지며 열광적으로 춤을 추면, 주위에서 그를 성원하는 녀성들의 우렁찬 박수와 환호 소리가 충천하였다고 한다.

2. 마다가스카르 섬의 녀성들은 출진을 앞둔 전사들 앞에서 사기를 고무하기 위하여 열정적인 춤을 추었다고 하며 남아프리카의 어느 지방에서는 전투 무용이 문답(問答) 식으로 되여 있는 것이 있었다고 하는바 녀성들이 전투 사기, 전투 술법, 전투 계획, 공모 등에 대하여 노래로 물으면 남자들이 이에 대하여 사가 춤으로 대답하였다고 한다.

이처럼 전투와 관련되는 춤들이 거의 진 중추에 있어서 기본적 행사의 하나로 되여 있었다고 하며 춤의 특징은 집단적인 군무 형식인 동시에 다이나미크한 것이었다고 한다.

이와 같이 전쟁 출진 전이든가, 큰 사냥을 앞두고 폭풍우 같은 음악에 맞추어 전쟁춤, 사냥춤이 벌어졌으며, 중요한 회의를 앞두고는 엄숙하고 유난한 명절놀이의 춤과 노래가 있어, 참가한 전체 성원으로 하여금 같은 목적에 대한 사상적 정신적 일치를 갖게 하였으며, 전쟁 승리에 대한 사기의 앙양, 사냥에서의 성과 고무 등의 역할을 발휘하였다.

아와 같이 무용은 다른 자매 예술과 함께 그의 발생 시초부터 인간 생활과 밀접한 관계를 가지는 긴절한 필요성에 의하여 인간들의 로동 과정에서 나타났다는 것을 리해할 수 있으며 원시 시대의 무용이 단순한 오락, 유희, 모방을 위한 것이 아니라 그들의 생활 영위상 불가결의 중요한 기능을 수행하는 것으로 존재하였었다는 것을 알 수 있다.

2. 원시인들의 신앙(종교)과 무용

원시 사회의 신앙의 제 형태는 무용의 발생과 발전에 커다란 영향을 주었다고 생각한다.

원시 사회에 있어서는 미개하고 유치한 로동 도구에 의한 생산력의 미개 상태와 아울러 자연 법칙에 대한 원시인들의 유치하고 미개한 관념으로 하여 자연을 정복하여 인간에게 유리하게 리용한다는 문제에 대하여서는 상상조차도 못하였다. 그런만큼 그들은 자연에 대하여 무력하였다.

그러므로 자연의 힘이나 변화는 그들에게 있어 공포의 대상으로 되였다. 따라서 원시인들은 자연력을 무서워하는 나머지 자연계에는 불가항력적인 많은 신이 존재하는 것으로 인정하였으며 자연력을 맹목적으로 숭배하였다.

원시인간은 수렵 시대에는 일정한 동물을 자기 조상의 신으로 삼아 기도를 드리었다.

그후 농업과 목축업이 발생한 이후에는 태양, 비, 강, 바람, 구름 등 자기들의 생활과 직접적 리해 관계가 있는 것들을 자기들의 신으로 받들고 기도하였다. 이런데서 원시 종교가 발생하였다고 한다.

원시인들에게서 최초의 종교라고 할 수 있는 신앙은 도떼미즘과 자연 숭배 사상이였는바, 의심할 바없이 이와 같은 원시인의 신앙은 자연과의 투쟁에서의 무능력에 기인하여 발생하였다.

『씨족 공동체 내에는 추장이 있었고 이와 아울러 신관 혹은 무당이 있었는바, 대체로 신관은 자기들의 공동체 내에서 년세가 제일 많고 경험있는 사람이 담당하였다. 이들은 공동체 내에서 진행되는 일체 의식(儀式)과 제사(祭祀)를 전문적으로 맡아서 집행하는 자였다.

원시인들의 신앙은 그들의 생산 활동과 밀접히 련결되여 발생하였던 것이니 만물의 령혼과의 교섭이 그들의 생산 활동에 중요한 의의를 가진다고 인식하고 있던 그들 사이에서 신관 혹은 무당은 자못 큰 역할을 놀았다. 즉 신관 혹은 무당은 만물의 령혼과 교섭할 수 있는 것으로 인식하였다.

도테미즘이라는 것은 원시인들의 선조 숭배, 수호신 숭배를 의미하는 것으로 자기들의 부족 혹은 종족 생활에 특히 인연이 깊은 동물을 존숭하는 것을 말한다.

그들은 혹은 닭을, 혹은 곰을 자기네의 도템으로 삼아 존숭하였다.

도템의 대상은 수다하다. 원시인들은 '큰 제사' 날이면 자기들이 숭상하는 도템의 외형을 본떠 탈을 만들어 쓰고는 악마로 분장한 것과 대항하여 싸워, 자기들의 도템이 승리한다는 내용을 가진 춤을 추어 환희와 흥분을 자아내였다.

대체로 자기들의 도템과 싸워서 패망하는 대상은 자기들이 가장 싫어한다든가 증오하는 짐승의 형태 혹은 어떤 환상적인 형태로 만들었다고 한다.

이상의 절차와 행정이 결국 극적 성격을 가진 춤의 원시적 형태라고 볼 수 있지 않겠는가 생각된다.

이와 같은 원시인들의 도테미즘에 의한 각양한 행사들은 원시적인 노래와 춤이 주체가 되였을 것으로 이는 무용의 기교 형식과 률동 발전에 막대한 영향을 주었다고 본다. 이와 류사한 흔적들은 우리 나라의 고대 력사상에서도 찾아 볼 수 있다. 『한족들은 5월 파종시와 10월 추수가 끝날 때면 여러가지 환술적(幻術的) 의식에 따라 귀신을 제사하며 이때 사람들은 란무(亂舞)와 노래로 주야를 즐겼다고 한다.
　　이와 같은 종족적 명절을 고구려에서는 동맹(東盟)이라 하며 예맥족은 무천(舞天)이라고 하였으며 부여족은 영고(迎鼓)라고 하였다.」(조선통사)
　　이러한 토템에 대한 풍속의 잔영이 뚜렷하게 아직 남아 있는 것으로 남 미주의 인디안과 아프리카 인디안들의 민속 무용들이 있다.
　　다음으로 언급할 것은 원시인들이 자연물 속에서 신을 찾아 기도를 하고 제사를 하는데 신관이 이를 전적으로 집행하였다고 이미 우에서 말하였는바 신관 혹은 무당들이 자기들의 직업에 권위를 부여하기 위하여 신과 「내통」하는 기도의 제스추어를 다양하고 위엄있는 동작들로 엮어 내며 고안하는데 힘을 기울였음이 원시 무용에 일정한 영향을 주지 않았을가 생각한다.
　　이처럼 생활상의 어떤 목적을 위하여 행하여지는 무용적 률동과 동작들의 연구와 구성이 인류의 최초의 집단인 원시 공동체 시기부터 이미 존재하였다는 것은 자못 흥미있는 사실이며 최초의 무용적 동작의 고안자가 원시 공동체 내의 신관 혹은 무당들이 아닌가고 더듬어 생각할 수도 있는 것이다.
　　이러한 면모는 그 후의 역사에서 찾아볼 수 있는 것이다.
　　수천년 전 애급에서는 권위있는 자가 죽었을 때에는 그가 반드시 살아 돌아온다는 미신적 관념에 의하여 죽은 사람과 똑 같이 조각을 만들었을 뿐만 아니라 시체를 피라미드 속에 넣어두는 관습이 있었는바 장사를 지낼 때에는 신관의 지시에 의하여 수다한 무희들이 시체를 넣은 관의 주위를 따라 장송춤을 추며 피라미드까지 갔다고 하는데, 이런 무희를 「알메」라고 하였다 한다.
　　당시의 신관 (승려 혹은 무당) 은 자기만이 할 수 있는 특유한 주문(呪文)과 동작 률동을 여러 가지로 재간을 짜내여 창안하였으며 자기에게만 허용된 스산한 장식과 교묘한 동작들로 사람들을 황홀하게 하였으며 사람들로 하여금 그의 외형적 권위에 머리를 숙이게 하였다고 한다.

이와 류사한 사실을 과거 조선의 무당들이 굿할 때의 옷차림과 춤 및 너두리 등에서 찾아볼 수 있다고 본다.

이와 같이 무용의 발생 발전은 원시인들의 로동 생활 과정에서 이루어졌으며 그와 아울러 그들의 토테미즘과 신관들의 행동들이 이에 일정한 영향을 주었다고 생각한다.

3. 원시 무용의 기교와 형태의 특징

원시 무용이라 해도 그것은 여러 단계로 나누어 보아야 할 것으로, 그를 일정한 것으로 단정하기는 곤난하지만 일반적으로 개괄 분석하여 본다면

1. 기교상으로 보면 아주 단순하고 세련되지 못한 원시적인 것으로서 당시의 생활서 동작들의 과장들이 수다했을 것이라고 볼 수 있다.

2. 형식에 있어서는 어디까지나 모방, 흉내 내는 동작이 질대서이었을 것이며 그것이 피도미칸한 데 불과하었을 것이다.

3. 자기가 속하고 있는 씨족 혹은 종족들의 생활시 특징과 양상을 심하게 반영하고 있었을 것이며, 이가 비상 밀집한 관계를 이루었었을 것이다.

4. 소박성과 산만성으로 일관되여 기교 형식이라기보다 자연 그대로의 동작에서 거리가 멀지 않은 모방, 시늉으로 일관된 「춤」이었을 것이다.

이상과 같은 견해들은 현재까지 남아있는 력사적 자료, 기록과 그림을 비롯하여 발굴 수집된 벽화, 고고학적 자료와 학술적인 연구에서 판명된 자료에 근거한 추측적인 견해이다.

3. 구라파의 「력사 무용」과 봉건
　　사회의 민간 무용

　　중세기의 무용은 대별하여 두 가지 부문으로 나누어 관찰할 수 있다.
　　그것은 중세기의 사회 제도들이 계급 사회로서 지배 계급과 피지배 계급으로 형성된 데 있다.
　　일찌기 레닌이 분석 천명한 바와 같이 사회가 계급 사회로 형성됨에 따라 문화도 지배 계급의 문화와 피지배 계급의 문화로 분리되였던 것이니 이에 따라 무용도 그 계급적 성격을 점차 뚜렷이 하게 되였다. 그리하여 중세기에는 한편 지배 계급의 취미와 미학적 견해에서 출발하였으며 지배 계급의 생활 모습과 감정을 반영한 것으로서 왕실 및 귀족 령주들의 싸움에서 성행하던 싸움 무용이 있었으며 한편 피지배 계급인 인민 대중의 취미와 생활 정서를 반영하였으며 그들의 로동과 놀음놀이 과정에서 형성 발전된 농촌 무용 즉 민간 무용이 있었다.
　　그 외에 중세기에는 도시 수공업자와 상인 및 소시민들의 생활 정서를 반영한 도시 무용이 있었다.
　　그런데 무용의 력사적 발전 과정에 있어서 구라파의 중세기는 아주 낡앙한 시기였으니 말할 수 없는 진세기이였다.
　　기독교가 피지배 계급에 대한 지배 계급의 중세기적 착취와 억압 및 권리들을 절대적인 것으로서 신성화하는 데 심대한 작용을 놀았으며, 노예 봉건적 생산 관계에 준한 중세기적 일체 도덕 륜리 관계를 합법화하며 신성화하는 데 큰 작용을 하였다.
　　이와 같이 중세기에 있어 중요한 권위를 행사하던 기독교가 무용 발전에 종교적인 인데 탄압을 가하였던 것이다.
　　이와 아울러 모든 자유스러운 예술의 맹아는 제압되고 다양한 형식들의 발전은 억제되면서 모든 예술적 표현 수단과 기능들이 기독교의 정신과 의식을 장식하고 신성화하는 방향으로 리용되게 되었다.

그리하여 기독교의 억제하에 음악은 교회 찬송가 형식으로 제한을 받아 엄연하고 신비로움을 자아내는 데로 그 형식과 내용이 리용되였고 건축, 회화, 조각 등 전반에 걸쳐 어떤 엄격하고 딱딱한 맛이 전체를 포괄하게 되였다.

이것들에서는 지난날의 희랍, 로마의 예술에서 보는 바와 같은 다양한 형식과 자유로운 호흡을 찾아 볼 수 없게 되였다.

음악은 기독교 사원(寺院) 이외에서 취급되는 것을 억제하였으며, 또한 거의 전적으로 종교적 감정의 로출만을 기도하였다 그러면, 무용도 초기에는 종교 의식에 리용되는 한 개 잔료로서 존중을 받았는데 기독교도들은 일종의 장엄한 무용을 합창(찬송가)에 따라, 승려을 앞세우고 추었다고 한다. 구체적인 예로서는 구라파 특히 로마에서「성탄제」를 기념하는 행사에 찬송가를 부르며 추는 륜무(輪舞)로서「카몰」(Carole)과 같은 것이 있었다고 한다.

그러나 인간의 실재와 물질로서의 육체의 아름다움을 인정하지 않고 정신을 제 일차적이며 절대적인 것으로 내세우던 기독교는 교회에서 의식용으로 리용하던 무용마저 폐지하였으며 교회 생활에서 무용의 보급을 엄금하였다.

당시의 로마 법왕은 구라파의 거의 전체 나라에다가 기독교 교회와 무용을 완전히 분리시키며 그의 보급 발전을 엄금하도록 엄명을 내리었다고 한다.

이와 같이 교회가 무용의 금지를 강화한 데로부터 무용의 발전에 있어서도 중세기는 큰 암흑 시기였다.

기독교가 성행하면 할수록 예술 무용으로서의 극장 무용은 커다란 탄압과 배척을 당했던 것이니, 문예 부흥의 종소리가 울리기 전까지는 각 나라 각 지방 인민들의 민간 무용만이 큰 위치를 점유하고 있었다.

만약 중세기에 있어서의 무용에 대한 기독교의 억제가 없었더라면은 오늘의 구라파 극장 무용은 보다 독창적이고 세로운 형태로 발전하였을 것이라고 한다.

 그러나 춤을 춘다는 것은 인간 생활과 불가분의 관계를 가지고 있는 것으로 어떤 시대에 있어서나 춤은 그 시대적 환경과 문화적 특수성에 따라서, 또한 그 종족의 전통, 풍습에 따라서 각이한 양식과 형태로 각양하게 나타나는 것이다.

 중세기가 무용 발전에 있어서 기독교의 엄격한 탄압에 의한 암흑 시대라고 해서 중세기의 도시 및 농촌 사람들이 결코 춤을 몰랐다는 것은 아니다. 인간의 자유로운 개성의 발현과 생활의 창조 속에서 나온 인류의 고유한 문화의 한 부문인 무용이 종교적인 탄압과 억제로써 금지되리라고 생각하였음은 큰 오산이었던 것이니 생활이 요구하는 무용은 나라와 계급의 특수성에 따라 각이하게 어디에서나 활발히 춤추어졌던 것이다.

 농촌 촌락들에서는 근로하는 인민들의 생활상 욕구와 필요에 의하여 자기들의 생활 환경에 적응되는 소박하고 자유로운 춤이 성행되였으며, 도시에서는 수공업자, 상인 및 소시민들 간에 또한 성행하였다.

 이와 아울러 왕실과 귀족 및 영주들의 성내나 싸롱들에서는 특권 계급 자체들의 생활상 욕구와 필요에 의하여 자기들의 호화롭고 격식화된 생활 풍습과 취미에 적응한, 도식적이며 규격화된 보법(步法)과 률동에 의한 춤이 벌어졌다.

 그런데 이상의 춤들은 모두 예술로서 감상하려는 데서 출발한 것이 아니라 각자들 자신이 춤추고 즐기려는 데 그 목적이 있었다.

 중세기에 있어서의 이와 같은 무용의 형태는 지배 계급의 것과 피지배 계급의 것 이렇게 두 가지로 대별할 수 있는데, 두 가지가 모두 노래(제창 또는 한 사람이 부르면 군중이 따라 부르는 식, 혹은 영탄시)와 더불어 춤추는 것이 례사였다.

 춤들의 형식상 특징을 보면 상류 계급들에서 추던 춤들은 「포로네즈」(파란 민간 무용이 궁실화된 춤), 「가보뜨」, 「메뉴에뜨」 혹은 오늘의 사교 무용 형식과 같은 것으로 규정되고 약속된 보법과 기교 형식으로 쌍쌍이 추는 춤이다.

이것들은 중세기 상류 계급들의 풍습과 취미를 반영하고 있는바, 중세기의 귀족과 영주 및 기사(騎士) 계급들에게 있어서 무용은 이상적인 사교상 도구 중의 하나이였다.

그들은 사교상의 예의, 교양과 떼놓을 수 없는 것으로서 춤을 배웠다. 기사들에게는 무용이 귀부인들과 접촉하며 그들과 친교를 맺을 수 있는 유일의 수단이였으므로 그들은 열성적으로 무용을 배우고 무도회에 참가하였다.

춤의 형식은 남자가 부인의 손을 잡고 약속된 음악에 의한 약속된 춤을 춘다든가 혹은 앞에서 인도하는 직업적인 무용수의 뒤를 따라가며 동일하게 따라 추는 것이다. 템쁘는 일반적으로 완만하며 기교, 동작이 우아하고 아름다운 형식미의 변화를 가지는 것이 특징인데 어떤 것은 처음에는 완만한 템쁘로 나가다가 점점 빨라지며 오마가 종신을 맺는 것도 있다.

그들의 생활상 이미시비한 의식과 예의 형식이 얼마나 복잡스러웠던가는 부인 혹은 처녀에게 춤추기를 청할 때에 하는 남자의 인사—레베란시에 혹은 빠끌돈이라고 부른다—방법이 무려 십 여 종이나 되며 그것도 신분에 따라 차이가 있었다는 사실로써도 짐작할 수 있다.

문헌상에 나타나 있으며 아직까지 그 형식을 부분적으로 보존하고 있는 것으로서 몇 가지 무용을 실례로 들면 파란의 포로네즈, 불란서, 이태리, 서반아 궁전에서 류행되였다는 빠바네(Pavane—공작(孔雀)이란 이위에서 온 것으로서 호화롭고 기다란 공작새와 같은 의상을 착용한 귀부인과 금모로로 장식한 군복에 장화의 박차를 찰랑거리는 기사가 한 쌍이 되여 추는 위용 찬연한 춤이다), 꾸란뜨(Courante—불란서의 루이 14세 때에 류행한 것으로 일종의 련애 무용 형식으로서 활기있는 무용) 등이 있고 그외에 가보뜨(Gavotte), 알르만드(Allemande), 샤콘(Chaconne), 사라반드(Sarabande) 등이 있다. 가장 대표적인 것으로 메뉴에드(Menuet)가 있는데 우미(優美)하고 위품이 있는 이 춤은 일시 전 구라파의 궁전에 유행되였던 것으로 걸어가다가 다리를 굽힌다든가, 잦은 걸음으로 걸어간다든가, 손에 키스하는 둥 애정의 제반 표현을 률동으로 관념화한 춤이다.

이상으로 몇 가지 구라파의 「력사 무용」의 형태를 소개하였다.

한편 특권, 지배 계급들의 무용과 성격 및 색채를 완전히 달리하는 춤으로 피지배 계급인 농민 대중을 중심으로 한 도시 수공업자, 소시민 둥 근로 대중들 사이에 유행되였으며 보급되였던 륜무(輪舞) 형식인 민간 무용이 있다.

당시의 민간 무용들은 귀족들의 무용에서 보는 도식성이며 엄격한 형식을 벗어난 단순, 소박하고 생동하는 흥겨운 춤들이였으며 심오하고 다양한 풍자와 야유성이 풍부한 것이 특징으로 되는 쾌활한 무용들이였는데 흔히 마을의 광장, 풀판, 초신, 농가의 오마신 및 지하실들이 그들의 흥겨운 춤을이더로 되였다.

춤의 형식은 아주 단조로왔다. 그것은 이들 근로 대중들은 귀족 령주들과 생활상 엄연한 차이가 있으며 생활 양식과 취미가 본질적으로 상이할 뿐만 아니라 귀족들과 같이 한가하게 전문적으로 격식화된 복잡한 춤을 배울 여가가 없는 데도 기인되였다.

그러므로 륜무에 있어서는 흔히 오늘 아동들에게서 찾아볼 수 있는 것과 같이 손 혹은 허리 어깨를 마주잡고 둥그렇게 원을 지어 선 남녀들이 반주 음악에 맞추어 노래를 부르며 두 걸음 앞으로 두 걸음 뒤로 이렇게 앞뒤로 발걸음을 옮기면서 팔을 흔드는 식의 간단한 보법과 률동으로 형성되여 있었다. 또한 가사 내용에 따라 그 내용을 률동화하는 판토미마적 동작들도 볼 수 있는바 우리 나라의 대표적인 것인 남도 지방의 「쾌지나 칭칭나네」, 「강강 수월래」 북청 지방의 「돈물나리」 등을 이에 비길 수 있을 것이다.

중세기 구라파에 있어서 기독교의 억제와 탄압이 극심하였음에도 불구하고 각별히 인민들의 춤이 광범하게 유행되였다는 사실도 그렇지만 당시 인민들이 즐기던 춤의 내용이 더욱 우리의 흥미를 끈다.

자유와 평등을 희구하던 근로 대중들은 결코 엄격하고 허식으로 충만된 기독교의 탄압에 순응만 한 것이 아니라 그것을 반반 배격하였다.

그들은 풍자, 야유적 수법으로서 당시 기독교의 허식과 위압적인 탄압을 폭로 규탄하였다.

당시 로마에 있어서 「바카날」「싸츄날」 등의 행사날은 피지배 계급들의 자유의 날이였다. 이날은 자기들의 자유와 평등을 주장하는 피지배 계급들이 상전의 혹심한 학대에 대한 분풀이 삼아 방대놀이를 중심으로한 행사로 명절을 지냈다고 하는바, 그들의 방대놀이 내용은 「광인의 축하」「당나귀의 축제(驢祭)」「모승정의 축제」 등 교회를 풍자 규탄한 것이였으며, 이 날은 소위 신성한 교회나 사원 속에 들어가서 질탕하게 노래부르고 춤추며 떠들어대였다고 한다. 이때 그들은 탈을 만들어 쓰고 집단을 이루어 거리를 휘돌았다고 하는데 탈의 모상은 「괴불딴지 법왕」「미치광이 대 장로」「멍텅구리 승정」「난쟁이 수도원장」 등 당시 교회에서 가장 신성시되고 권위있던 자들을 야유한 것으로 교회 당국의 엄격한 제지조차 이날의 행사에는 아무러한 효과도 없었다고 한다.

이러한 실례는 조선이나 중국에서도 찾아볼 수 있다. 조선에서 옛날에 유명하던 탈놀이가 바로 이와 류사한 것으로 볼 수 있을 것이니 과거 조선 농민들은 오월 단오나 혹은 가을 명절이 되면 자기들이 제일 미워하고 적대시하는 량반, 지주, 승려들의 탈을 만들어 쓰고 그들의 야만성, 허약성, 기만성들을 풍자와 야유의 방법으로 폭로 규탄하였던 것이다.

이와 같이 당시에 유행되였던 근로 인민들의 춤은 단조롭고 소박한 률동으로 형성된 문무 형식이 있는 한편 표현적이며 풍자적이며 즉흥시적인, 다양한 형태가 있었다는 것을 알 수 있다.

이상과 같이 봉건적인 중세기에 있어서도 계급적 립장과 문화적 전통의 특수성을 반영한 여러 가지 형태의 춤들이 생겨 났으며 이는 각 민족의 생활 풍습상 차이나 지리 풍로 등의 영향에 따라 다양하게 발전하였다는 것을 알 수 있다.

4. 민속 무용과 성격 무용

민속 무용이란 각 나라의 민족 무용의 기본적인 무용으로서 그 나라의 풍로적 특수성과 경제 문화 생활의 전통들에 의하여 또한 지방적으로 고유한 력사적 유래 및 전통 등에 의하여 형성되여 발전하여 오는 과정에서 더욱 정리되고 형태화된 특징적인 여러 가지 춤을 말한다.

민속 무용은 요컨대 인민들의 생활 환경과 양식에 따라 각이하게 반동 표현되는 심리 작용 및 감정 정서들이 육체적 률동과 동작으로 관념화된 소박하고 선명한 춤이라고 할 것이다.

이것은 오랜 시일을 두고 인민들의 집단적 재능의 집적과 발전에 의하여 이루어진 것이며, 인민들의 생활에서의 불타는 욕구와 환희가 무용화되는 과정에서 점차적으로 형식화된 것으로서 결국 인민들의 이러저러한 집단적 사상 감정과 정서들이 육체적 률동에 옮겨져 응결되여 시각화된 동작들이며 춤이라고 생각한다.

민속 무용도 대체로 초기에는 로동 과정에서 발생한 것으로서 로동의 능률과 질을 제고하며 피곤을 덜게 하려는 의도에서 출발된 것은 말할 것도 없고 일방 종교적 영향에 의하여 형성된 것들도 찾아볼 수 있지만 오랜 시일을 경과하는 사이에 점차적으로 인민들의 명절놀이의 부면이 큰 비중을 가져 표면화되게 되였다.

그것은 조선에 있어서도 과거부터 내려오는 민속 무용(농악무, 탈놀이, 사자춤, 돈돌나리)들에서 데를 들 수 있는데 결국 로동, 종교적 영향, 명절의 환희 등이 혼연 일체가 되여 있는 것을 파찰할 수 있다.

민속 무용의 가장 큰 매력은 무엇보다도 로동과 생활의 창조에서 오는 그의 명절적 기분에 있는 것이다.

때문에 민속 무용은 어느 세대를 막론하고 광범히 애호를 받아 지며 발전하여 왔다.

모든 사람으로하여금 환회와 정서의 감성으로서 끓끓게 하는 명절놀이와 그 즐거운 분위기는 민속 무용의 내용과 형식의 발전을 촉진 시켰다.

민속 무용이라고 하면 우리는 일부 국한되여 있는 특권 계급의 재능이나 정서를 상상하게 되는 것이 아니라 어디까지나 근로 인민의 정서와 재능의 집적을 보게 되는 것이며 근로 인민의 생활 감정과 희망을 보게 되는 것이다.

민속 무용은 생활의 창조자이며 력사 발전의 기본 동력인 근로하는 인민 대중의 생활 감정과 정서를 풍부으로 반영한 귀중한 인민 예술의 재보인 것이다.

오늘 우리들은 우리 인민의 진정하고 우수한 문화적 재보인 민속 무용을 집중적으로 연구하여 그를 오늘의 근로 대중의 미적 요구에 적응하게 리용 혹은 정리 발전시켜야 할 것이다.

무엇보다도 오늘의 훌륭한 무용 예술의 창조적 성과들의 기본적인 모태(母胎) 로서의 중요한 역할을 민속 무용이 놀고 있다는 것을 잊어서는 안 된다.

민속 무용은 흔히 악기와 더불어 대사, 노래가 동반되는 것이 보통인바 노래부르며 춤춘다든가, 일정한 대사와 함께 춘다든가 악기를 사용하며 춤추는 등 각 나라, 각 지방에 따라 각이하다.

민속 무용의 제반 특징을 개괄적으로 분석하여 본다면

1. 민속 무용은 각 나라의 민족 문화의 특수성에 의하여

또한 그 나라 지방들의 기후, 풍속, 습관과 아울러 경제 문화 생활에 따르는 생활 양식 등의 특수성과 차이에 따라 각기 명료한 성격과 색채를 가지고 있는 것이다.

　이에 있어 우선 지적해야 할 것은 동양과 서양의 무용들은 그 기교 형식이나 색채 및 일반적 특징 등에 있어 서로 다르다는 것이다.

　동양의 여러 나라 민족 무용들은 일반적으로 상체의 움직임이 풍부하고 다양하며 빤또미마저(무언극자)요소가 풍부하다.

　개별적 기교의 외형적 특징은 대체로 곡선과 포물선을 많이 이루고 있으며 유연성(柔軟性)과 정서적인 것이 특징이다. 그리고 적지 않은 동작이 심리적 표현을 암시하고 있으며 동물의 여러 가지 동작들을 표방한 것들이 많다.

　조선 무용의 우아하고 폭이 넓은 궁중 무용 스템의 것은 학의 생활과 동작에서 많이 섭취하였다는 일설조차 있는 것이다.

　인도 무용은 그 매개 동작이 빤또미마저이며 팔과 손가비 및 얼굴 표정의 변화에도 각각 완전히 상이한 의미가 포함되어 있다고 한다.

　인도 무용들의 대부분은 상체의 동작과 표정이 중심이며 하체의 동작은 복잡하고 다양한 보법이 교작인 것 같다.

　인도 무용에서 동체와 팔, 손의 기교법을 「무드라스—Mudras」라고 하는데 이 「무드라스」에는 인도인의 실지 생활에서 흔히 볼 수 있는 동작들이 많으며 또한 인도의 산악, 하천 지대에 사는 동물들의 동작 모습을 많이 찾아볼 수 있다. 교묘하게 비꼰 팔과 손목의 동작, 엿비스듬이 굽힌 허리 등 가지 가지 곡선과 모양을 나타내는데, 어떤 사람은 말하기를 인도 무용에서 어깨와 팔의 동작은 코끼리 코의 동작에서 섭취한 것이며, 손은 련꽃을 상징하며, 다리의 동작은 원숭이의 동작에서 가져 왔고 다양하게 변화되는 팔의 동작은 파충류의 유희를 암시한다는 것으로 이는 일리 있는 말이라고 생각한다.

이상과 같은 형태의 춤은 타이, 캄보쟈, 비르마 등 인도와 린접하고 있는 나라들의 민속 무용들에서 공통적으로 찾아볼 수 있다.

1955년 중국을 방문한 비르마 무용단의 무용 프로그람과 사진을 보건대 16, 7개 곡목 중에서 농민 생활을 그린 것이 불과 5, 6개이고 나머지는 전체가 힌재 비르마에 서식하고 있는 유명한 금수류의 생활을 상징한 춤들이며 동작들도 모두 동물의 생활을 표방한 동작들이였다.

중국의 어떤 민간 무용—동북 지방의 따양거, 복건 지방의 채차무, 신강의 위고르, 하사크족들의 민속 무용, 경극에 나오는 고전 무용들을 보아도 모두 상체의 동작들이 풍부하며 빤또미마서인 것이 많다.

이와 같이 동양의 어떤 나라 민족 무용들은 상체의 동작을 많이 사용하는데 그렇다고 해서 하체의 동작, 례를 들어 조약과 회전, 다리를 높이 차울리고 돌리는 동작 등이 없다는 것이 아니며 (조선의 농악무와 탈춤 및 중국의 고전 무용에는 발레 또나 우크라이나 민족 무용 기교보다 더욱 박력있고 힘든 동작도 있다) 상체의 동작이 중심이 된다든가 혹은 많이 발전하였다는 것을 말한다.

서양 즉 구라파의 어떤 나라 민족 무용들은 일반적으로 하체의 동작 (특히 발을 구르는 것—드릅피—)들이 주가 되여 있으며 발달되여 있다.

기교에 있어서는 대체로 복잡 다양한 리듬을 나타내게끔 발을 구르는 것, 다리를 치고 차울리고, 돌고 뛰고 하는 운동이 활발하여 약동적이며 명료한 절도성을 가졌음이 특징이다.

이는 신체의 구성상 혹은 육체 운동의 성격상 상체보다 하체의 운동이 더 강렬할 수 있고 약동적일 수 있는 데 기인되는 것도 있겠지만 생활풍습이나 지리, 풍토 과제와 아울러 의상의 형태에서 오는 영향이 크지 않겠는가 생각된다. 우리가 주운남

발이 얼어올 제 발을 구르게 되는 것으로 미루어보아도 로씨야 와 몽고의 북부 지방 춤들에 있어서는 발을 구르는 기교가 당연 히 발달될 수 있었으리라는 것을 상상할 수 있다.

일반적으로 동양 사람들은 방에 들어갈 때 신을 벗지만 구 라파 사람들은 구두를 신은 채 들어 가는 것이 상례이다. 따라서 인도, 타이, 쩨이론, 말라이를 포함한 주변의 여러 민족 무용 들은 맨발로 춤추는 것이 보통이지만 구라파의 춤에 있어서는 맨발로 추는 춤은 좀체로 볼 수 없는 것이다.

다음으로 언급할 것은 형식과 구도에 있어서 동서양 어느 나라를 막론하고 민속 무용은 륜무(輪舞) 형식과 군중적인 즉 흥무식의 춤이 많다는 것이다.

2. 인민들의 창조적 로동 생활이나 정서 감정과 밀접한 련 계를 가지고 있으며 그에 기초하고 있는 민속 무용은 다채로 운 양식과 풍부한 수법으로써 향토와 자연, 모먁, 인간에 대한 인간의 관계를 시적으로 표현한 것이다.

그러므로 이러한 민속 무용 속에서 지난날의 인민들의 특 징적인 면모나 기질을 감지할 수 있는 것이다.

3. 민속 무용의 다른 하나의 특징은 표현 기교가 단순하고 소박함과 아울러 그것이 구속감이 없는 즉흥시적인 인상을 주 며 명절 기분을 일상주는 예술이라는 것이다.

인민들은 자기들의 정열과 로동 생활의 면모를 흥미있게 표현하려는 의도로부터 유모러스한 내용과 형식을 많이 끌어 들 였으며 그를 표현하기 위하여 각종 대담한 기교들을 창조하였 던 것이니 부락 사이의 대경쟁이라든가 개인들 사이에 진행되 는 경쟁의 형태로 자기들의 장기(長技)를 각기 과시하려는 데로부터 출발하여 과거의 구도와 기교 형식들을 더욱 발전시 켜 나아갔던 것이다.

조선 무용에서 탈춤의 여러가지 형식이나, 농악무(상모 돌리기, 재주부리기, 남사당패, 걸궁패 등의 기교 형식) 등에서 이런 좋은 실례를 볼 수 있다.

모씨야 민족 무용에 있어서는 이런 형식을 때때 ▇▇까 라고 한다.

그루지야, 깝까즈, 몰다비야 등의 민간 무용에서도 이러한 초상 고도로 되는 기술 경쟁을 찾아볼 수 있는데 이것들은 모두 자기의 보다 큰 환희를 표현하려는 욕망과 결부된 것이다.

4. 민속 무용의 특징은 또한 그의 집단성에 있다.

귀족, 령주 등 특권 계급들의 황실 무용, 싸론 무용 등은 비록 여러 사람들이 한 곳에 뫼여 준다 할지라도 그것은 모두 자기의 부인 혹은 애인, 친우들 사이에 한하여 같이 추는 것이 상례이다.

그러나 민속 무용은 부락의 남녀로소를 막론하고 모두 호상 반목과 차별을 모르는 화목하고 친선적인 분위기 속에서 손과 허리, 어깨 등을 서로서로 마주 잡고 춤을 추는 것이다.

이런 형식은 세계 어느 나라의 민속 무용에서도 거의 동일한 실례를 찾아 볼 수 있다. 이런 형식을 륜무라고 한다.

륜무 형식은 진정한 인민 무용 형식의 하나이며 집단의 친선과 화목을 도모하며 즐거움을 나누는 가장 리상적인 수단이다.

5. 민속 무용은 그것이 중세기의 황실 무용이라든가 특권 계급들의 싸론 무용과 같이 일정한 형식이 약속되고 규정화되여 있어 불변하는 것이 아니라 발전 변화 보충된다는 것▇▇

생활 현상과 함께 그것은 변형되고 발전된다. 우연히 약한 리듬과 률동, 기교는 점차적으로 사라지고 강력하고 굳건있는 리듬, 률동, 기교는 생명있는 것으로 되며 더욱 강화 발전된다.

이것은 또한 대대로 형성 전달되는 인민의 감정과 성격을 표현한다.

이러한 민속 무용을 계속 정확하게 발전시키기 위하여서는 자기 인민의 력사, 국가의 지향, 인민들의 전형적 기질과 아울러 민족 문화 및 예술의 제 현상, 특질을 깊이 알아야 한다.

인제 우리는 풍습과 의상의 점차적 변화가 무용의 기교 형식 발전에 얼마나 큰 영향을 주는가를 생각해 보기로 하자.

우선 사회적 풍습이 무용에 미치는 영향을 간단한 일례를 들어 말하고저 한다.

과거 우리 나라에는, 남녀칠세부동석이라는 완고한 봉건적 튤리 도덕 관념이 지배적이었던 데로부터 남녀가 쌍쌍 같이 춤을 출 수도 없었다.

과거에는 녀성들로서 춤을 춘다는 것은 무당, 기생, 궁녀 등 제한된 계층들 뿐이었고, 남자들이 춤추는 것조차 비원한 것으로 여겨 물리 도덕상 극히 제한되여 있었다.

그러나 오늘에 있어서는 이와 같은 봉건적이며 부패한 도덕 관념과 제도들은 이미 지난날의 이야기로 되였다. 오늘 남녀들이 쌍쌍이 춤을 춘다는 것은 이미 일반적 상식으로 되였으며 이도 또한 국한된 계층만 추는 것이 아니라 실로 춤은 전 인민적인 것으로 되고 있다.

이러한 데로부터 무용의 기교 형식은 과거에 비할 때 없는 개화 발전을 가져 왔다.

의상은 무용의 률동과 기교 발전에 커다란 영향을 준다.

발레트를 례로 들어도 14세기—16세기의 발레르는 토슈즈(발끝으로 서기 위해서 전문적으로 만든 무용화)를 몰랐으며 따라서 오늘과 같은 조약과 회전을 몰랐다.

당시의 의상은 무용 기교 발전에 적지 않은 제한을 주었으며 무용 전문가들은 무용의 기교 형식 발전을 도모하는 사업에서 의상의 개조에 커다란 관심과 고민을 가졌다.

일정한 의상은 그 인물의 외형을 장식하며 신분을 나타내며 생활 형편과 특징을 밝히는 중요한 역할을 놀뿐더러 그에 상응하는 기교 형식 및 률동을 가져 오게 한다.

가령 리조 시대의 벼슬인 정2품 가량 되는 문관복을 입고 오늘의 우리의 생활 감정을 반영하는 데 적응하는 기교 형식— 례를 들어 쾌활하게 뛰고 뜰고 하는 동작을 한다면 이는 우습기 짝이 없을 것이다.

　그 당시의 문관복을 입을 만한 인물과 오늘의 우리들은 이미 걸음걸이에 있어서부터 판이하다는 것은 뻔한 일이 아닌가.

　이와 같은 사정은 비단 조선 무용이나 발레트에만 국한되는 것이 아니라 세계의 모든 나라 민족 무용의 발전에서 공통적으로 찾아 볼 수 있다.

　이상 말한 것이 민속 무용에 대한 간단한 일반적인 특징이며 개념이라 할 수 있다고 생각한다.

　다음으로 민속 무용을 파악하는 것과 아울러 우리는 성격적인 민속 무용에 대하여 알아야 할 것이다.

　무용의 전문적인 학술상 용어로서 불리여지는 성격 무용 (뜨이모는 하라꾀르 딴쯔)은 무엇을 의미하며 어디서 출발한 것인가.

　성격 무용은 말할 것도 없이 각 나라의 민속 무용에 토대하고 있으며 그로부터 출발한 것으로서 명칭이 제시하는 바와 같이 일정한 형태와 성격이 뚜렷한 춤을 말한다.

　성격 무용은 동서양을 막론하고 일정한 력사적 발전과 변혁에 따라 조성되는 제도와 사조에 대한 인민들의 립장을 반영하여 형성 발전된 것이다.

　조선에 있어서는 과거 봉건 사회에 있어서 한때 성행하던 불교가 무용에 준 영향으로 발생 발전하여 일정하게 확고한 성격과 형태를 형성하게 된 승무를 들 수 있다. 또한 봉건 사회에서 지배 계급인 량반, 승려들의 정치 도덕적 부패성과 부화성들, 폭로 규탄하며, 인민의 강인성과 탁천성 정치 도덕적 우월성들을 과시하기 위한 수단이였던 탈을 리용한 풍자 야유적인 탈춤들을 들 수 있다. 탈춤은 세습적인 봉건적 압박과 착취 밑에 신음하는 인민들이 대대로 내려오며 풍자 야유의 수단으로서 탈놀이를 계속하여 오는 과정에서 그것이 삭제 보충되여 무엇이 성격화되고 완전하게 형태화된 것이다.

　외국의 성격 무용의 례로서는 마쯔르까 계통에서 나온 폴 그러야 민간 무용에서와 차르다스, 우크라이나의 까자쵸크, 고 빠고, 파란의 오베레크, 마즈르까, 포로네즈 등을 들 수 있으며, 또한 서반아의 쁘레로, 후안당고 등을 들 수 있다고 본다.

성격 무용이란 어떤 한개의 규정된 형태를 가진 무용으로 그 형태는 예술적으로 어느 한 시기에「창작」된 것이 아니라 오랜 세월을 두고 인민들의 지혜와 재능에 의하여 보충되였으며 규격화된 것으로서 지방적 특색이 강하고 민족성이 뚜렷하게 드러나 있는 동시에 무용의 형식과 기교가 고도로 세련되고 정리된 것을 말한다.

성격 무용은 오늘에 와서는 무대에서 활발히 사용되고 있어 예술 무용으로서의 중요한 위치를 차지하고 있는바, 어떤 것은 원형 그대로 상연되는가 하면, 어떤 것은 작자의 일정한 의도에 의하여 더욱 보충되고 개작되여 무대에 올라 예술 무용으로서의 자기의 기능을 수행하고 있다.

오늘에 있어서는 일반적으로 이 무용들을 어느 나라의 민속 무용 혹은 성격 무용이라고 부르는 것이 아니라 민족 무용이라는 말로써 부르고 있으며, 무용 학교들에서 외국 민족 무용을 가르치는 시간을 성격 무용 시간이라고 한다.

5. 발레트 무용에 대하여

오늘 우리들은 발레트라고 할 때 두 가지 의미로 말하게 된다.

하나는 무용극이란 것을 의미하며 또 하나는 발레트 기본에 기초해서 되는 무용을 가리켜 말하게 된다.

그러나 이 둘은 유기적인 관계가 있는 것으로 발레트 무용을 설명하려고 할 때 이를 서로 분리시켜서는 곤난하다.

발레트 무용에 대해서 말할 때 민족 무용을 떠나서는 말할 수 없는 것이니 발레트 무용은 민족 무용 예술의 발전에 기초해서 형성되였다는 것을 먼저 강조해 둔다.

고대 희랍 문화의 발전은 발레토 무용 형성을 위해서도 큰 의의를 가진다.

발레토의 기원은 멀리 희랍의 무대 무용에서 찾을 수 있는 것이니 희랍 무용의 많은 동작들이 오늘의 우리 발레토 무용 기본 동작들에서 발견된다.

특히 발레트 무용에서 중요한 것의 하나인 골반을 옆으로 벌리는 동작을 (본파식 발레토 기본 훈련 참조) 당시의 희랍 무용관에서 찾아 볼 수 있는 것이다.

이미 고대 희랍 무용에 안면 표정 (Мимика) 이 존재하였고 기원전 5—6세기를 전후한 희랍의 무대 무용에는 빤또미마 (무언극의 동작) 가 존재하였다.

당시 극장의 스타일은 그의 드라마뚜르기야에 의해서 결정되었고 또한 드라마뚜르기야에 의해서 음악 춤 연기들이 제시되었다.

당시의 희랍 무대 무용에 있어서는 의상이 등장 인물과 긴밀한 련계를 가졌던 것이니 무용 의상으로 이미 히똔 (현재, 발레토 기본 훈련 시에 착용하고 있으며 로씨야나 기타 국가들의 무용극의 등장 인물의 의상에서도 많이 찾아 볼 수 있다)이 있었다.

희랍의 무대 무용에서는 포즈 또는 자태 등으로써 내용을 전달했다. 무엇보다도 무용가들의 탄력은 중요한 위치를 차지하였고 또한 기교를 상당히 중요시하였다.

특히 희랍 무대 무용에서는 탈을 쓰고 출연하였기 때문에 손의 률동이 거대한 역할을 놀았다.

이러한 희랍 무용은 오늘의 발레토 무용 기본 형성의 기원을 열어 주었다고도 볼 수 있는 것이다.

그후 로마 시대와 중세기를 거쳐 내려 오는 동안 각 민족의 무용은 사회적 환경과 시대적 영향에 따라 다양하게 자기의 발전의 길을 걸어왔던 것이나 종교상의 속박을 벗어나 인간을 탐구하려는 휴매니즘이 개화한 무네짠쓰 시기에 들어서자부 더 발레트 무용 예술은 가장 중요한 획기적인 단계에 이르게 된다.

루네쌍쓰 시기, 이 시기가 바로 발레트 무용 예술을 위해서도 발레트 무용극을 위해서 가장 중요한 단계로 되는 시기라고 본다.

인간들의 인간에 대한 탐구는 휴매니즘의 개화 발전을 가져왔고 드디여 인류 문화의 새로운 개화기인 문예 부흥기를 초래하게 되었다. 사람들은 고대 문화 예술을 연구 섭취하는 한편 제반 인민 창조를 집중히 연구하게 되였다.

루네쌍쓰 시기는 생활에 대한 비판적인 접근, 인간과 세계 탐구에의 지향, 노력으로 특징적이였다.

루네쌍쓰 시기의 극장들은 많은 쟌르들을 가진 극장으로 된다.

루네쌍쓰 문화는 중세기적 종교 문화와의 가렬한 투쟁 속에서 발생 발전되였다.

극장 예술은 문학이나 기타 다른 예술 부문과 같이 인민 대중 그리고 인민들의 문화와 밀접한 련계를 가지게 되였다.

문학, 음악의 발전과 함께 오페라 발레트란 쟌르가 이 시기에 발생 발전한다.

(1) 이태리 발레트 극장

이태리는 루네쌍쓰의 근원지이다.

이 시기의 이태리 문화는 자기의 독특성을 지닌 채 타국 문화에도 많은 영향을 주었다.

중세기에 군중 무용으로서 발생한 브라일 춤은 이태리에서 이미 생활화되였다.

브라일 춤은 인민들이 창조한 민족 무용이며 뒤이어 계속 발생되는 각종 민족 무용들의 기반으로 되였다.

1489년에 이태리에서 신화를 주제로 한 발레트 무용극 《오모페이,가 무용 창작가 비로곤브 더 보쩨오에 의해서 창조되였다.

이 무용극은 음악, 대사, 노래, 춤을 모두 갖춘 것이였다.

이 무용극은 민족 무용에 근거한 것으로 브라일 춤을 비롯한 여러 가지 민족 무용들이 이 무용극의 기본으로 되여 있었다.

이것들은 인민들이 추는 민족 무용 그대로는 아니였지만 민족 무용들이 궁중으로 들어 가면서 변화되여 세밀하고 정확하게 정리된 것이였다.

민족 무용이 궁중으로 들어간 이 춤들을 "무도 무용„―(Бальный танец) 이라고 불렀다.

발레토 무용극 "오르페이„ 뿐만 아니라 초기의 발레토 무용극들의 표현 수단은 이런 "무도 무용„들이였다.

이와 같이 초기의 발레토에서는 "무도 무용„과 현재 주로 사용하는 발레토 무용 기본과의 사이에 엄격한 한계가 없다.

이 엄격한 한계는 무용극이 점차 발전함에 따라 지어졌다.

이와 같이 발레토 무용극은 처음 이태리에서 창조 발전되였던 것이며 발레토 무용 예술은 민족 무용에서 발생 발전되였던 것이다.

16세기 중엽에 이르러 이태리에는 극장 건물 무대 둥이 많이 출현하였으며 전문적인 발레토 무용가들이 산출되였다.

이리하여 이때로부터 궁중 무도장으로부터 떨어져 나온 극장들은 대중들을 상대로 계통적인 공연을 하게 되였다.

특히 당시 이태리 희극 무용에는 약동적인 조약 동작들이 풍부하였는바 이것은 오늘 우리 발레토 무용 기본에서도 많이 찾아 볼 수 있다.

이 시기에 이태리에는 발레토 무용가들을 양성하는 전문적인 무용 학교가 생겼고 또한 발레토 무용의 새로운 동작들,

많이 창작해 냈다.

발레트 무용 예술은 뒤이어 불란서에서도 발생 발전을 가져 왔다.

(2) 불란서 발레트 극장

이태리 문화는 루네쌍쓰 시기에 있어서의 불란서 문화 발전에 큰 영향을 주었던 것이니 무용 예술에 있어서도 역시 그러하였다.

불란서에서 사업한 이태리인 무용 창작가 발따자리가 불란서에 무용 창작의 길을 열어 주었다.

불란서인들은 무용에서 내용성을 찾았다.

여기에서는 인민들의 민속 무용들이 발레트 언어의 기본으로 되어 있었다.

1661년 불란서 파리에 무용 창작가 보샨은 "무용 아까데미야"를 조직하였으며 그의 지도자로 되였다.

"무용 아까데미야"는 무도 무용을 고정적인 것으로 정리하였을뿐더러 민족 무용을 기초로 새로운 발레트 무용의 기본과 포즈를 창조하였던 것으로 "무용 아까데미야"의 사업은 발레트 력사상 거대한 의의를 가지고 있다.

특히 발레트 무용 기본을 정리하며 또 풍부히 하는 사업에서 막대한 역할을 놀게 되였다.

오늘날 사용되고 있는 발레트 무용 기본의 술어도 "무용 아까데미야"에서 제정한 것이다.

그들은 발레트 무용 기본을 정리하는 데 있어서 고대 희랍 시대로부터의 발레트 무용 발전에 있어서의 전형적인 움직임들을 참고로 하였다.

또한 무용 창작가들의 손에 의하여 발레트 무용 기본의 새로운 것들도 창조되였다.

발레트 무용 기본이 가지는 특징은 지금까지 고찰해 온 바로도 알 수 있는 바와 같이 인민들의 민족 무용에서 발생한 것운 이력으로 정리해 놓은 것이다.

그뿐만 아니라 인체의 진체 움직임을 고려하여 인간들의 상 하체에 있어서 손이나 발의 가능한 제반 몸동작을 뽑아 그것을 무용적으로 아름답게 형성해 놓은 것이 바로 발레또 무용 기본인 것이다.

본래 발레또 무용 기본은 오늘까지 무용 예술이 발전하는 과정에서 새로운 것들이 보충되여 왔으며 또 낡은 것들은 소멸되여 왔다.

발레또 무용과 발레또 기본에 대해서는 이만큼 간단히 언급해두기로 한다.

※ 클라식 발레트 구라파의 무용 예술은 19세기에 이르기까지 클라식 발레또를 몰랐으며 클라식 발레트란 술어를 사용하지 않았다.

클라식 발레또란 말은 1859—60년에 모쓰크바에서 비로소 나오게 된 것이다. 서구라파의 발레트가 18세기 중엽부터 19세기 초에 걸쳐 자기의 고유한 전통을 망각하고 인민들의 생활과는 하등의 관련이 없는 반사실주의적이며 기계적인 경향을 띠여 다만 기술에만 치중하게 되었을 때에 모쓰크바 발레또만이 인민들의 생활을 반영하여 사실주의적인 극적 행동과 발전에 기초해서 발레또 무용극을 창조했던 것이다.

이로부터 다만 모쓰크바 발레트만이 전형적이며 모범적이며 고전적이라 하여 이를 클라식 발레트라고 명명하게 된 것이다.

아름다운 률동, 고상한 기술로써 사상성이 풍부한 내용을 능히 전달해 줄 수 있는 것이 클라식 발레트이다.

간혹 모쓰크바 발레또는 자기의 독자성을 띠지 못한 것이며 외국으로부터 끌어 온 것이라는 견해가 있지만 이것은 옳지 못한 견해이다.

모쓰크바 발레트는 그러 음악이나 연극, 조형 예술과 같이 외국으로부터 끌어 온 것이 아니라 어디까지나 모쓰크바 자기들이 창조하였으며 자기들의 일정한 역사적 발전 단계를 거쳐서 이루어진 것이다.

로씨야 발레트 무용 예술 학교는 1812년 외국 침략자들을 반대하여 로씨야 인민들이 영웅적인 투쟁에 궐기한 조국 전쟁 시기에 탄생되였다.

그리하여 바로 19세기 30년대에 이르러 발레트 무용 예술 학교는 민족적 특색을 가진 자기의 체계를 완전히 수립하게 되였다.

로씨야 발레트 예술이 가지는 특성은 인간의 감정 세계를 표현하는 기교가 풍부한 점이다.

로씨야 발레트 예술의 고상함은 그들이 이미 오래 전에 창조한 무용극들을 보아도 명백히 알 수 있다.

그들은 인민 창조 즉 민족 무용 예술에 튼튼히 립각해서 또 민족 음악에 의거해서 발레트를 창조하였던 것이다.

글린까, 챠이꼽쓰끼, 글라주노브 기타 로씨야의 저명한 음악가들은 우수한 민족적인 특색을 가진 음악들을 창조하였고 이에 의거해서 글루슈꼽쓰끼, 페쵸 이와노브, 고모쓰끼 등 무용 창작가들은 우수한 로씨야 민족 발레트들을 창조하였다.

1876년 로씨야의 저명한 작곡가 챠이꼽쓰끼가 작곡한 《백조의 호수》는 로씨야의 명성 높은 페쵸 이와노브가 무용으로서 창조하였는데 이 무용극은 반 세기 이상이나 지난 오늘날까지 전 세계 인민들로부터 절찬을 받고 있는 것이다.

이같은 예들은 로씨야 발레트 예술에서 얼마든지 찾아 볼 수 있다.

1917년 위대한 사회주의 10월 혁명을 계기로 로씨야 발레트 예술은 더욱 풍부해졌다.

혁명 이후 쏘베트 각 가맹 공화국들에는 발레트 무용 학교들이 창설되였고 로씨야 발레트 무용을 창조적으로 도입하여 자기들의 민족 발레트를 창조하는 사업이 대담히 전개되였다.

오늘 쏘베트의 발레트 무용 배우들은 민주주의 국가들은

물론 서구 자본주의 국가들인 불란서 이태리 영국 등 각국을 순회 공연하면서 모씨야 발레트의 성과를 전 세계에 시위하고 있다.

6. 20세기를 전후하여 출현한 새로운 형태의 몇 가지 무용들

20세기에 들어 오자 다른 예술 분야에서와 같이 무용 예술 분야에 있어서도 과거에 알지 못하였으며 보지 못하던 이러저러한 특징적인 리론과 표현 형식들이 출현하였으며 보급되여 갔다.

20세기 이전에 있어서 구라파의 극장 무용(예술 무용을 말함)은 일반적으로 자기 나라에 고유한 전형적이며 예술적인 민족 무용 곡목들과 아울러 고전 발레트가 지배적이였다.

그런데 발레트는 18, 9세기에 걸쳐 노베르, 뿌라시쓰, 뻬샹 등의 거장들에 의하여 기교 형식면에 있어서 더욱 세련되고 체계화되여 왔다고는 하나 쏘베트 발레트 이전 더욱 광범하게 포괄한다면 20세기 초엽 혁명전 모씨야 발레트 이전에 있어서는 완전히 조전적인 예술이였던 것이다. 그가 선택하는 제마도 한심적이며 구체성이 없는 추상적인 것이였으며 「순수 예술」의 틀에 박힌 탐미주의적인 것이였다. 그나마 선택되는 제마는 그 범위가 극히 협소하여 서로 유사한 것들이였다.

기교 형식에 있어서도 어떤 새로운 발전과 변혁은 보여주지 못하고 이미 이루어지고 완성된 기교와 형식의 범위 내에서 답보하였으며 그것을 이미저러한 내용에 따라 적당하게 다형편성(꿈비나쩨야)하는 것으로 국한되여 있었으며 무미전조한 형식미에만 사로잡혀 있은 것이 보편적 현상이였다.

물론 그렇다고 해서 우리는 노베르와 같은 불란서의 군무가 부용 서울가의 업적을 모의시하는 것은 아니다. 그는 형상의 진실성, 구체적이며 사실적인 묘사, 기술 지상식 형식미에

…한 반항, 사건 내용 감정의 전달 표현과 유기적 련관을 가진 기교 동작의 정확성 등에 대하여 력설하였으며 이의 실천에 노력을 경주하였는바, 그의 유명한 발레토 개혁에 대한 저술로서 「무용가에게 주는 편지」가 있다.

당시의 발레토가 가지는 제마 선택에서의 협소성과 형식미에 대한 추종 등의 중요 원인은 이미 완성되고 주지되여 있는 발레토의 기교 형식으로 형상될 수 있는 내용만을 선택함으로 하여 결국 형식에다 내용을 복종시킨 격으로 된 데 있었던 것이다. 이는 풍부하고 다양한 내용은 풍부하고 다양한 형식을 통해서만이 묘사될 수 있으며 다양한 내용을 담기 위해서는 과거에 가지고 있던 형식 기교들에 머무를 것이 아니라 그를 토대로 하여 더욱 다양하게 발전 변혁시켜야 한다는 데 눈을 돌리지 않았으며 예술에 있어서의 내용 묘사의 진실성을 경시한 데 기인될 것이다.

과거의 발레토에 있어서는 춤의 곡목과 곡목을 련결하며 사건과 내용을 직접적으로 전달하는 빤토미마 (안면 표정 혹은 무언극)를 조건적이며 약속된 일정한 포즈와 행동으로 설명하였다.

때문에 그것들은 실제 생활에서 행하여지는 사실적인 동작들과는 인연이 먼 상징적이고 추상화되였으며 형태화된 동작들이였다. 실례를 들면 우리는 영화 『발레토 명수』 중의 "백조의 호수" 3막에서 왕자 지그프리드가 혹조 오지리야에게 혼인을 약속하는 표시로서 공중에다 두 손가락을 내여보이는 것을 볼 수 있다.

다음에 그런 구체적인 실례를 하나 인용하여 보기로 하자. 『예하면 「너」라고 표현하기 위해서는 몸을 약간 뒤로 제끼고 손가락은 상대방을 가리킨 채 손을 우로부터 아래로 내리워야 하였으며 「당신」이라고 표현할 때에는 역시 같은 제스가 이를 하며 약자, 존경하듯이 상대방에게 몸을 수그리고 손을 아래로부터 우로 들어야 하였다.

……그러나 대체로 발레토적 무언극의 언어는 그 어떤 고통의 기이한 인상을 주었다.

가령 발레토의 사건이 진행됨에 따라 「나는 어제 당신을 꿈에 보았소」라는 어구를 표현하지 않으면 안 되게 되었다고 가정하자.

이를 위하여 연기자는 다음과 같은 일련의 제스츄어를 해놓지 않으면 아니 된다.

즉 처음 「나」를 표현하기 위해서 자기를 손으로 가리키고 다음에 「보았다」는 것을 설명하기 위해서 두 눈을 손가락으로 차례 차례 그린다. 「당신」을 표현하기 위해서는 존경하는 뜻으로 몸을 수그리고 둘째 손가락을 벌린 손을 아래로부터 우로 들어야 하며 그리고 나서 엄지 손가락으로 오른편 어깨 넘어로 귀곁을 가리켜 「어제」를 설명해야 한다. 그리고 마지막으로 서로 합친 두 손바닥은 기울인 왼편 뽈에 져쳐다 대고 눈을 감음으로써 「꿈속」을 설명하지 않으면 아니 된다.

「고전적」 발레토 무언극의 이런 언어의 제한성과 진부성은 명백하다.」—(「극장에 있어서의 배우의 기술에 대하여」, 느·고·체르까쏘브의 「쏘베트 배우의 수기」중에서—).

이와 같이 과거의 「고전적」 발레트는 극장 무용의 대표적 쟌르로서 기교 형식의 세련성에 있어서 찬연한 발전을 가져 왔음에도 불구하고 생활과 유리된 추상적이며 상징적인 것이었으며 뿐만 아니라 탐미주의적이며, 생활의 진실을 반영하는 예술의 영역에서 티락된, 진부한 조건적인 예술이었다.

그러므로 이와 같은 실정은 20세기에 들어 오면서 무용가들에게 많은 불만을 야기시켜 새로운 길을 개척하도록 재촉하게 되었다. 그리하여 드디어 발레토의 고전적 형식, 전통, 수법을 토대로 하여 새로운 현실과 내용이 요구하는 새로운 형식과 기교, 사실적이며 다양한 빤토미마와 꼼뽀지찌야 (구도)를 발견하는 길이 열려지게 되었다. 그러나 발레트가 진실로 인민들의 귀중한 예술적 재보로서 애호를 받게 되었으며 그처럼 훌

47

홍하고 풍부한 내용과 형식으로 개화되게 된 것은 오직 쏘베트 시대에 들어와서부터이며, 쏘베트 발레트에 사회주의적 사실주의 창작 방법이 전면적으로 적용된 때로부터였다.

한편 내용과 형식에서 도식적이며, 자유로운 표현을 구속하며, 형식미만을 추구하는, 생활과 유리된 종래의 발레트 예술 형식을 아주 버리고 새롭고 다양한 표현력을 가진 기교 형식을 새로이 발견하려는 현상이 나타났다. 극장 무용으로서의 전통적인 발레트와는 전연 다른 어떤 새로운 형태를 발견하여 이를 체계화할 수 없겠는가 하는 데 대하여 그들은 고심하게 되였다.

물론 이는 무용 예술에 대한 보다 강력하고 본질적인 미적 요구로부터 즉 보다 명료하고 구체성이 있는 표현을 요구하는 데로부터 출발한 것이며 생활에서 오는 률동 그리고 인간 생활을 묘사하는 새로운 예술적 형식을 발견하려는 데서 출발한 것임은 긍정해야 할 것이다.

이리하여 극장 무용 쎄쓰째마에 있어서 전통적이며 고전적인 발레트 형식을 버리고 새로운 률동과 형식을 찾던 무용가들에게서 여러 가지 무용 리론과 형식, 률동 동작이 나왔으며 훈련 체계와 창작 체계에 대한 방법론들이 나왔는데 그 의도나 형식이 어떤 일면적인 긍정성을 가지고 있었음에도 불구하고 그들은 순수 예술론에 의거한 반동적 독단론을 내놓는 커다란 오유를 범하게 되였다.

이는 이들 자신의 그릇된 사상 예술적 세계관과 아울러 미학적 견해의 오유에서 온 것이니 19세기 말엽으로부터 20세기 초엽에 이르는 당시의 진보적이며 혁명적인 문예 사조에 강잉히 반항하고 있던 부르죠아 순수 예술론과 그의 사상적 조류의 반영으로 보아야 할 것이다.

19세기 말엽으로부터 20세기 초에 이르는 기간의 문학 예술의 형편을 론하면서 쏘련의 문예 평론가 브·이와노브는 다음과 같이 지적하고 있다.

『주지하는 바와 같이 19세기 말엽—20세기 초에 있어 발전하는 혁명 운동과 장성하는 혁명적 문학에 대응하여 문학과 예술에서의 반동 세력들은 적극화되였다.

관념론적 미학의 설교가들은 혁명적 민주주의자들의 미학적 기초를 반대하여 공격을 선포하였다.

로씨야에서는 서구라파에서와 마찬가지로 철학적 관념론을 자기들의 기'발로 삼은 각종의 퇴페적 조류들이 출현하였다. 사회적 의무로부터의 예술가의 「자유」가 선포되였으며 「공민의 의무의 올가미로부터」의 예술가의 「해방」및 기타 잡소리들이 전력을 다하여 찬미되였다. 그러한 「해방된」 예술가는 독특한 「예언자」로 간주되였으며 그의 예술적 환상은 반드시 실제적 현실과는 무관계하여야 하였으며 또한 반드시 알지 못할 「유쾌한 전설들」을 창조하여야 하였다. 예술적 실천에 있어서 이것은 불가피하게 신비론에로, 퇴페적 모찌브에로, 죽음의 찬미에로 병적인 색정과 도색문학에로 끌고 갔다.

물론 전체 퇴페과 예술가들이 죄다 이런 극단에까지 굴러 간 것은 아니였다……』

우리는 이 이와노브의 말을 념두에 두고 고전적 발레트의 예술적 형식과 상치되는 새로운 무용 예술의 형식과 률동을 창안하였으며 그의 훈련 및 안무 연출에 대한 방법론을 내놓은 이러한 새로운 무용의 대표적인 것의 하나인 신흥 무용을 분석하여 보기로 하자.

ㄱ, 신흥 무용에 대하여

신흥 무용은 20세기 초엽에 독일에서 출현한 무용 체계로서 발레트와 같이 전문적인 극장 무용 씨스쩨마의 한 쟌르를 형성하였던 것이다. 그 기교 형식은 여하한 민간 무용들의 형식에도 전연 근거를 둠이 없이 오로지 인간의 육체적 률동과 동작들을 예술적으로 정리 세련화하고 체계화한 것을 표현 수단으로 삼아 인간의 사상 감정을 표현하려는 데 그 의도가 있었다.
　때문에 신흥 무용에서의 제 동작들은 무엇인가 표현 암시하려는 의도가 뚜렷한 것이 특징적이다.
　정서적이고 명랑한 환희의 감정이 반영된 기교와 율동보다도 딱딱하고 심한 육체적 운동의 변화와 포즈 등으로 특징지어진다.
　신흥 무용의 리론과 기교 형식 및 훈련법, 창작 방법론 등을 처음으로 세상에 발표한 사람은 독일의 루돌프 휜 라방과 메리 위그만이다.
　독일은 문학, 음악, 철학 등의 분야에서는 옛날부터 빛나는 전통과 업적을 가지고 있었지만 20세기 초엽에 이르기까지 무용 분야에서는 이렇다 할 만한 것이 알려지고 있지 않았다.
　베를린, 도레즈덴 등의 극장들에는 전 세기 이래로 계속 이태리 무용가가 초빙되였으며, 불란서의 고전 발레트가 연구, 상연되기는 하였으나 당시의 독일 발레트는 로씨야를 위시한 불란서, 이태리의 발레트들에 비하면 보잘 것이 없었다
　그러므로 당시의 무용 평론가 안도레 레빈손이란 사람은 독일을 가리켜「무용이 (극장 무용을 말함) 없는 나라」라고까지 평하였다고 한다.
　그러나 그후 외계로부터 소위「신무용」의 창안자인 아이스토라 당칸을 비롯한 여러 무용가들이 새로운 무용 형식에 대한 (그것이 발레트를 더욱 발전시키는 방향에서이건, 발레트 이외의 형식을 탐구하는 방향에서이건) 창안을 시도하는데 영향을 받아 독일에서도 활발하게 연구 사업들이 진행되게 되였다. 그중에서 지금 말하려는 라방과 위그만이 가장 권위있는 선구자였다.
　그들은 발레트가 가지고 있는 종래의 전통과 기교 형식에서 떠나 새로운 자기류의 독창적인 씨스쩸을 형성하였다. 신흥 무용은 그의 리론적 근저에 있어서나 기교 형식 또는 훈련 및 창작 방법에 있어서 발레트와는 판이한, 라방과 위그

만의 독창적인 것이었다.

라방과 위그만의 신흥 무용에 대한 주장과 방법론의 기본적인 것은 다음과 같다.

첫째로 무용 예술은 다른 자매 예술과 마찬가지로 여하한 생활 현상의 측면일지라도, 아무리 복잡 다양하고 날카로운 인간의 사상 감정일지라도 전부 묘사할 수 있어야 한다는 것이다.

때문에 신흥 무용을 그들은 일명「표현 무용」이라고도 했다.

무용이 모든 것을 표현할 수 있게 되려면 종래의 발레로 기교 형식을 가지고서는 부족하며 완전히 다른 표현성이 농후한 기교 형식이 나와야 되며 량적으로도 비할 바 없이 많아야 한다는 것이다.

이와 같은 주장에 근거하여 라방과 위그만이 안출하였으며 형식화시킨 신흥 무용의 기교 형식들은 주로 무언극적 동작과 아울러 심리적 변화에 의하여 이루어지는 인간의 육체적인 의형 동작과 포즈들을 미적 의식하에 정리하였으며 형태화시킨 동작들과 률동들이다.

라방은 인간의 감정, 심리적 변화에 의하여 나타나는 인간의 육체적 동작과 포즈에 대하여 깊은 연구를 하였다.

둘째로 신흥 무용의 기교와 기본 훈련에 대한 견해에 있어서 라방과 위그만은 주장하기를 무용 예술이 모든 것을 심오하고 다양하게 표현해야 되기 때문에 표현 수단인 기교 형식이 발레와 같이 고정되어 있어서는 안 되며 따라서 기본 훈련도 이미 달성된 기교의 습득을 위한 것으로 국한하여서는 안 된다는 것이다.

아무리 복잡하고 심오한 사상 감정이라 할지라도 능히 표현할 수 있게끔 어떠한 기교나 자유 자재로와야 하며 만능적으로 되여야 한다는 것이다.

발레와 같이 일정한 기교의 해결을 노계과제한 발레의

없으며 약속되고 제정된 기교 형식에 대한 훈련을 매일 반복할 것이 아니라는 것이다. 무용가의 육체는 보통 사람의 육체와는 전혀 별개의 소위 "무용적 신체"를 만들어야 한다는 것으로 무용수의 육체가 아무런 방향이나 각도로도 신축과 굴신이 자재롭게 되고 조약성이 있고 유연성이 있는 몸으로만 되면 이는 곧 수 많은 기교를 소유한 무용수가 되였음이나 다름없다는 것이다.

그러므로 신흥 무용에서의 기본 훈련법은 발레트와는 성격상 다르다. 소위 무용적 신체 형식을 만든다는 것으로 신체의 각 근육과 골격 및 관절들을 자유로이 움직일 수 있는 운동 동작을 조형적 포즈의 각도를 념두에 두고 정리하였으며 체계화한 훈련 방식이다.

신흥 무용에 대한 극단적 신봉자들은 신흥 무용의 기교 훈련의 특징은 "고정되고 형식화되지 않은「기교 없는 기교」의 완성"에 있다고 했다.

세째로 라방은 군무를 중요시하였다.

매개 개성적 특징을 가진 사람들이 집단적으로 등장하여 단일한 목적과 감정을 지향하는 강력한 집단적 구도를 형성함으로써 거대한 박력과 안쌈블의 미적 정서를 표현한다는 것으로서 구도는 립체적인 구도와 대위적인 기하학적 구도 배렬이 특징적이다.

라방의 이와 같은 주장을 가리켜「무용 코라스」라고 하는데 이 리론과 수법은 오늘도 대군무와 무용극 창조에서의 군중 처리 문제에 있어 많은 도움을 주고 있다.

네째로 신흥 무용은 무음악 무용을 주장하였다.

과거의 여러 가지 형태의 춤들이 이미 작곡된 기성곡에 의하여 창작되여 왔고 음악에 종속되고 있는 페단을 타파해야 한다는 것이였으며 무용은 완전한 독립적인 예술로서 존재해야 하며 형상되여야 한다고 주장하였다. 그리하여 대소 여러 가지의 북, 심바르, 제금, 드럼 등을 비롯한 타악기와 피아노의 단조요운 리듬에 의하여 창작하였다.

이상이 간단한 신흥 무용의 일반적 특징이다. 이와 같은 제 특징은 그것이 쏘베트 발레트 이전의 고전 발레트들이 가지고 있던 내용과 형식 및 형상 과정에서의 제한과 구속, 진부성을 타개하려는 데서 나왔다는 일면을 볼 수 있다.

그러나 이는 당시의 혁명적이며 진보적인 문예 사조를 반항하던 부르죠아 어용 예술가들의 퇴페적인 순수 예술론의 영향 밑에 무용 예술의 고귀한 제 유산에 의거하지 않고 독단적인 어면 「현대적인」 방법과 찌쓰제마를 만들어 내려는 모다니즘과도 결탁되여 있는 것을 볼 수 있다.

그것은 특히 메리 위그만의 전성기를 중심으로 당시 활동하던 신흥 무용 전문가들의 활동 정형에서 현저하였음을 찾아 볼 수 있다.

신흥 무용이 순수 예술론과 모다니즘에 립각하고 있다는 사실을 구체적으로 들어본다면

1. 신흥 무용에 있어서의 첫째 결함은 형상에서의 상징성과 추상성에 있으며 쩨마 선택에 있어서의 비본질적이며 사말적인 추상성에 있다.

위그만은 주장하기를 인간의 다양한 감정과 복잡하고 섬오한 내면 세계를 표현하여야 하는 무용은 환희만을 그리는 데 그칠 것이 아니라 슬픔, 공포, 고통, 절망 등의 감정을 표현해야 하며 동시에 보통 사람들이 알지 못하는 미지의 세계, 감각, 사상 등을 표현해야 하며, 인간 생활의 본질적인 것과 아울러 비본질적이며 「추악한 것」도 표현해야한다는 것이였다. 이렇게 주장하면서 그는 생활에서의 아름다운 것, 유쾌하고 행복한 것에 대한 쩨마에서 리탈하여 그로테스크하고 추악하고 피이하며 신비로운 것만을 추구하였다.

그는 추악하고 신비로운 것을 표현해야만이 예술은 순수성을 지니며 그 어면 가치를 갖는듯이 퇴페적이며 반동적인 리론을 주장하였던 것이다.

그의 작품들을 보면「무당춤」「죽음의 춤」「광인」「운명에 쫓기는 사람」「200년 후의 인간들」「일세기 후의 생활」등 한결같이 비본질적이며 추상적인 것으로서 교양적 가치를 상실한 유해로운 것들이였다. 제마가 추상적일 뿐만 아니라 사실성이 결여된 제 형식과 기교로 하여 형상에 있어서도 현실성이 결여된 추상화되고 상징화된 묘사로 떨어질밖에 없었다.

2. 기교 형식에 있어서의 추상성이다.

신흥 무용에 있어서는 발레트에 있어 행동 무용에서의 언어적 요소로 되는 고전적 기교, 동작들이 결여되여 있을뿐더러 또한 이를 거부한다.

그러면서 신흥 무용은 무용적 신체 형식을 주장하면서 다만 육체의 자유로운 운동성에만 귀결시키고 있다.

이것은 곧 유연 체조(일명 예술 체조라고도 함)나 아크로바뜨(곡예 무용) 전문가들의 기본 훈련의 목적과 무용 예술가들의 기본 훈련의 목적을 혼동하여 동일시하는 것으로 되는 것이다.

넓은 의미에서 육체적 훈련의 운동성은 동일하다고 볼 수 있으나 엄밀히 따지면 이 량자는 운동 그 자체도 다르며 또한 그 목적이 질적으로 다르다. 전자는 인간의 육체로서 표현할 수 있는 육체미, 조형미를 추궁하는 데 목적이 있으며, 후자는 인간의 사상 감정을 표현하며 생활을 묘사하는 데 그 목적이 있는 것이다.

민족 무용들을 위시하여 발레트에 이르기까지 그의 기교 동작에 있어서는 환희와 즐거움의 감정 정서들이 집중적으로 표현된 것이 결정적으로 우세하나 신흥 무용에 있어서는 환희와 즐거움의 감정 정서들이 집중적으로 관념화된 동작 기교들이 드물다.

3. 신흥 무용의 다음 결함은 무음악 무용인 데 있다.

과거의 무용이 기성곡에 추종하여 창작되였다는 결함들을 발견하여 안무가와 작곡가의 동시적 작업을 력설하기는 하였으나 무용 예술의 순수성을 주창하는 나머지 음악이 없는 (거의 없는) 무용을 창작하였던 것으로 음악이라고는 단지 률동 기교의 흐름과 변화를 강조하며 제시하여 주는 정도의 타악기 만을 사용하였다.

그리하여 결국 관람하는 인민 대중이야 느끼겠으면 느끼고 모르겠으면 몰라도 좋다는 식의, 자신의 만족과 주관적 예술성 만 고집하는「예술의 공민에 대한 의무로부터의 자유」에 빠지고, 알지 못할「유쾌한 긴선」들을 창작하는 순수 예술에 빠지게 되였다.

이상 말한 것이 라방과 특히는 위그만의 신흥 무용에서의 사상시 오유이며 형식과 창작 방법상의 오유이다.

그러므로 오늘 구라파의 무용 예술계에 있어서나 조선, 중국에 있어서도 그렇지만 지어는 독일에 있어서조차 신흥 무용은 극장 무용의 세쯔째로서 본격적인 연구 대상으로 삼지 않고 있다. 다만 구라파의 일부 나라와 조선, 중국, 일본 등에서 무용 예술의 전문지 연구 단체에 한하여 무용 형식론, 무용적 신체 형성론, 군무 형식론 등을 연구하는 데에 일정한 참고로 하고 있으며 리론 과목에서 일정한 연구 대상으로 되고 있을 뿐이다.

우리 나라에서 앞으로 신흥 무용의 기교 형식과 창작 수법을 어떠한 방향으로 연구 섭취할 수 있겠는가 하는 문제, 혹은 연구 대상으로 삼을 필요 여부에 관한 문제는 아직 론의되고 있지 않다.

만일 연구 섭취의 대상으로 된다며는 그의 기교 형식 (드라마틱한 일면 표현적인) 의 일부와 라방의「무용 코라스」론이 참작될 수 있을 것이다.

ㄴ. 기타의 무용들

신흥 무용과 아울러 20세기 초엽에는 몇 가지 특징적인 무용들이 출현하였다. 즉「률동 무용」「체육 무용」들이며 오늘 우리 나라에서는 이 두 가지 쟌르를 모두 부분적이나마 무용 학교, 극장, 학교, 써클들에서 찾아볼 수 있다.

「체육 무용」에 대한 설명은 여기서 생략하기로 하고「률동 무용」에 대하여 간단히 언급하련다. 률동 무용의 창시자는 음악가인 동시에 교육가인 에미르 쟈크 달크로즈다.

그가 처음 음악 교육의 한 수단으로서 만든 것이 리듬 교육상 정확하고 흥미있는 것으로 전 구라파에 파급되였던 것이다. 오늘에는 조선, 중국, 일본에 이르기까지「률동 무용」이라는 과목으로 극장, 무용 학교, 연구소들에서 일반적으로 연구 습득되고 있다.

달크로즈는 음악의 리듬을 연구 분석하여 그것을 육체적 동작에 이식하였다. 그의 주장은 음악의 모든 리듬을 완전하고 다양하게 육체적 동작으로 변형시켜 표현할 수 있도록 육체를 훈련한 후 음악을 주면 춤을 출 수 있다는 것이다.

그의 방법은 정확한 것으로서 우선 음악의 한 박자를 일보 (一步)로 하여 박자의 련속적인 반복에 따라 그 매개 박자에 맞추어 정확하게 걸어가도록 하였고 그 음의 강약 지속(強弱遲速)에 따라 동작 및 보행도 강약 지속으로 되게 하며, 강박자는 크고 힘있게 밟고 약박자는 가볍게 밟도록 하여 2/4박자 3/4박자 등의 리듬을 체득하게 하였다.

다음에는 박자의 변화에 의하여 팔, 다리, 동체의 각양한 변화와 운동을 주는바 이것들이 규정된 리듬을 표현할 수 있으며 반복할 수 있도록 훈련한다.

이와 같은 방식에 기초하여 제시된 리듬을 몸으로 표현하며 률동화하는 것인데 이는 음악, 무용 교육상 비상히 흥미있고 유익한 것으로 되고 있다.

물론 오늘 우리가 보고 배우는 「률동 무용」은 달크로즈에서부터 시작한 것이 그후 여러 나라 무용 전문가 혹은 교수들에 의하여 더욱 풍부화되였으며 발전된 것이다.

그의 률동과 기교들은 더욱 다채롭게 조형성과 류동선으로 보충되여 가고 있다. 때에 따라서는 단순한 률동인 것이 아니라 민족적 정서, 민족 무용의 기교, 빤또미마적 묘화까지 삽입되는 경우가 있으며 가짐도구를 가지고 추는 수도 있다.

우리 나라에서는 인민 배우 최 승희와 「률동 무용」에 대한 조예가 깊은 한 귀봉이 독창적 내용들로 풍부화시켜 세련되고 우수한 수법으로 교수하고 있다.

7. 오락 무용에 대하여

오락 무용의 몇 가지 형태들에 대해서 간단히 설명하겠다.

7. 레 뷰

레뷰의 본격적인 발생은 흔히 자본주의 사회의 문화가 개화되던 시기로부터이라고 하는데 이것이 광범히 무대에 등장되고 카바레 메스뜨란 등에 많이 출현한 것은 일차 세계 대전 전후이다.

물론 레뷰와 근사한 여러 가지 형태, 즉 공상적이며 서정적인 희가극, 빤또미마와 노래가 혼합된 것, 기합술 등의 요소들을 포함한 일종의 「구경'거리」는 18, 19세기부터 귀족 및 령주들의 저택에서 혹은 장'거리에서 성황하였다고 한다.

레뷰도 「구경'거리」의 일종임에는 틀림없는 것이나 그의 특징은 사람들의 흥미를 돋구는 구경'거리들을 종합한 종합성에 있다.

그것은 현란한 여러 가지 요소 (음악, 무용, 빤또미마, 오페렛따에 가까운 형식, 기합술 등), 사람들의 눈을 즐겁게 하며 흥미를 끌게 하는 모든 것을 종합한 것이다.

그런데 이는 관객의 교양과 정신적 감동을 목적하는 것이 아니라 어디까지나 흥미 본위로 잡탕으로 엮어 놓음으로써 인간의 향락적 본능과 충동 혼히 말초 신경을 자극하기를 목적하는 부르죠아 상품이며 부르죠아적 문화의 산물인 것이다.

그런만큼 레뷰 배우로서는 혼히 젊고 얼굴이 매끈하게 생긴 극단적으로 말해서 성적 매력을 가진 녀성 무용수들을 선발하는 것이니 이리하여 화려한 무대 장치를 배경으로 하여 거의 라체나 다름없는 몸으로 집단적으로 날뛰게 함으로써 색정적이며 방탕한 취미를 배양하는「놀음」이며 마체 녀성들의「데모 행렬」이라고 할 수 있다.

레뷰의 기교 형식은 수 십명의 반라체의 녀성 무용수들이 정연한 각양 구도를 그려가며 이러저러한 동작(문란하고 비속한 별종)을 똑같이 반복하면서 여러 가지 위치에서 포태를 내는 것이다.

물론 이에는 색정적이며 퇴폐적인 노래와 대사, 메시터 치브(음률적 대사)들이 동반되여 관객들을 시각 청각적으로 마비시키는 것이다.

오늘 서방 부르죠아 전쟁 상인들은 전쟁 선동가들과 결탁하여 레뷰에 전쟁 선동의 내용을 주입하고 있는바 례하면 화려한 무대 중앙에 장치해 놓은 원자탄이 터지면 그속에서 라체의 녀성들이 뛰여나와 색정적이며 민족 배타적인 노래를 부르며 춤을 추게 만드는 등이다.

결국 말하자면 레뷰는 그 특징이나 본질에 있어서 부르죠아지들의 산물이며 완용물로서 건전한 사회에서는 절대로 허용될 수 없는 유독스러운 페물이다.

ㄴ. 탑브 단스에 대하여

탑브 단스는 원래 남아메리카 혹인 인디안들의 독특한 향토 무용의 일종인데 그의 독특한 흥취와 정서가 미국의 통행용 상품으로 리용 전락되여 구라파에 파급되였던 것이며 동양에도 부르죠아 문화의 파급과 함께 들어 왔다.

탑브 단스는 구두징을 박은 가벼운 구두를 신고 두 발의 끝

파 뛰숙으로 다양한 리듬을 내면서 춤추는 것인데, 서방 국가의 흥행 단체에서는 이를 때문에 적용하여 라체의 녀성들을 수십 명 등장시켜 똑같은 동작으로 똑같은 리듬을 짓게 함으로써 돈벌이의 도구로 삼고 있다.

그러나 탐브 단스는 비단 서방 국가의 흥행물로서만 리용되는 것이 아니라 쏘련을 비롯한 인민 민주주의 제 국가의 에쓰쁘라다 및 가부(歌舞) 안삼불에서도 추고 있는데 물론 이는 그 형식과 내용에 있어서 근본적으로 다르다.

ㄷ. 아크로바찍 단스 (곡예 무용)

명칭이 말하여 주는 바와 같이 곡예적 요소를 담은 춤이다.

이것은 한 쌍의 남녀가 육체의 모든 균형성과 유연성을 리용하여 공간에 다채로운 조형적 동작과 포즈를 그리는 것을 말한다. 혹은 녀자가 2, 3메뜨르의 거리에서 남자의 가슴 어깨 또는 판에 뛰여 올라 몸의 중심을 견지하면서 남자의 한 손에 의지한 채 공간에다가 육체의 조형적인 포즈를 그린다든가 류동적 선의 흐름을 그리는 것, 혹은 남자의 손에 의하여 녀자가 마치 공과 같이 가볍고 재빠르게 조종되여 회전하는 것 등 가지가지 곡예를 률동적으로 하는 것을 말한다.

아크로바찍 단스는 남녀 한 쌍이 하는 것 외에 또한 녀자 혼자서 하는 것이 있는데 이때에는 경탄할만큼 신체의 곡선과 유연성을 률동적으로 보여 준다.

또한 남녀 쌍쌍이, 혹은 남녀별로 집단이 되여 제가끔 교대로 현훈증이 일어날만큼 묘기를 시위하는 것도 있다. 이 외에 공중 아크로바뜨도 있다.

이렇게 건전한 육체의 다양하고 아름다운 곡선으로써 묘기를 보여 주며 대담성을 배양케 하는 이것을 부르죠아 국가에서는 떼뷰에 리용함으로써 사람들의 신경을 혼란시키고 있으며 색정미를 가하여 두뇌를 피로케 하고 있다.

ㄹ. 사교 무용에 대하여

사교 무용은 신흥 부르죠아 사상이 대두되면서 발생한 춤으로서 력사는 그다지 길지 않다.

봉건적 귀족과 령주들이 몰락하는 한편 도시 소시민과 상인들이 사회에 활발히 진출하고 사회 제도가 공화체로 되며 인권, 개성의 평등 자유의 사조가 지배적으로 되면서부터 사교 무용에도 변화를 가져 왔다.

종전에는 한 쌍 혹은 몇 쌍이 추면 다른 사람들은 끝날 때까지 조용히 기다렸다가 추던 것이 이 시기에 와서는 다른 사람에 관계없이 자기들이 추고 싶으면 언제든지 일어나서 추게 되였다. 사회 생활이 다망하고 활동적인 것으로 되자 기교 형식에 있어서도 중세기적인 춤은 구미에도 아니 맞았지만 한가하게 배울 여가가 없게 되였다.

그리하여 가장 간편하고 인차 배울 수 있는 보법을 중심으로 하여 이루어진 동작과 형식을 리용하여 자기들의 오락적 사교적 요구를 충족시키게 되였다.

사교 무용은 인간 호상간에 집단적인 친목과 우애적인 교섭을 도와 주는 데의, 사교 수단의 일종으로서 중요한 역할을 논다.

모름지기 오늘 문명한 나라치고 사교 무용을 추지 않는 나라는 없을 것으로, 대체로 공통적인 그 방법은 국제적 성격을 가지고 있다.

다만 그것이 사회 제도와 아울러 인민들의 도덕적 수준과 해석 여하에 따라 야비하고 문란한 것으로도 될 수 있으며, 건전하고 친선적인 것으로도 될 수 있다.

사교 무용에는 대체로 「왈쯔」「폭스 트롯트」「룸바」「땅고」「부르스」 등이 있으나 남녀가 서로 마주 서서 손과 허리를 잡는 식은 서로 대동소이하고 다만 주로 보법과 률동이 서로 다르다.

ㅁ. 군중 오락 무용에 대하여

군중 오락 무용은 각 나라의 지방시 특색과 환경에 따라 각각 다르다.

조선에는 각 지방마다 각기 특색이 있는 「마춤―즉흥무」가 있고 북청 지방에는 「돈돌나리」, 남도 지방에는 「강 강수월래」 「쾌지나 칭칭나네」 등이 있다.

중국에는 거의 일반화된 「양거―통칭 양긴춤」이 있으며, 구라파에도 이태리에서 나온 「따라메라」, 쏘련의 「빠·데·바·스크」 등을 비롯한 여러 가지가 있다.

이와 같이 향토적 지방색을 농후하게 반영하였으며 민족성을 가진 군중 오락 무용이 있는가 하면, 일정한 전문가에 의하여 만들어진 보편적인 춤도 있다.

쏘련과 중국에서는 군중 오락 무용을 각별히 장려한다.

군중 오락 무용은 집단적인 우애와 친밀성을 도모하는 데 중요한 역할을 놀고 있다.

가장 쉽고 인상적인 4개 내지 5개의 기교 동작을 한 묶음으로 하여 가지고 년령별 계층별을 류의하여 누구나 인차 참가할 수 있도록 만들어진 것이 리상적이다.

우리 나라에서도 물론 건전한 사교 무용을 널리 장려하는 동시에 민속 무용에 립각한 다양하고 흥미있는 군중 오락 무용을 만큼이 광범히 보급시켜야 할 것이니 그렇게 함으로써 사회주의 건설에 분투하고 있는 근로자들로 하여금 문화적 정서를 즐긴 수 있게 하여 래일의 사업 의욕을 북돋아 주며 보다 높은 질서 단결로써 부강 조국 건설에 이바지하도록 고무해야 할 것이다.

Ⅱ. 조선 민족 무용

1. 조선 민족 무용에 대하여

우리 나라는 세계 문화 사상에 찬연히 빛나는 4천 여 년의 유구한 민족 문화의 전통과 아울러 찬란하고 풍부한 문화 유산을 가지고 있다.

이런 고귀한 민족 문화 유산 가운데 우리 인민의 락천적인 품성과 고상한 정서를 힘차고 아름다운 률동과 형식으로 과시하여 주는, 우리 나라의 민족 무용이 뚜렷한 자리를 차지하고 있음은 다시 말할 필요도 없을 것이다.

이 귀중한 민족 무용 유산을 더욱 풍부한 내용과 형식으로 계승 발전시키기 위해서는 우선 우리 선조들이 창조한 풍부한 무용 유산을 광범히 발굴 섭취하여야 할 것이며, 조선 무용의 제반 률동 기교 형식의 특징과 성격을 실기를 통해 정확히 분석 파악하여야 할 것이다.

그러나 유감스럽게도 반세기에 걸치는 일본 제국주의의 민족 문화 말살 정책과 리조 봉건 사회의 민족 예술에 대한 천시에 의하여 오랜 동안 민족 무용 유산의 발굴은 거의 중식되다싶이 부진 상태에 처해 있었다.

또한 오늘에 있어서는 미제와 결탁한 리 승만 도당의 매국 정책에 의하여 남북이 갈라져 있는 조건으로 하여 이 사업에 막대한 지장을 초래하고 있다.

그러나 해방 후 오늘에 이르기까지 우리 공화국에서는 국가의 전면적 방조 밑에 민족 무용 유산에 대한 연구 계용 사업이 제속 부단히 전개되고 있으며 따라서 민족 무용의 계승 발전과 연구 습득에 대한 열의가 전국적으로 비상히 앙양되고 있다.

이러한 비등되는 열의에 고무되여 아직 경험과 학습이 부족한 이런 무용 학도에 불과한 나로서 조선 민족 무용에 대하여 론급하려 하니 외람된 감이 없지 않다.

그렇지만 여기서는 민족 무용에 대한 어떤 구체적인 리론이나 자료를 제시하려는 것이 아니요 다만 학습과 실천을 통해 체득해온 바를 개념적으로나마 서술해 보려는 것이니 우리 나라 민족 무용의 개략적인 편모나마 짐작할 수 있다면 다행이리라 생각한다.

1

이제까지 조선 민족 무용의 제 양식과 특징 및 수법들에 대하여 구체적으로 서술한 문헌들은 찾아보기 힘든 형편이고 이러저러한 서적들에 단편적인 기록들이 보일 뿐이나 이런 단편적인 기록에 의거하여 보더라도 조선 무용은 이미 2천년 내지 3천년 전 삼한 시대나 그 이전에 있어서 벌써 고도로 체계화되고 형식화된 기교 형식으로 상당히 발전되어 제천 기신 (祭天 祈神) 의 의식에 광범히 리용되었다는 것을 알 수 있다.

우리는 우리 나라 력사 문헌 중에 보이는 무용에 대한 단편적인 기록을 통해서 보더라도 비록 그것이 기교 형식에 있어서 민족적 특수성을 가지고 있으나 력사적으로 그것이 리용되는 대상이나 그 성격에 있어서 동양의 이웃나라 및 구라파의 무용 발전사와 일반적 공통성을 가지고 있음을 발견할 수 있을 것이다.

즉 원시 공동체 사회에 있어서나 노예 봉건 사회에 있어서 무용이 노래와 종합된 인중의 가무 형식으로 되여 제천 기신의 의식에 많이 리용되였다는 사실이라든가, 부족 혹은 종족들 간에 진행되는 토메미즘에 관련된 의식 행사에 무용이 광범히 리용된 것이라든가, 풍작을 축하하여 부락마다의 인민들이 총 출동하여 밤새도록 춤과 노래로 즐기는 가운데서 무용의 비약적인 발전이 초래되군 하였다는 사실이라든가, 그것이 계급 사회에 들어와서는 지배 계급의 오락적 완용물로 전락 보존되였으며 리용되있다는 사실들이 바로 그것이다.

그런데 조선 무용은 비단 그의 리용 대상에 있어서만 외국과 일반적 공통성을 가지는 것이 아니라 춤의 구도, 형식에 있어서도 류사한 공통점을 발견하게 된다는 것은 자못 흥미있는 사실이다.

3국 시대에 류행하였다는 4인무는 두 사람씩 나란이 서서 쌍방이 교대 진퇴하면서 추는것으로 각양 각색의 의상을 입고 양피 가죽으로 만든 무용화를 신고 머리에는 화려한 장식을 하고 추는 춤이라는데, 이것은 구라파의 노예, 봉건적 중세기에 있어서 류행되였으며, 현재까지 「력사 무용」으로서 남아 있는 「까드릴」(4인무―황실 무용)이나 로씨야 인민 무용의 「까드릴」을 련상시키는 것이다.

서로 다르다면 민족 문화의 각이한 전통과 특수성이나 생활 양식의 차이에서 오는 률동적 성격, 감정, 정서 휘모마의 차이와 의상의 색조, 형태의 차이다.

삼국 시대에 신라 황창랑이가 추었다는 검무와 오늘에 있어서도 의연 민족 고전으로 자랑할 수 있는 장검무 혹은 목 부러진 장식한 칼을 쥐고 추는 칼춤 등은 구라파 봉건 시대에 민간 혹은 황실에서 류행되였던 「웬싱무」나 그 밖의 여러 나라의 민속적 칼춤과 비교할 수 있다.

이 외에도 우리 민족 무용의 궁중 무용적 형태의 것으로서 이미 발굴되여 인민들에게 공개된 작품이거나 문헌상에만 기록되여 있고 아직 발굴 공개되지 않은 춤들이 「포구락」 (抛毬樂), 「처용무」 (處容舞), 「무고」 (舞鼓), 「헌선지무」

(烈文之舞), 「보태평무」(保太平舞), 「간척무」(干戚舞), 「절화무」(折花舞), 「춘앵무」(春鶯舞) 등 실로 수다하다.

만약 이와 같이 많은 무용 극목들이 남김없이 발굴 공개된다면 우리 민족 무용 발전에 새롭고 커다란 기여로 될 것이다. 또한 우리 나라는 세계 어느 민족에 못지 않은 우수하고 다양한 민족 무용을 가지고 있으니 그 매개 춤들은 풍부하고 다양한 형식과 충만된 인민적 정서를 가진 귀중하고 자랑스러운 것이다.

일반적으로 조선 민족 무용의 제 형식과 기교, 률동들은 고도로 세련된 예술성과 조형적인 동작의 풍부성으로서 즉 그 매개 기교 동작들의 우아하고 섬세한 률동성과 아울러 서정적이며 부드러운 곡선, 조곡선의 다양한 흐름으로 특징적이다. 또한 인간의 내면적 세계의 심오한 심리적 제 현상을 철학적 깊이에서 반영하고 있으며, 아울러 대담하고 극적이고 행동적인 표현이 풍부한 것이 특징적이다. 그 뿐만 아니라 집단적 락천성으로 충만된 민족적 품성, 정서의 무한한 시위로 특징지을 수 있다. 그것은 농악무, 탈춤 등을 비롯한 제반 다양한 민속 무용 등의 기교에서 찾아 볼 수 있다.

강령 탈춤에서 굵은 삼실로 짠 묵직한 베 도포를 입고 머리 끝까지 다리를 차 올리며 높이 뛰여 오르는 동시에 넓은 장삼을 휘둘러 공간에 폭있는 곡선을 그려 감는 동작이라든가, 농악무의 땅 재주에서 땅 바닥과 거의 평행이 되도록 뒤로 몸을 젖히고 조약 회전 (발레트의 용어로는 쥬페 앙뚜르낭—혹은 까쭐라고 한다) 을 하면서 동시에 상모를 돌리며, 소고는 소고대로 정확하고 다양한 리듬으로 두드리는 기교, 동작들은 중국의 경극에 나오는 기술적인 동작들 외에는 그 뮤례를 좀체로 볼 수 없는 놀라운 기교들이다.

그러면 이상과 같이 우수한 조선 민족 무용의 기교 형식을 좀 더 구체적으로 찾아 보기로 하자.

조선 민족 무용의 제반 기교 형식의 성격과 특징을 고찰하려며는 우선 조선 민족 무용의 제 형태 호상간의 관계와 그 특징들을 분석 료해하는 것이 중요하다고 인정하는바, 나의 견해에 의하면 조선 민족 무용은 세 가지 형태 혹은 양식으로 구분하는 것이 타당하리라고 생각한다.

2

인제 조선 민족 무용의 형태를 세 가지로 구분하여 말하기로 한다.

첫째로 궁중 무용적 형태 혹은 양식이 있는바 이는 궁중에 도입되여 보존 발전되였으며 왕과 귀족 특권 계급들의 감상

궁중 무용 의상

이 혹은 의식적 목적에 의하여 편성 정리된 아악조 음악에 의하여 추어지는 춤의 형태이다.

당시에는 이를 소위 법무(法舞)라 하였다는 것이다.

무용의 종류는 이미 몇 가지 언급하였지만 그 외에도 명산회상, 봉황무, 련화무, 향발무, 상염무(霜髯舞), 지백무(地栢舞) 등을 그의 실례로 들 수 있다고 본다.

이제 몇 가지 춤의 내용과 구도를 소개하려고 한다.

포구락은 룡두(龍頭)를 새겨 붙인 판자 중앙에 뚫린 구멍에 채색한 공(毬)을 서로 춤을 추며 넣는 것인바, 도합 16 명의 무용수가 출연하는 군무이며, 공이 과녁에 들어 가면 지화자를 부르며 다양한 구도와 률동으로 춤을 춘다.

이에는 악공들과 기폭을 들고 주위에 병렬해 있는 인원들만 해도 수다했을 것으로 여기에서 우리는 지난날 황실과 봉건귀족들의 호화 찬란한 생활과 아울러 그들의 규모가 큰 유흥의 모습을 짐작할 수 있는 것이다.

다음으로 보태평무(保太平舞)에 관한 것인데 이 춤은 장신, 청, 환바 화살을 가진 36명의 대인원수가 출연하는 호화로운 무용으로, 음악 반주 인원과 주위의 기폭을 든 인원도 상당한 수이다.

이 춤의 주요 기교 형식은 밝혀져 있지 않고 다만 구도만이 소개되여 있기에 이에 발취 소개하기로 한다. 이는 곡진도(曲陣圖), 직진도(直陣圖), 총진도(銃陣圖), 원진도(圓陣圖), 방진도(方陣圖) 등 5종으로 되여 있는데, 아래와 같다.

다음으로 향발무인바 이것은 최근에 발굴되여 무대에 상연 소개되고 있는 춤으로서 양손 엄지 손'가락과 중간 손'가락에 향발(響鈸―금속으로 만든 것으로 부딪치면 아름다운 음향이 나는 악기)을 끼우고 선률과 장단에 맞추어 향발을 쾌활하고 변화있는 리듬으로 울리면서 추는 우아한 춤인바, 녀자 8인이 함께 추었다고 한다.

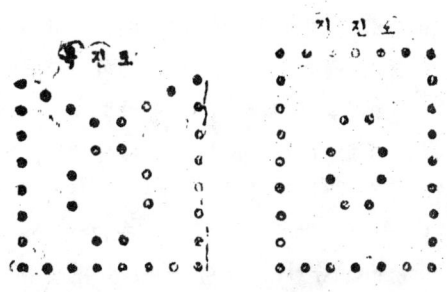

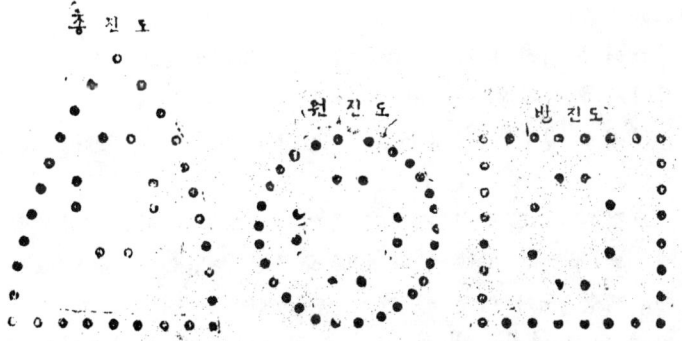

*. 매개 그림과 같은 구도로서 무용수 28명이 정렬하여 주위에 위치를 잡으며 중가운데에 8명이 배치되였음은 다섯 가지가 다 같다.

이외에 산염무(霜艶舞), 지피무(枝披舞)등 종교적이며, 신화적인 유래를 가진 춤으로서 지난 시기에는 매우 활발하게 성행하였다고 하지만 불명확한 구도 이외에 이렇다 한 구체적인 기록은 아서 볼 수 없다.

마지막으로 궁중에서 뿐만 아니라 널리 광범한 인민대중들 속에서도 류행되였으며 애호를 받아 온 귀중한 유산인「학춤」에 대하여 말하려 한다.

학춤은 의심할 바 없이 일정한 주제와 내용이 뚜렷한 생활적이며 극적 성격을 띤 춤인바 결선 정악의 사상을 측면적으로 상징화하여 묘사한 것이라고 생각한다.

어질고 선량한 평화를 상징하는 학이 련꽃에서 나온 선녀 혹은 련꽃의 정(精)들과 화목하고 다정하게 놀고 있는데, 돌연히 악의 상징인 호랑이가 나타나서 학과 련꽃을 해치려고 한다. 이 때에 무지개가 비끼면서 정의의 사자인 청의동자 혹은 홍의동자가 나타나서 범을 물리치고 다 같이 평화롭게 지낸다는 내용의 재미나는 춤이며 특히 여기서 련꽃이 실제 벌어지면서 그 속에서 선녀들이 나오는 것이며 사람이 학의 외피를 쓰고 나와 학의 시늉을 하는 것이 매우 인상적이여서 널리 애호를 받아 왔다.

그러면 이상과 같은 궁중 무용적 형태인 소위 법무의 기교 형식에서의 특징은 무엇인가.

첫째로 법무의 매개 구도는 엄격하게 형식화되여 있다는 것이다.

그것은 우에 발취 소개한 춤의 구도를 보아도 짐작할 수 있지만 일정하게 약속된 환경과 규정된 조건을 가지고 있는 것이다. 례를 들어 어떤 한 개의 춤이 시작될 때에는 그 춤에 약속되여 있는 악사들과 그 밖의 인원들이 동시에 참가하게 되는 데 악사들의 수와 악기의 종류, 주위에 늘어선 인원과 장식물도 춤의 종류에 따라 각각 상이한 것이며, 특색있는 것이다.

또한 무용수들은 일정하게 규정된 자리에서 규정된 무법을 반복 행동하는바, 구도는 흔히 원형, 평행선, 상치, 교차적 순서로서 교대 진퇴하는 것이 상례이다.

둘째로 기교상의 문제를 분석하여 보면 아악조에 의한 원만한 동작들이며 (때로는 군악 등에 의하여 어느 정도 흥겹고 경쾌하게 풀어가는 것도 있지만), 엄격히 규격, 형식화된 포물선과 휘여감고 뿌리고 하는 정적인 동작들이 특징적이다.

이것은 우선 아악에서 오는 정중성과 우아한 음향과 선률에도 기인되지만 또한 궁중에서 왕, 귀족들을 비롯한 상층 고관들의 감상 혹은 리용의 대상으로 되었던만큼 그들의 생활적

범주와 장엄성의 기조로하여 인간의 모든 자유롭고 풍부한 정서와 감정, 개성적 특징들이 대담하고 활발하게 자유로이 표현될 수 없었던 데도 기인될 것이다.

정중성과 조심성을 전체로 하는 형식미에만 치중하는 나머지 매개 기교 형식들은 다양 다채로울 수 없었고 하체의 동작은 거의 몇 가지 규정된 보법과 굴신 및 무릎을 올리고 돌아가는데 국한되여 있었다. 그러므로 대개 앉아서 돌아간다든가, 여러 가지 팔의 동작과 더불어 자리를 옮기며 추는 동작이 많다.

상체의 동작들과 세련된 포즈는 하체의 동작에 비하여 다양하며 우아한 것으로 특징적인바, 이 상체의 기교의 다양성과 세련성, 바로 여기에 다른 나라 궁중 무용 형태들에 비하여 우리 나라 궁중 무용들의 우월한 점이 있다고 말할 수 있다.

동작의 구성을 보면 주로 포물선과 곡선적인 흐름으로 되여 있는바, 팔을 휘돌려 올리는 것, 앉아서 좌우 상하로 뿌리치는 것, 어깨에 한 팔 혹은 두 팔을 올려 멘다든가, 한삼을 낀 양팔을 귀 옆을 스쳐 우로 뿌려 올리며 꿇어 앉는 동작을 반복하는 것, 양팔을 우로 올려 번개사위로 공간에 커다란 원선을 그리며 돌아간다든가, 한 팔 혹은 두 팔을 전후로 율동성 있게 이동하며 걸어 가는 등 여러가지가 있는데, 그것들이 한결같이 합법칙적인 률동적 법칙과 미적 휘르마로서 일관되여 있는 것이다.

세째로 궁중 무용의 매개 동작들은 그 자체의 출발과 목적이 어떤 극적인 내용을 반영하며 표현하려는 데 있는 것이 아닌만큼 기교에 있어서 어떤 내면 세계와 심리를 표현하려는 표현성을 전제로 하고 있지 않으며, 아름다운 율동과 형식미의 변화로써 미적 쾌감을 일으키도록 그의 구도가 되여 있는 것이 대부분이다.

그러므로 궁중 무용의 형태의 특징은 그것이 무용에 있어서 언어적 스멜이 아니라 여흥적 스멜이라는 것을 각지할 수 있다.

물론 오늘에 있어서는 창작가들이 궁중 무용적 형태를 응용, 창작하여 일정한 내용을 표현하기 위한 표현적, 언어적 기교 형식으로 창조적으로 발전시키고 있는 것이나 이도 어디까지나 유산에 의거하여 개작, 정리, 리용한 것이라는 것을 념두에 두어야 할 것이다.

오늘 이와 같은 궁중 무용적 제 형태들을 발굴하여 작품 창조에 계승 도입함에 있어서 우리는 다음과 같은 점들을 생각할 수 있다고 본다.

우리 나라의 고유한 궁중 무용적 형태들 즉 력사 무용들을 발굴 소개하는 사업은 계속 부단히 진행해야 할 것이니 이렇게 함으로써 우리의 력사 무용의 보고가 풍부해짐은 물론 민족 무용 창작에 있어서도 중요한 기여로 될 것이다.

이를 위하여는 될수록 문헌에 기록되여 있는 유산 그대로의 형태들을 발굴 발견하도록 노력해야 할 것이다.

이와 동시에 한편 일정하게 얻어진 자료에 근거하여 작자의 전문적인 의상(意想)을 첨부하여 창작, 편무해야 할 것인바, 무용 예술가에게는 유산을 발굴 발견할 뿐만 아니라 이를 계승 발전시켜야 할 영예로운 과업이 또한 있는 것이다.

그러나 여기에 있어 어떤 춤의 형식과 기교가 가지고 있는 력사적 근원이나 특징들을 고려함이 없이 되는대로 적용하여서는 그 춤의 실제적 형태를 밝힐 수 없을뿐더러 인민 창작으로서의 본래의 가치를 훼손하기 쉽다는 것을 깊이 고려해야 한다.

우리는 고전 무용을 연구하는 과정에서 발견된 자료와 형식 및 구도들에 기초하여 이에 얼마든지 새로운 내용을 부여할 수 있을 것이다.

새로운 내용을 부여한다 함은 우리의 고유한 무용 유산을 리용하여, 애국주의 사상, 민족적 감정 정서를 담은 작품을 널리 창조하여 민족 무용 문화를 널리 소개하자는 것이다.

이런 구체적인 그모서 인민 배우 최승희 작인「고구려의

무회」와 리 석예의 「항발무」를 들 수 있다.

우리는 과거의 유산을 단지 그대로 옮겨 놓음으로써 률동적 쾌감과 추상적인 민족적 정서만을 전달하려 할 것이 아니라 어디까지나 구체적인 형상을 통해서 그 시대의 생활의 정서와 풍모를 여실히 전달할뿐더러 민족적인 정서가 구체적으로 드러나게 해야 할 것이다.

또한 력사 무용의 한 쟌르로서의 궁중 무용의 제 형식을 최대한으로 발굴 정리함은 앞으로 우리 나라에서 우수한 민족 발레트를 창조하는 데도 다대한 기여로 될 것이다.

력사 무용은 력사적인 발레트 창조와 불가분리의 관계를 가지고 있다.

력사 무용을 포함한 여흥 무용 (Дивертисментный Танец) 은 무용극 창조에서 필요 불가결의 요소이다.

여흥 무용은 발레트의 시대적 환경을 뚜렷이 밝혀 주며 발레트가 가진 력사적 사실과 특징, 풍속, 정서, 생활 양식, 인간들의 계급적 립장과 특수성들을 명확게 하여 줄뿐더러 극의 진행과 추진을 흥겹고 신명하게 하여 주는 것이다.

그러므로 우리들이 앞으로 력사적인 내용의 민족 발레트를 창작함에 있어서 궁중적 무용 형태들도 포함한 고전적인 일체 력사 무용에 대한 정확하고 풍부한 지식이 없이는 성과적인 작품을 상상하기 곤난한 것이다.

조선 민족 무용의 둘째 형태는 종교적인 무용인바 종교적인 무용 형태는 두 가지 계통으로 구분할 수 있으니 그 하나는 불교 계통에서 온 무용이고 다른 하나는 무당 계통에서 온 무용이다.

첫째로 불교 계통의 무용으로는 승무 (僧舞), 작법무 (作法舞), 법고무 (法鼓舞), 바라춤 등을 들 수 있다. 그 중에서 승무에 대하여 고찰하여 보기로 하자.

승무, 이는 종교적 색채를 가지고 있는 동시에 성격적이며 표현적인 정서가 농후한 것으로 대표적인 형태의 하나인데, 승무가 출현한 력사적 환경과 유래에 대하여서는 단편적인 설화는 있으나 구체적인 사연은 알 수 없다.

승무가 순전한 민속 문화적 산물인 인민 대중의 창조물인지, 혹은 사찰에서의 창조물인지 그렇지 않으면 어떤 전문가에 의하여 창작된 것이 현재까지 전하여지고 있는지 자세히 밝힐 수 없으나, 어쨌든 우리 나라에 불교가 수입되여 성행하던 시기의 영향을 받아 생겨난 춤인 것만은 틀림 없다.

승무는 녀승의 (현재는 남성도 춘다) 춤으로서 치마 저고리 우에 장삼을 입고 가사 (홍띠)를 한편 어깨에 걸쳐 사선으로 늘어 뜨리고, 고깔을 쓰고 법고채를 량손에 쥐고 북들과 마주 선다든가 등지고 서서 추는 춤이다. 다양한 장단에 의하여 다채로운 춤이 벌어져 감정이 점차 고조되여 가다가 법고 (다양 다채로운 박자와 리듬을 아주 빠르고 재치있고 박력있는 수법으로 표현한다)를 치는 데서 감정의 클라이막쓰를 이루며 이어서 우울한 감정은 급변하여 명랑한 춤으로 넘어가는 것이 특색이다.

승무의 특징은 무엇보다도 그 내용과 형식이 예술적으로 세련되였으며 형태화되여서 한 개의 완전한 예술 무용으로 평가할 수 있다는 것이다.

또한 승무에서 적용되는 매개 기교 동작들은 심미학적 견지로 보아 매우 연마되여 있으며 그 매개 동작들이 일정한 표현성을 띤, 즉 언어적이며 심리 표현적인 행동들로 되여 있어 실제 그것이 어휘적 성격으로 표현되고 있는 것이다. 즉 고뇌와 번민, 울분, 회의적 감정 등을 철학적 사색의 경지에서 나타내고 있는 것이다.

그것은 일상 생활에서 이러저러한 감정과 충동에 의하여 행하여지는 동작과 행동들에 기초하고 있으며, 그와의 유기적 련관 밑에 도입되였을 뿐만 아니라 그것이 세련되고 원숙한 조형성과 아울러 예술적 과장과 제약으로서 양식화되어 표현되고 있는 데 기인된다고 볼 수 있는 것이다.

예를 들어 말한다면 한 팔을 공중에 올려 넓게 휘잡아 가며 선회하다가 일시에 휘둘리던 한 팔을 공중에서 다시 좌우 위로 뿌리쳐 허리에 휘감으며 몸을 오그린다든가, 그리고는 다시 한 팔을 앞면을 스쳐 뒤로 뿌리쳐 올리면서 몸을 젖힌다든가, 더 계속하여 젖히던 몸을 안사위를 치면서 다시 선회하며 꿇어 앉는 이런 일련의 동작은 인간 심리의 우여 곡절을 여실히 보여 주고 있다. 우리는 이 일련의 동작의 련결에서 평온하고 활달한 감정이 아니라 어떤 복잡한 심리적 고뇌와 번민을 암시하고 있는 것을 력력히 찾아 볼 수 있다.

이와 같이 승무에서 표현되는 매개 동작과 포즈들은 무엇인가 표현하고저 하는 어휘적 요소의 련결로써 이루어지고 있다는 것을 관찰할 수 있다.

둘째로 무당들이 추던 몇 가지 형태의 춤을 들 수 있다.

지난날 무당들은 소위 령신과 교섭한다는 수단 행위로서 칼, 방울, 부채 등을 들고 춤추었는데 그 형태를 이룰테면 칼춤, 방울춤, 부채춤 등으로 볼 수 있다.

이에 한 가지 념두에 둘 것은 종교적인 무용 형태로 구분하는 오늘의 칼춤, 부채춤, 방울춤 등이 반드시 무당들의 춤에서 나온 것만은 아니라는 것이다.

오늘 우리가 보거나 추는 칼춤, 방울춤, 부채춤들은 과거의 종교적인 무용 혹은 다른 쟌르의 무용 유산에서 그 형식을 창작하거나 전승하여 새롭게 발전시킨 것이라는 것을 말해 둔다.

인민배우 최 승희는 이 무당 계통의 무용을 발굴 섭취하여 다양하게 창조적으로 발전시키는 데도 많은 노력을 경주하여 왔다.

즉 현대적이며 가장 인민들에게 사랑을 받는 부채춤 장고춤 등을 창작하였으며 연약한 칼춤을 현대적이며 무쟁적인 군무로 발전시키고 살풀이춤을 새로운 녀성적인 조선 무용 기본으로 보충하여 풍부화하였던 것이다.

조선 민족 무용의 세번째 형태는 민속 무용의 쟌르이다. 이는 인민들의 재능과 정서의 집중적 표현으로 된 형태의 무용이라고 말할 수 있으니, 인민 대중이 집단적으로 즐기며 흥겨워하는 춤인 동시에 심각한 정치적이며 계급적인 색채와 내용을 포괄하고 있다.

인민적이며 향토적인 정서와 감흥이 가장 집중적으로 표현되고 있으며 그의 스텝이 다양할 뿐만 아니라 그것들이 각기 자기의 독특한 흥취와 멋으로 꽃피는 민속 무용은 진정 근로 인민의 로동과 생활, 집단적 우애와 환희속에서 나온 춤이며 모든 민족 무용의 골간을 이루고 있다.

민속 무용의 제 특징과 성격에 대하여서는 이미 「민속 무용과 성격 무용」이라는 제목에서 언급하였기 때문에 여기서는 더 반복하지 않고 우리 나라 민속 무용의 대표적인 것들을 몇 가지 렬거하려 한다.

민속 무용의 다양 다채성과 풍부성은 그 나라 민족 무용 문화의 풍부성을 시위하는 것으로 되며 또한 민족 무용 문화의 풍부성은 그 나라 민족 문화의 풍부한 전통을 시위하는 일익을 담당하게 되는바, 우리 나라 민속 무용의 풍부성과 아울러 그의 매 스텝들이 보여 주는 고도로 되는 기술적 특수성과 다채성은 어느 나라 못지 않게 자랑스러운 것이다.

첫째로 탈춤을 들 수 있다.

탈춤, 이것은 조선의 전형적이며 대표적인 민속 무용의 한 장르로 성격적인 무용으로서 특징이 있다.

탈춤의 대표적인 것으로는 봉산 탈춤, 재령 탈춤, 강령 탈춤 등이 있다.

탈춤은 기생적인 봉건 통치 관료배와 량반, 승려 계급들의 인민 대중에 대한 착취의 악랄성, 지배 계급의 정치 도덕적 허위와 기만부패성 등을 풍자 야유의 수단으로 폭로 규탄하고 있는 것이다.

가혹한 법제와 봉건적 륜리에 얽매인 인민 대중들이 통치 계급들을 풍자적 유종수단으로 공격 폭로함에 있어서 탈놀이는 중요한 역할을 놀았다.

지난날 인민들은 명절놀이를 계기로 주야에 걸쳐 부락들마다에서 집단적으로 탈놀이를 진행하였는바, 밤에는 부락 광장마다에서 불을 피워 놓고 자기들이 가장 증오하며 혐오하는 량반, 승려들의 얼굴과 모습을 탈로 만들어 쓰고 그들의 착취적 근성과 부패성, 허약성들을 가무적 형식과 극적 형식을 종합한 수단을 통해서 풍자 야유하였던 것이다.

탈놀이가 끝나면 인민들은 다음날 량반 관료들로부터의 봉변을 피하기 위하여 새벽 닭이 울기 전에 탈들을 모조리 불살라 버리고 자취를 감춤으로 해서 량반 관료배들의 골치를 앓게 하였다는 이야기도 전하여지고 있다.

탈춤은 여러 가지 다양한 형식과 각이한 신분을 가진 인물의 등장으로 특징이 있다.

봉산 탈춤에 나오는 일부 형식을 보면 사상좌무, 팔목춤(여덟가지 춤이 순서있게 진행되는 것이다)들이 특징적이다. 첫목은 드러누운 몸의 발끝부터 률동이 도입되여 점차적으로 전신에 률동이 가해지다가 고조롭게 따라 일어나서 추는 것으로 이렇게 하여 춤은 팔목춤에 이르기까지 흥미진진하게 진행된다.

다음으로 로승과 소무의 극적 내용을 가진 이중무는 개성적 성격이 뚜렷한 표현으로서 특징지을 수 있는 춤이다. 인간 생활의 보편적 진리와 정서 생활을 부인하고 오직 고결한 도리를 탐구한다고 하여 불교만을 숭상하는 부패하고 위선적인 도승이 어떻게 자기의 본성을 드러내고 마는가 하는 것을 폭로하는 이 춤도 감정의 변화를 육체적 률동에 어떻게 이식하는가 하는 것을 연구하는 데에 많은 시사와 흥미를 주는 작품이다.

강령 탈춤에도 원숭이춤, 사자춤, 곤장말뚝, 큰 량반, 량반과 말뚝, 량반 행렬, 포도 비장, 상좌무, 팔목춤 등 다양한 형식과 내용의 춤이 포괄되여 있다.

탈춤에 표현되고 있는 일반적 특징들을 살펴 본다면

첫째로 탈춤들은 자기 지방마다의 유래와 풍습, 특징들에 의하여 서로 약간씩 상이한 점들을 가지고 있으나, 한결같이 탈

을 쓰고 대사와 노래풍이 종합되여 진행되는 가무극 형식의 춤
이며 개개의 인물들이 자기에게 고유한 행동적 특징들을 률동,
기교상으로 표현하고 있는 행동 무용 형식이라는 데 있어서는
공통적이다.
  어느 나라를 막론하고 인민적 민속 무용은 대부분이 음률
적 대사 혹은 노래들과 종합된 가무 형식의 춤인 것은 일반적
으로 공통하나 우리의 탈춤과 같이 개개 인물들이 고유한 신분
적, 개성적 특징들이 그렇게 명료하게 로출되여 있는 춤은 드
물다.
  로송과 량반의 률동과 기교 동작을 방식 비교하여 본다 하
더라도 그것들은 완전히 서로 상이한 성격과 내용의 률동인 것
을 식별할 수 있다.
  로송의 률동 기교에는 중으로서의 신분과 개성이 무엇이
반영되여 있어, 활달하지 못하고 엉거주춤한 동작, 존엄성을
가장하는 교활하고 눈치만 살피는 동작과 률동 등으로써 위선
적인 중의 면모를 약여하게 보여 주고 있다.
  또한 량반에게는 자기의 지위와 생활적 풍습에서 오는 거
드럭고 행세하는 풍채를 주어 몸을 잘뚝 뒤로 젖히고 팔'자 걸
음으로 나오며 부채를 폅썩 만지작거리는 등 그 률동과 동작들
이 신분의 식별을 확연히 하여 준다.
  둘째로 탈춤의 매개 기교 동작들은 완전히 생활적인 무언
극적 동작과 일치된 것으로 구체적 표현성을 가지고 있다.
  량반을 묘사하는 데 있어서도 그 률동 기교가 신랄한 풍자
와 야유성으로 일관되여 있으니, 즉 팔'자 걸음은 전우망령 고
개를 이리저리 허위적거리며 공허하고 경솔한 행동을 가지는
얼빠진 인간으로 그때 로동과 유리되고 생활에 암둔한 기생충
임을 예리하게 보여 주었던 것이다.
  이런 량반의 춤과 대립적인 것으로 말뚝이의 춤을 들 수
있는바, 말뚝이는 비록 천민이고 머슴이고 이름과 같이 무뚝뚝
한 인간이지만 그에게 부여된 률동과 기교들은 아주 씩씩하고

활기가 있을 뿐만 아니라 믿음직한 인상을 주는 것이다.

말뚝이를 통해서 표현되고 있는 박력있는 율동과 다양한 조약과 회전 가락들은 인민들의 진정한 기상과 풍모 그리고 대지의 주인으로서의 인민의 기백을 굴곡있고 폭넓게 뵈여 준다.

이러한 인위적이며 구속적인 질서와 륜리에도 구애되지 않는듯 자유롭게 사방으로 뛰여 다니는가 하면, 계급적 신분 관계로 하여 량반의 말을 할 수 없이 응락하는 시늉을 하기도 하나 가끔 량반을 위협하고 야유하는 행위들은 통쾌하기 짝이 없다.

동작들도 로쎄야 민족 무용의 쁘리샤드까 (다양한 방법으로 앉았다 일어 났다 하는 동작) 보다 더 대담하고 조형적인 것이 있는가 하면 앉으면서 어깨 우와 옆구리에 감았던 팔을 뿌리치며 공중 회전을 하기도 하고 발을 공중에 차 울려 굴신을 하면서 몸의 위치를 바꾼다든가, 힘있고 폭 넓은 가지가지의 사위들을 련속적으로 하면서 조약하는 것 등 실로 다양하다.

이와 같은 고급 빠(동작)들이 시종 생활적 표정과 결부되어 일정한 언어적 작용을 하는데 탈을 썼기 때문에 자기의 감정이 안면 표정을 통해서 표현되지 않는 관계로 표현을 강조하기 위한 행위들이 몹시 과장되어 있는 것을 볼 수 있다.

세째로 탈춤의 형식은 일정한 형식과 틀에 의거하지 않고 무구속적이고 즉흥시적인 것이다.

춤의 구도에 있어서 호상간에 기본적인 약속과 제기는 설정되어 있으나 궁중 무용이나 승무에서와 같이 엄격한 구도와 형식 및 제약이 설정되여 있지 않고 자기의 흥취가 나는 대로 앙양된 기분과 정서에 의거하여 자기에게 부여된 장소와 장단 내에서는 자유로이 춤춘다는 것이다.

그럴마큼 열광적인 회회의 절정 계단에서는 이미 발견되지 않았던 새로운 기교와 동작들이 창조되며 표출된다.

그러므로 민간 예인들을 상대로 유산을 발굴함에 있어서 좋음 봄같이 주면 방금 춘 춤에서 발견할 수 없었던 새로운 동작과 사위들이 다시 반복하는 춤에서 튀여 나오는 것을 볼 수 있는바 이것은 우연한 일이 아니다.

탈춤에 있어서 또 하나의 특징은 그의 출연 인물들의 다양성에 있는바 탈춤에 등장하는 인물들은 말뚝이, 로승, 량반, 소부, 포도 비장, 신장수, 취발이, 곤장말뚝, 미알, 미알 령감 등을 비롯하여 원숭이, 사자 등 상징화된 인물도 등장하는것이다.

그러면 탈춤을 계승 발전시키며, 이를 섭취하여 민족적 특색이 농후한 이런 작품을 창작하려는 데 있어서 제기되는 문제는 무엇이겠는가.

탈춤의 율동과 기교 형식을 도입하여 창조적으로 계승 발전시키는데 있어서 이를 모든 작품에 일률적으로 적용시킬 수는 없음은 말할 것도 없다.

중요한 것은 탈춤의 본질과 아울러 형태화되고 있는 작품의 성격과 스찔에 대한 완전한 식별과 분석이 있어야 할 것이다.

창조되는 작품에 량반이 나오고 억세인 머슴이 나온다고 해서 탈춤에서 표현되고 있는 량반춤과 말뚝이 춤을 기계적으로 옮겨 놓을 수는 없다.

이런 방법은 고전 유산을 계승 발전시키는 길에서 모방주의와 복고주의로 떨어지는 것밖에 없을 것이다.

탈춤의 형식과 성격은 의심할 바 없이 풍자 야유적인 수법들인 것이나, 일정하게 세련되고 제약되여 확고하게 형식화된 기교 동작이나 률동은 아닌 것이다. 그것은 즉흥시적이며, 무구속함으로 하여, 비록 민족적 향토적 색채와 정서는 농후하나 동작과 휘모마들이 미의식화된 기교로서 정리되고 세련되지 못한 것들이 허다다는 것을 념두에 두어야 할 것이다.

그러므로 창조되는 작품 속에 탈놀이와 같은 인민적이며 즉흥시적인 명절놀이 장면이 있으면 거의 그대로 그 형식과 률동을 적용할 수도 있으나, 그렇지 않은 만 비록 작품이 제시한

고 있는 력사적 배경과 환경은 탈놀이가 성행하던 봉건 사회와 방불하며, 인물도 탈놀이에 등장하는 것과 같은 신분들이 나온다 할지라도 이를 일률적으로 적용해서는 안 될 것이다. 왜냐하면 그 작품이 요구하는 인물이 결코 탈놀이에 나오는 량반, 로승과 같을 수는 없을 것이며, 그것은 각기 자기의 특유한 개성적 특질과 행동선, 환경이 부여되여 있을 것이기 때문이다.

탈춤을 적용함에 있어서 창조되는 작품의 주제와 내용, 인물의 개성적 특질과 정서를 원만히 살리는 방향으로 해야 할 것은 두말할 것도 없다.

례를 들어 량반의 형상을 창조할 경우라면 량반의 개성적 특징과 계급적 특성이 물론 기교 빤도마이마 등을 통하여 형상되여 있는 탈춤의 량반 행렬 혹은 량반과 말뚝이춤 등에서 기교 형식적 제 특징들을 추출하여 창조하는 인물의 행동에 알맞도록 적용해야 할 것이다.

둘째로 농악무를 들 수 있다.

모쎄야 사람으로 각기 자기 지방의 자랑스러운 「호로보」와 「뻬레 빤싸스」를 모르는 사람이 없으며 그루지아 사람으로 「레스깅까」와 「호르미」를 모르는 사람이 없듯이 조선 사람치고 우리의 자랑스러운 「농악무」를 모르는 사람은 없을 것이다.

농악무는 그 형식과 내용이 다양 다채로운 것으로 각 지방마다에서 성행하나 특히 우리 나라 곡창지대인 호남 지대가 이로써 더욱 유명하다.

농악무는 농민 대중들의 집단적인 명절과 환희의 정서를 중적으로 표현하고 있는 유일한 무용 형식일 뿐만 아니라 농민들의 로동을 흥겹게 하고 능률을 제고시키는 데에 있어서 강유력한 물질적 정신적 수단으로 되고 있다.

지난날 호남 지대에는 농악무를 전문적 혹은 반 전문적 직업으로 삼는 민간 예인 집단이 있었다고 하는바 이들때면 남사패, 걸궁패, 협률패 등이 그것이다.

농 악 무

이들은 적지 않은 장비와 아울러 고도로 세련된 훌륭한 기교 형식을 소유한 집단들로서 상연 목록도 다양 내채로왔던 것이나 오늘날의 우리 공화국과 같이 국가적 보호와 방조가 없는데서 계통적으로 대규모적인 발전을 가질 수 없었을뿐더러 활발히 활동할 수도 없었다. 그들은 모내기철을 리용하여 혹은 풍년을 축하하여 마을과 마을을 순회하며 공연을 하여서는 량곡과 돈을 얻었으며, 정날이면 장마당을 찾아 혹은 일정한 지주나 사본가에게 팔리여 공연한 끝에 얻어지는 수입으로 호구지책을 삼았던 것이다.

농악무가 가지고 있는 형식은 대체로 두가지 형식으로 나누이 볼 수 있는바, 하나는 드라마적 요소가 가미된 형식이고 다른 하나는 무용적 기교와 동작의 종합적 시위로 되어 있는 형식이다. 드라마적 요소가 가미된 형식은 농악대 (꽹과리잡이 두 사람 혹은 한 사람을 선두도 징, 장고, 북, 세납, 피리 등) 와 종 '규 (소고, 상모돌리기) 들의 뒤를 이어 포수, 양반 등 기타가

장 행렬이 뒤따라 나와 일정한 극적 내용을 표연에 가미 굼추는
것이며, 다른 한 형식은 농악대와 꼽'군들의 재　부려기로서,
꽤지와이어 재주, 장고품, 상모돌리기 (빗상모, 인개상모, 곽
누상모, 인누만 상상모 동), 손고품, 부동춤 들 이며 가지가 있
다. 매개 역들은 다양한 리듬으로 비상할 모기를 뇌여 줌으로
써 관충을 매혹시키는가 하면, 현기증이 난 지경으로 진상선
회, 공충 회전 동을 런속적으로 표현하며, 아크로바드 (곡예)
에 가까운 무동춤, 초인간적 묘기를 시위하는 열두발 상모 동으
로 관중들의 가슴을 흥분시킨다.

　　이 두 형식은 서로 완걸히 구별되어 있는 것이 아니라 서
로 접과, 보충됨으로써 자기의 내용을 풍부하고 다재롭게 하는
것이다. 농악부에서 또 하나의 거의 일반시인 방송성은 사기들
의 로동 과정 즉 농사일에 행정을 빠뜨리마 없으로 표현하는 것
인바, 이는 선창과 후창 (합창) 으로 된 노래와 더불이 진행
된다.

　　이렇게 기교 형식이 풍부할 가무극적 예술의 농악무는 농
민들의 로동의 근저와 락천적인 생활 정서가 종합된 빠프스모
서 룩정된다.

　　세째로 돈들나리를 들 수 있는바, 이는 함경도 북청 지방
의 고유한 민속 무용으로서 가무 형식으로 되여 있다.

　　한 사람이 서서 혹은 춤을 추며 선창을 하면 뒤따라 군중
들이 합창을 하며 군중적으로 추는 춤인바, 지난날 봉건 사회
에서 봉건적 훔녀와 도덕에 얽매인 녀성들이 명전 때마다 허락
되는 외출시에 군중석으로 모여서 노래부르며 춤추던 유습이
그대로 전하여 내려오며 발전한 것이라고 한다.

　　이것이 일제 강점하의 반세기 동안에는 항일 투쟁을 전개
하는 의병과 동포들은 고무 격려하는 비 거대한 조직 동원적인
역할과 위무의 역할을 놀았다고 하는데, 머리에는 고깔을 쓰
고 몸에는 방울을 단 패자를 입고 떼놀이, 고깔춤 등으
로 줄겼다고 한다.

소를 찾아 볼 수 있는 돈돌나리 춤의 률동과 기교는 팔, 손목의 절제 있는 신축과 무릎의 동시적인 스타카또적인 굴신이 특징적이며, 륜무 혹은 즉흥무 형식으로 되여 있다.

네째로 수박(手拍) 춤인바, 이는 지난날 우리의 의병들이 봉건 관료배와 일본 제국주의를 반대하는 투쟁 행정에서 휴식과 오락 혹은 행군시에 노래나 군가에 맞추어 추었다는 춤이며 다른 일설은 어부들 속에서 나온 춤이라고도 한다.

춤의 기본 동작은 손'벽 장단인바, 4박자 장단에서 두 박자는 자기 임의대로 치고, 마지막 두 박자는 량팔을 가슴에 가져다가 가슴과 손'등과를 서로 쳐서 표현하는 것인데, 가장 중요한 것은 이 마지막 두 박자의 표현을 정확하고 민활하게 해야하는 것이다.

때문에 이름조차 수박춤 손'벽춤 혹은 손장단춤이라고 하는 것이다.

춤의 률동과 기교, 동작들이 활기있고 용맹하고 박력있는 정서와 감흥으로써 일관되여 있으며, 수법도 단순하고 소박한 것이 특징이다.

이 춤의 내용과 형식은 무용계에 부정확하게 알려져 있을 뿐이였으나 자강도에 있는 민간 예인을 통해서 자강 도립 예술극장 무용부 창조 집단이 전 한률 동무를 중심으로 발굴 공개하여 무용계에 새롭고 귀중한 기여를 하였다.

이 외에 조선의 각 지방에 따라 각기 특색있는 형태를 가지고 있는「사자춤」, 해주 지방에서 발굴된「사냥춤」, 남도 지방에서 지난날 임진 왜란시에 리 순신 장군을 받들어 조국을 수호하던 인민들이 노래부르며 추었다고 하는「강강 수월래」와「께지나 칭칭나네」등을 꼽을 수 있으며 또한 일정한 명칭과 형식이 고정되여 있지 않지만 각 지방 인민들의 즉흥무들을 들 수 있다.

3

조선 민족 무용의 일반적 우'점과 특징들에 대하여 말하고저 한다.

첫째로 기교 형식과 률동이 섬세하고 우아한 점을 들 수 있을 것이며,

둘째로 기교 형식과 구도에 있어서의 예술적 세련성이, 특히 조형적 선의 흐름과 포즈들로 일관되여 있음이 특징적이다.

세째로 기교 형식과 선의 형태는 포물선과 곡선의 흐름으로 특징되며, 률동은 조용한 기본 속에서 약동하는 기백과 멋을 표현하는 정중동 (靜中動)과, 약동적인 흐름 속에서도 순간적인 정지적 상태와 제약성적 행동을 표현하는 동중정 (動中靜)이 특색으로 합륙성에서 오는 멋을 이루고 있다.

조선 민족 무용의 률동적 특징은 조선말의 어휘들이 정확히 반영하고 있는바 어깨를 「으쓱으쓱」 한다든가, 늙은이가 「들썩들썩」 하며 발을 옮긴다든가, 농촌 처녀들이 「둥실둥실」 춤을 추며 돌아 간다든가, 할머니 가 기쁨에 넘쳐 「너울너울」 춤춘다든가 하는 등 조선 무용의 민족적 정서와 률동성을 실지 춤을 눈앞에 보는 듯 방불케 한다.

동시에 조선 무용은 어떤 스텔의 춤이건간에 끈기있고 침착한 몸매로서 무게있게 추는 것을 특징으로 하는 것이니·경솔하고 허약한 동작과 률동으로써는 조선 무용의 멋과 정서를 표현할 수 없는 것이다.

네째로 상하체의 률동 기교가 모두 풍부하고 다양하다는 것이다。 일반적으로 동양의 여러 나라 춤들은 「舞踊」의 「舞」에 적응되는 상체의 률동, 기교들이 많이 발전되였으며, 이에 치중되고 있으나 구라파의 여러 나라 춤들은 「踊」에 적응되는 하체의 률동과 기교들이 다양하게 발전되여 있다는 것을 목격

할 수 있다. 그러나 우리 나라 민족 무용은 이 량자의 특징과 요소를 모두 풍부하고 다양하게 소유하고 있는 것이며, 그것들이 호상 유기적 련관 속에서 합법칙적으로 자연스럽게 일치되여 있는 것이다.

네 번 강조하게 되거니와 종아부에서 우리 시조들이 창조한 기교 형식 등은 오늘 발레에서 비록 다양한 그 어떤은 기교 형식에서 가장 세련되고 발전하였다고 하는 발레토 무용의 기교 형식과 그 원리에서 많은 공통성과 동일성을 발견할 수 있는 것이니, 더우기 그것들이 민족적 인토네이야(억양)를 원숙하게 도출시키고 있다는 데에 특별한 의의가 있다.

다섯째로 기교 형식과 동작들이 무용적 기교로서도 원숙한 동시에 표현성이 강하며 행동적인 기교 동작과 포즈들이 다양한 것으로서 언어적 요소와 구성으로 되여 있는 것이 적지 않은바, 승무, 탈춤 등이 이의 좋은 례이다.

그러므로 이상의 사실은 오늘 무용극을 창조함에 있어서 이러한 조선 무용의 제반 기교 형식 및 동작과 률동을 토대로 하여 그를 원만히 다양하게 살릴 수 있다는 것을 웅변적으로 증명해 주는 것이다.

민족 무용의 기교 형식과 률동에 전적으로 의거하여 무용 극을 만들 수 있다는 이 사실은 세계적으로 큰 자랑이 아닐 수 없다.

4

조선 민족 무용 문화의 고전적 재보들과 가치 있는 유산들을 발굴 정리하며 계승 발전시킴에 있어서 가장 중요하게 제기되는 것은 조선 민족 무용의 민족적 특색을 최대 한도로 발양시키며, 내용과 형식에서 주체를 확립하는 문제일 것이다. 동시에 그를 통해서 사회주의 건설의 위대한 력사적 현실 속에서 투쟁하며 있는 인민들의 생활, 정서와 미적 요구를 충족시키는 데 중점을 두어야 할 것은 자명한 일이다.

그런데 주지하는 바와 같이 무용 예술은 인민들의 이러저러한 생활 현상과 정서들을 자기에게 고유한 묵수적 기능이며 예술적 수단인 기교 형식과 동작, 률동을 리용하여 형상화하는 것이다.

여기에서 다음과 같은 문제가 제기된다.

즉 현재 우리가 발굴 정리한 기존의 기교 형식과 률동, 동작들만을 통해서 오늘의 우리 인민들의 생활 감정과 전형적 현실들을 폭 넓고 심오하고 다양한 수법으로 묘사할 수 있겠는가 하는 문제이다.

해방후 10년간 중앙을 비롯한 지방 예술 극장 무용단에서와 써클들에서 적지 않은 실천을 통해서 얻은 귀중한 경험을 통해 이 과제를 생각해 보기로 하자.

이는 대체로 두 가지 방향으로 생각할 수 있을 것이다.

첫째로 지난날의 유산을 계승하여 소개하는 면에 있어서 그것이 력사적 사실을 취재한 주제와 내용일 경우에 독무에서 군무에 이르는 범위 내에서는 응당 가능하였던 것이다. 그러나 비록 그것이 같이 지난 날의 력사적 사실을 취재한 주제와 내용인 경우일지라도 무용극이였을 때는 주인공의 행동 무용(주인공의 내면 세계와 행동을 높은 예술성과 풍부한 기교 형식으로 표현하는 춤)에서 이러저러한 난관과 애로에 봉착하였으며 부족점들을 남겼다는 사실이다.

둘째로는 과거의 민족 무용으로써 오늘의 현실 생활의 주제와 내용을 형상함에 있어서 적지 않은 부족점과 미해결점을 발견하게 된다는 사실이다. 우리가 현재 알고 있고 배우고 있는 민족 무용의 기교 형식은 지난날 우리 인민들이 자기의 로동과 생활 과정에서 그 시대의 인민적 정서와 감정을 노래하는 수단으로 형성되였던 것이다.

그러나 오늘 우리 인민들은 우리 선조들이 살던 시대와는 판이한 발전된 시대와 환경에서 살고 있으며 우리들의 로동 대상과 방식 및 생활 양식도 과거와는 다르다.

그런만큼 오늘 우리 인민들의 사고 및 의식 형태도 과거와는 다르며, 생활의 질서, 심리 상태, 정서와 감정도 과거와는 다르게 발전되여 있는 것이다.

변혁되고 발전된 경제 토대 우에 수립된 사회 제도와 생활 양식은 변혁되고 발전된 문화와 예술을 요구하며, 변혁되고 발전된 문화와 예술은 변혁되고 발전된 새로운 자기의 표현 수단과 방법을 요구한다.

이로부터 과거와는 물질적으로나 정신적으로 변혁 발전된 우리 인민의 생활 감정과 정서, 풍모들을 반영하여 공감시킬 수 있는 기교 형식과 활동들을 창조해 내야 할 과업이 제기되게 된다.

말하자면 우리가 표현하려고 하는 오늘날의 생활 정서와 기존의 기교 형식 활동간에 생기는 일정한 모순과 저촉이 우에 지적한 부족점과 미해결점들을 발생시키는 것이다.

그러면 이에 적응한 새로운 표현 수단과 방법들을 어디서 찾을 것이며, 창조의 출발을 어디에 둘 것인가.

이는 언제기 레닌이 보써야 프로레따리야 문화 예술을 론하는 론문에서 모써야 프로레따리야 문화는 모써야 고진 문화로부터 또한 부르죠아 고전 문화 유산으로부터 비판적으로 섭취하는 데서 출발해야 하며, 모써야 고전에 의거하여 창조해야 한다고 지적한 바와 같이 우리도 지난날의 우리의 고귀한 문화적 유산과 전통에 의거해야 할 것이며 이에서 출발해야 할 것이다.

그런만큼 민족 무용의 계승 발전에 대한 문제는 민족 문화 유산과 고전을 옳게 계승한 기초 우에서 오늘날 우리 인민들의 생활 현상과 정서 풍모들을 높고 세련된 훌륭한 기교 형식으로써 형상화하는 창작 활동을 통해서만이 옳바로 실현될 수 있다.

그런데 이미 첫째 경험에서 지적한 바와 같이 무용극 창작에 있어서 주인공의 행동 무용 창작에 이러저러한 부족점들을

남기고 있다는 것은 무엇을 의미하며 어떠한 부족점들이 반
로되고 있는가 하는 것을 구체적으로 설명할 필요가 있다고
본다.
　현재까지 창조된 일련의 무용극들에는 주인공의 행동 무
용이 거의 없거나, 빤또미마적 행동으로 대치되고 있으며, 비
록 창조된 행동 무용이라 할지라도 풍부하고 심오한 내용이 풍
부하고 다양한 기교 형식을 통해서 묘사되여 있는 것이 아니라
간단한 률동과 보편적 기교 형식으로 론리성 없고 생동성이 희
박하게 묘사되고 있다.
　주인공의 행동 무용이 없는 무용극은 혈맥이 통하지 않는
부동의 인간, 심정이 없는 기형적 인간을 련상시키는 것이며,
예술성이 미약하고 풍부한 형식으로 묘사되지 못한 행동 무용
은 극도의 영양 부족에 걸린 생기 없는 인간을 련상시킨다.
　이런 영양 부족에 걸린 생기없는 행동 무용을 낳게 한 한 원
인은 기존 조선 무용의 이더저러한 기교 형식을 주인공의 심각
한 행동 분석이 없이 이더저러하게 라렬 편성한 결과 주인공의
내면 세계와 행동서 과제를 론리성 있는 극적 발전성과 시'적
감흥이 있게 표현하지 못한 데 있는 것이며 기교 형식을 창조
적으로 적용하여 언어적 표현의 경지에까지 도달시키지 못하고
률동적 쾌감을 주는 정도로 국한시킨 데 있는 것이다.
　둘째 경험에서의 결함의 원인은 오늘날의 생활과 로동 방
식, 정서, 환경을 묘사함에 있어서 대담하고 풍부하고 창조적
인 기교 형식을 사용하지 않고 기존의 기교 형식과 률동을 소
재로 이러저러한 구도상의 변화나 생경한 실지 그대로의 로동
동작을 기계적으로 적용하여 묘사한 데 있는 것이다. 그럼으로
하여 그 기교 형식과 률동들은 표현하려고 하는 생활 양식이나
정서 및 환경과 부합되지 않는 유리된 것으로 되며, 이로 인하
여 기교 형식들이 내용과 사전을 표현할 수 있는 기능을 발휘
하지 못한 데 있는 것이다.
　각이한 생활 양식과 정서 및 환경의 묘사는 각이한 기교

형식과 률동을 요구한다는 것을 항상 명심해야 할 것이다.

다음으로 조선 민족 무용의 계승 발전에 있어서 풍부하고 세련된 언어적 요소와 소재로 될 수 있는 다양한 기교 형식과 률동을 집대성하며 아울러 그를 원숙하게 소화하는 것은 가장 긴절한 문제이다.

우리 선조들의 풍부한 무용 유산을 하나라도 더 많이 리론과 실천을 통해서 체득하며 그 매개 형태와 기교 형식 률동들의 특징과 성격들을 분석 묘해하도록 해야 할 것이다.

이러한 고전 유산들은 오랜 세월을 두고 내려 오는 인민들의 로동 생활 과정에서 그들의 재능과 흥취, 생활의 감흥과 인민적 기상 등이 종합되여 집중적으로 구현된 창조적 산물들인 것이다.

선뜻 보매 그 형태가 단순하고 간단해 보이는 어떤 춤은 그 속에 담겨 있는 인민의 전통적인 내면적 멋과 정서들의 본 질을 감득하지 못하는 한 자칫하면 가치없는 것으로 인식하기 쉬운 것이다.

민속적인 무용들 중에는 비록 그 형태는 단순해 보인다 할 지라도 내용에 있어서 심오한 가치를 가지고 있는 것이 수다하다는 것을 알아야 할 것이다.

조선 민족 무용의 고전적이며 민속적인 유산들에 의거한 제반 기교 형식과 률동들을 집대성하며 원숙하게 소화하기 위한 방법으로 다음과 같은 것이 제기될 수 있다.

첫째로 조선 민족 무용 기본을 수립하는 것인 바, 기본 편성에 있어서는 일반적 기본과 특수 기본으로 편성하는 두 가지로 나누어 생각할 수 있을 것이다.

일반적 기본이란 조선 무용의 기본적 률동과 일반적인 기교 형식 및 동작(초보적이며 대표적인 것)들을 종합하는 것을 이르는바, 이것은 조선 민족 무용의 률동적 특징과 성격을 파악하는 것으로부터 출발하여 기교 형식과 동작을 개괄적으로 습득하기 위한 것으로서 초보적인 첫단계의 사업이라 할 수 있다。

조선 무용은 대체로 장단(물론 선률적 특수성도 고려하지만)의 성격과 특징에 따라 률동도 특징을 가진다.

가령 배를 끝이 6박자짜리 넘놀이라면 넘놀 장단에 의하여 혹은 굿거리, 타령, 만장단, 당학 등 매개 장단의 특수성에 의하여 좀 더 발전한 계단에서는 살풀이, 진쇠, 도도리, 중머리 등에 의하여 각각 그 장단의 성격과 특징을 옳이 리해하도록 하며, 그에 완전히 적합한 률동들을 할 수 있도록 편성하는 것이다.

이에 있어 동작들과 기교들은 동작의 진행 과정 및 체계를 고려해가며 편성해야 할 것이며 이 장단에 의거하고 있는 고전 유산들의 제 형태에서 단순하고 보편적인 동작과 기교들을 도입 적용하는 방법으로 가능할 것이다.

특수 기본이란 이미 대표적으로 전하여지고 있는 고전적 민속적 무용의 제 형태를 그의 매개 성격과 특징을 완전히 리해하며 친숙하게 소화하기 위한 방향에서 편성하는 것으로 그 한 가지 형태의 춤의 기교 형식과 동작들을 중심으로 그 춤의 성격과 특징에 상응하며 부합되는 기교 형식들을 더욱 발굴, 고안하여 보충함으로써 풍부하게 집대성하는 것을 말한다.

이 계단은 고급적인 제 2 단계이라고 할 수 있는데, 여기에는 그 춤의 대표적이며 전형적인 특징있는 기교 형식들을 발굴 수집함과 아울러, 이에 립각하여 새로운 것을 창조 고안하여 보충하는, 계승 발전의 두 과제가 동시적으로 제기된다.

례를 들어 승무, 탈춤, 농악무 등을 두고 말한다면 이들 중심으로 하여 그 무용의 성격과 특징에 련관되는 기교 형식과 률동을 탐구하며, 또한 고안하여 보충함으로써, 승무 혹은 탈춤, 농악무에서 표현되는 기교 형식과 동작 률동을 더욱 다양하고 풍부하게 할 수 있다는 것이다. 이렇게 하여 농악무이면 농악무에 적용되는 기교 형식과 동작 및 률동분의 결격 않은 꼼비나찌야 (변합)와 에쮸드를 구성하는 것이다. 그 꼼비나찌야 혹은 에쮸드 구성에 포함되는 기교, 동작 및 률동들은 **단순한 것으로부터 복잡한 것으로, 초보적인 것에서부터 고급적인 것으로 점차적으로 편성되여야 한다.** 그러면서도 고급지이고 힘 든 동작들은 **휴식 및 준비 혹은 예비적 동작과 률동에 해당하는** (발레 표기에서는 쁘떼 빠마중이라 함) 동작 및 률동들과 유기적 으로 결합되어져야 한다. 이는 또한 육체적 운동이니만치 성 력 소모와 육체 운동 발전의 합법칙성을 참작하면서 진행되여야 함은 물론이다.

구성된 꼼비나찌야 혹은 에쮸드는 No.1 혹은 No.2 등의 기호로써 구분할 수도 있으며 또한 그 꼼비나찌야 혹은 에쮸드 가 요구하는 어떤 중심적 기교 동작의 명칭 (례를 들어 번개사 위 에쮸드, 공중 회전에서의 상모 돌리기 에쮸드, 하늘 차기 에 쮸드 등)을 붙여 구분할 수도 있을 것이다.

기본 편성에 있어서 세 번째로 제기될 수 있는 과제로서는 민족 무용의 제반 기교 형식을 주제로 하면서 거기에다 발레트 를 비롯하 이미 사지 현대의 무용의 이버시머다 표현방을 취급 호인이이 해본 무용시 수제야 으뜸으로 볼 수 있는 표설세이며 성격적인 무용 기본을 교재시으로 창작 편성하여 보는 것이다.

주지하는 바와같이 행동 무용이란 어떤 인물 (주인공 혹 은 기본 배역)이 자기의 내면적 심리 상태와 실지 행동들을 표현함에 있어 특히 간건하고 명료한 빤또미마적 동작들을 유 기적으로 자기의 률동과 기교 형식에 적응하여 **일관되게 다채 롭고 풍부한 춤으로써 묘사하는 춤이다.**

이는 주제를 이끌고 나가는 두뇌이며 심장의 **역할을 담당** 하는 것이며 무용극 구성에서의 주선이다.

매개 행동 무용은 무용극에서 떼내여 놓는다 해도 **명료한 사상성과 행동의 론리성과 구체성을 갖는 소품으로서의 생명을 보유해야 하며, 그것이 아주 짧은 것일 경우에는 무용적 형식 으로서 완성된, 시적인 것으로 되여야 한다.**

그러므로 조선 민족 무용 계승 발전을 위한 사업에서 **민족**

적 특성을 살리며 형식에서 주체를 견지하면서 어떻게 풍부하고 다양한 기교 형식과 률동으로 구성된 행동 무용을 창작할 것인가 하는 문제는 절실한 연구 과제로 제기되는 것이다.

이 문제에 대한 창조적 성과는 조선 민족 무용극 창조 사업에 거대한 공헌으로 될 것이다.

이와 아울러 시종 일관 진행해야 할 과업은 계속되는 유산 발굴 사업과 정리 발표 사업이다.

우리의 선조들이 그처럼 훌륭하게 창조하여 놓은 다채롭고 풍부한 민족 무용 유산 가운데 우리들에게 알려져 있는 것은 극히 적다.

그런데 공화국의 전체 무용인들이 현재 발굴 수집된 자료들만이라도 남김없이 료해하고 있다면 모르거니와 그것마저 전부 모르면서 외국 무용의 기교 형식과 률동의 도입만을 일삼는다면 이런 태도는 민족 고전 유산에 대한 신성 불가침론적인 복고주의적 태도와 함께 민족 무용 발전에 커다란 불행과 해독을 끼어 올 것이다.

다시 민족 무용의 세련 우수한 점들과 수법들을 개화 발전시키며 민족적 특색을 최고도로 발양하기 위하여서는 무용 예술가들에게 조선 민족 무용의 풍부하고 다양한 내용과 형식을 연구 침투시키며 이 사업에 최대의 관심과 열성을 경주하도록 교양 사업이 집중되여야 할 것이다.

「우리 작가 예술가들은 위대한 예술의 창조자는 인민이라는 것을 언제든지 잊지 말아야 하겠습니다.」

「민요, 음악, 무용 등 각 부면에서 우리 민족의 고유하고 있는 우수한 특성은 보전함과 아울러 새로운 생활이 요청하는 새로운 리듬, 새로운 선률, 새로운 률동을 창조하여야 하겠습니다.」 (김 일성—작가 예술가들에게 주신 저번의 말씀 중에서)

2. 조선 민족 무용의 몇 가지 기교 동작의 해설

이미 언급한 바와 같이 조선 민족 무용은 그 형태상에 있어서나 기교 형식과 동작에 있어서 풍부하고 다양 다채로운 것으로 특성이 있다.

이를 남김없이 해설하며 도해를 첨부한다는 것은 비상한 지식과 정리가 요구되는 사업이며 또한 이를 전문적으로 서술하는 데 이 책자의 기본 의도가 있는 것이 아닌만큼 여기에서는 조선 민족 무용 중에서 궁중 무용 형태의 기교 동작과 종교적이며 성격적인 무용 형태 중의 하나인 승무의 몇 가지 기교 동작, 그리고 민속 무용 중에서 수박춤의 기교 동작들에 대하여 그 특성과 수법을 중심으로 해설하려 한다.

조선 민족 무용의 일반적이며 초보적인 기본 무용법은 이미 전문 극장, 학교를 비롯하여 광범한 써클원들에게 이르기까지 그의 순서와 구성은 약간씩 다르나 어느 정도 도해되여 있으며 다양하게 활용되고 있는만큼 동작의 초반부터 일일이 장황하게 그림을 첨부하여 라렬 해설할 필요는 없다고 보기 때문에 여기서는 간단히 중점적으로 설명하려고 한다.

그런데 이미 대체로 론급했지만 무엇보다도 여기서 한 가지 료해하고 넘어가야 할 것은 조선 민족 무용의 각 형태와 기교 동작에 있어서 공통적으로 지배하고 있는 것은 포물선 및 완곡 선적 조품과 자세들이라는 것이다. 이는 팔을 부드럽게 전후로 률동성있게 흔든다든가, 어깨에 올리메었던 양 팔 혹은 한 팔을 우로 혹은 옆으로 뿌리친다든가, 양 팔을 상공 혹은 옆의 공간을 거쳐 허리에 감는 것 등도 그렇거니와 올린 다리의 자세를 ㄣ형으로 가지는 것이며 또한 발뒤축에 큰 비중을 두고 하는 무릎 굴신, 그 밖에 안사위, 바깥사위, 번개사위 등을 실례로 들어 설명할 수 있다.

이와 같이 수행하는 동작의 육체적 운동성에 있어서는 일반적인 공통성이 있으나 각기 그 무용의 형태상 특수성과 특징에 따라 표현하는 동작들에 각이한 정서와 멋이 있어야 하는 것이다.

* * *

먼저 궁중 무용적 형태(고전 무용)에서 몇 가지 동작들을 망취하여 설명하려고 한다.

이 형태의 춤들은 우아하고 완만한 아악조 선률과 6박자 내지 4박자인 진양조, 념불, 도도리, 늦은 타령, 정취장단 등에 맞추어 출 수 있다.

여기서는 그 중에서 좀 느린 도도리 장단(6박자—덩 (합장단) 쿵 (북편) 딱딱 (채편) 쿵 (북편) 따르르……(채편))에 맞추어 가지고 출 수 있는 동작들을 연구하여 보기로 한다.

우선 춤의 시작점 자세들로서 이는 여러 가지로 결정할 수 있으나 그 중 몇 가지를 실례로 들어 보자.

그림 1과 같이 양 팔을 가슴 아래와 잔등 밑 허리에 위치하게끔 쥐어 삽는데 이때 양 손은 모두 손가락끝이 우로 향하게 할 것이다.

그림 2와 같이 한 팔을 옆으로 뻗치되 약간 뒤쪽으로 사선이 되게 뻗치고, 다른 한 팔은 그 손에 달린 한삼이 뻗친 팔의 어깨보다 약간 내려간 곳에 걸치게끔 올리며 시선도 팔 뻗친 쪽을 넘어서 바라보는 식으로 하고 나올 수도 있다.

그림 3과 같이 한 팔은 우로 올려 세워서 메고 다른 한 팔은 가슴을 가로 건너 손이 올린 팔 겨드랑 밑에 닿을만큼 갖다 대고 나올 수도 있으며; 그림 4와 같이 양손을 가슴 앞에 모아 쥐고 나올 수도 있다.

그림 1, 2, 3의 동작은 그의 반대 쪽으로도 할 수 있으며, 그림 4의 경우는 양 손을 허리 뒤에 모아 쥐고 나올 수도 있다.

걸음걸이 률동은 첫 박자에 바른 발로 한 걸음 내디디고 둘째 박자에 왼발을 끌어 바른발 있는 위치에로 끌어 오면서 오금을 죽이는 동작(양 무릎을 동시에 전반쯤 굽히는 것)을 반복하며 세 걸음 전진할 수도 있으며, 그것을 배로 느리게 잡아서 6박자에 두 걸음 나갈 수도 있다.

장단에 의한 걸음걸이 률동의 변형은 다양하게 할 수 있다.
즉 네 박자에 두 걸음 나갔다가 다섯 박자째에 바른발을 앞에 내디딘 다음 왼발을 끌어 당기면서 바른 쪽으로 한 바퀴 선회할 수도 있으며 첫 박자에 두 발을 중심으로 굴신했다가 세째, 네째 박자에 무릎을 펼 수도 있으며, 다섯, 여섯 박자에 한 걸음 내디딜 수도 있다.

다리를 들고 선회하는 률동도 다양하게 할 수 있으며 선회하는 방향과 속도 중심의 성격도 다양하게 응용할 수 있다. 이제 몇 가지 련결된 기교 동작(꼽비나찌야)을 들어 동작의 련견 구성을 중심으로 한 률동적 특징과 아울러 동작의 효과에서 오는 정서의 단편을 살피기로 하자.

제 1 꼽비나찌야

그림 1의 자세에서 시작하여 그림 5와 같이 우선 가슴 앞에 있던 팔을 공간에 궁선적 (⌒) 선을 그리면서 왼쪽으로 첫 박자에 뿌리치자마자 뒤의 팔은 둘째 박자에 상공을 향하여 큰 반원형을 그리며 머리 우로 올라와 가지고 이미 뿌리쳤던 왼팔과 평행선으로 되면서 상제는 약간 그 쪽으로 기울어진다.

세째, 네째 박자에 왼쪽으로 평행선이 되게 뿌리쳤던 량팔은 그림 6과 같이 밑으로 내려오며 앉았다가 그림 7과 같이 얼굴 량귀를 스쳐 량 팔을 공중에 뿌리치는데 이것은 다섯, 여섯 박자 사이에 진행된다.

새로운 첫 박자에 그림 8과 같이 몸을 옆으로 약간 비껴 숙이여 돌리면서 올렸던 량 팔을 (↘) 선으로 취한다음, 둘째 박자에 팔의 위치를 그림 9와 같이 머리 우와 뒤 잔등에서 감으면서 바른쪽으로 돌아가서 세째, 네째 박자에 그림 10과 같이 량 어깨에 량 팔을 물며 메는데, 선회사에 그림 9에서 올렸던 바른

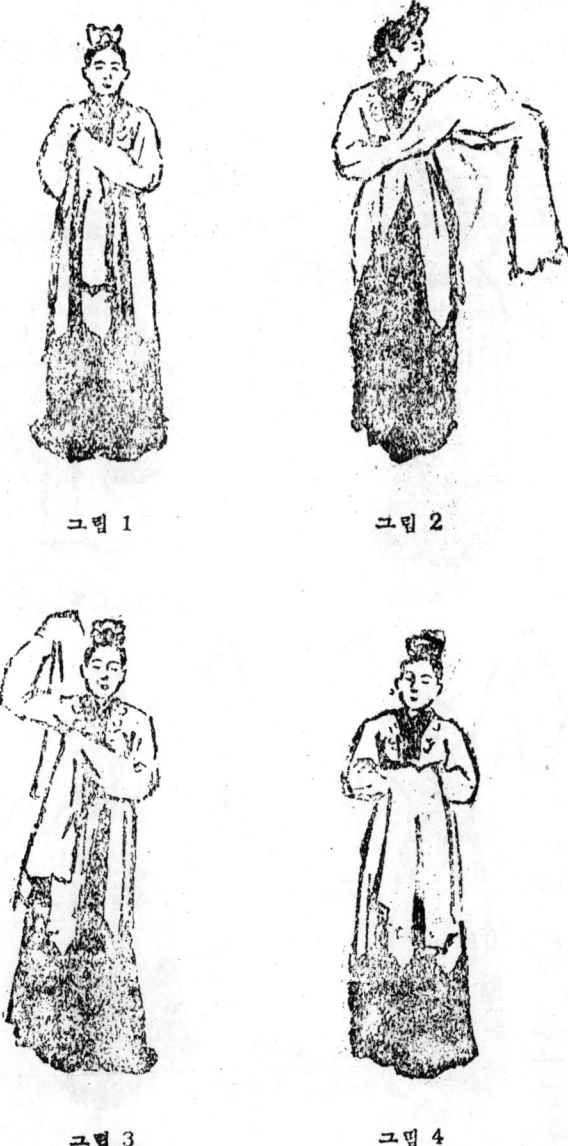

그림 1   그림 2

그림 3   그림 4

팔은 그냥 어깨에 내리며, 왼팔은 밑에서 크게 반원형적 완곡 선을 그리며 어깨에 올려 멘다.

다섯, 여섯 박자에 그림 11과 같이 어깨에 올려 맷던 량 팔을 크게 공중에 뿌리쳐 왼팔은 앞으로 바른팔은 뒤로 몸에 감는다.

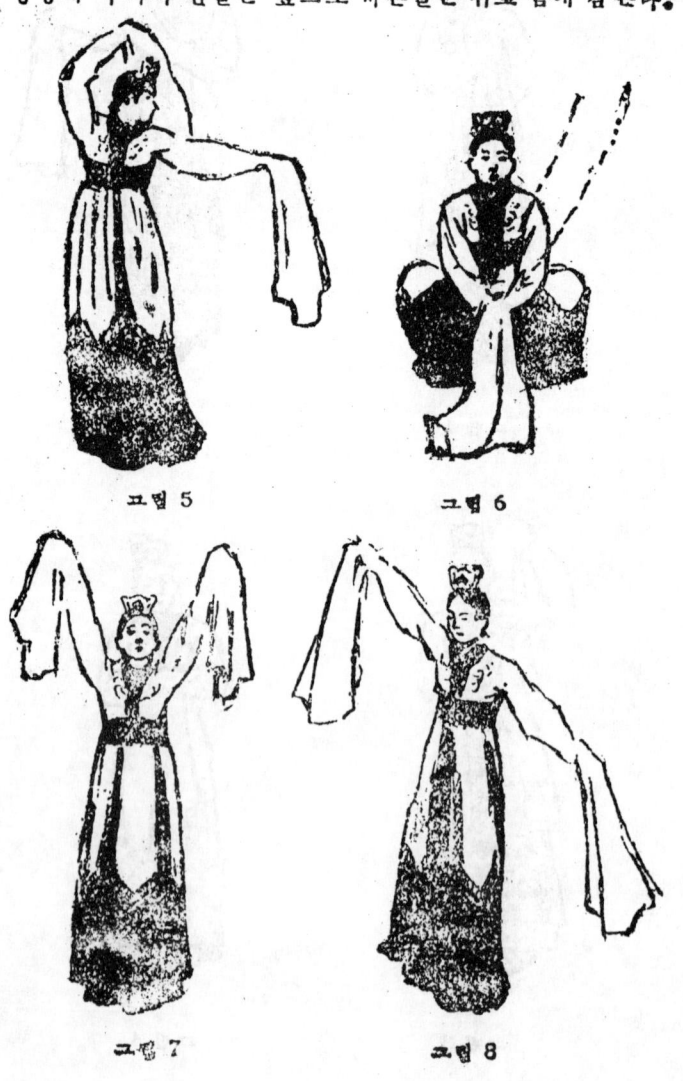

그림 5 그림 6

그림 7 그림 8

그림 9   그림 10

제 2 끕비나찌야

그림 4에서 시작하는데, 첫 박자에 시작 자세 그대로 무릎은 모은채 오금을 죽이면서 땅 팔을 밑으로 동시에 내리웠다가 다시 부드럽게 옆으로 올리기 시작한다. 그리나가 둘째 박자에 왼발을 내디디면서 그림 12와 같이 땅 팔을 좌우로 완전히 뻗친다.

세째 박자에 오금을 죽이면서 바른발을 왼발 위치에 가져다 놓는다.

다음 네째 박자에 그림 13과 같이 무릎을 펴며 왼다리를 지상에서 약간 들어 올리면서 바른팔은 수평선을 통해서 왼팔 어깨 넘어로 한삼이 드리우도록 올린다.

그림 11

다섯, 여섯 박자에 인주리를 바른다리 앞으로 가져가면서 왼팔을 돌려 올려 그림 14와 같이 되었다가 바른팔이 앞에 오는

그림 1이 된다.

　새로운 첫 박자에 왼발을 내디디면서 동시에 바른팔은 우로 가게 전면으로, 왼팔은 밑으로 가게 후면으로 뻗치여 사선 (↘)이 되게 한다. 이어서 둘째 박자에 왼발을 끌어다 모으며 오금을 죽인다.

　세째 박자에 그림 16과 같이 올렸던 바른팔은 어깨 수평보다 약간 밑으로 하고 왼팔은 어깨에 물려 매면서 왼다리를 올린 다음 네째 박자에는 다시 오금을 죽인다. 다섯, 여섯 박자에 올렸던 왼발을 내디디면서 그림 17과 같이 왼팔이 우에 오게 량 팔을 본다.

　새로운 첫 박자에 그림 18과 같이 왼팔 밑에서 바른팔을 뽑아 우로 뿌리치며 둘째 박자에 굴신을 넣으면서 왼팔 우로 가져다 놓는다.

　세째 박자에 역시 바른팔 밑에서 왼팔을 뽑아 뿌리치고 네째 박자에 어깨에 멘다.

　다섯, 여섯 박자에 그림 20과 같이 바른팔을 앞으로 내저으며 바른발로 한 걸음 나와 선다.

그림 12

그림 13

그림 14   그림 15

그림 16   그림 17

그림 18   그림 19

그림 20

이상 소개한 제 1, 제 2 콤비네쨔야는 고정불변한 것이 아니라, 동작들의 합법칙적 구성련결에 대한 참고에 불과한 것으로서, 이 외에 창작자 혹은 부용수의 임의의 구상과 연구에 의하여 다양하고 변화 있게 될 수 있을 것임은 말할 것도 없다.

다음으로는 이상 도해 설명에 첨부되지 않은 몇 가지 동작을 더 소개하고 설명하려 한다.

그림 21

그림 22

그림 23

그림 24

그림 25 　　　　그림 26 　　　　그림 27

그림 21의 동작은 이러저러한 방향으로 선회를 하는 순간에 가질 수 있는 동작으로서 아래 팔과 손은 손'잔등이 안으로 향하게 (↰) 선의 형태를 취하며 올린 팔도 역시 밑의 팔과 대조가 되게 부드러운 곡선을 형성함으로써 량팔의 자세에서 아라비야 숫자인 8을 련상시키게 한다. 선회시에 밑의 팔이 왼팔일 경우에는 바른다리를 들어 왼쪽으로 선회하며, 밑의 팔이 바른팔일 경우에는 그와 반대로 하면 된다.

　이 동작의 전후 련결은 그림 2의 동작에서 넘어갈 수도 있으며, 다음 동작은 그림 20 혹은 그림 1의 동작과 련결될 수 있다.

　그림 22는 뒤로 곧게 뻗친 팔의 방향으로 시선도 향하며 상체도 그리로 젖히는 동시에 다른 한 팔은 뻗친 팔의 겨드랑 밑에 갖다 댄다.

　전체적으로 공간에 ⌐ 와 같은 선을 그리면서 그림 25에서 련결될 수 있는 동작인데 몸을 뒤로 젖힐 경우에 바른팔은 크게 옆으로 틀며 가지고 갖다 대는 동시에 왼다리를 중심으로 하고 바른다리는 약간 뒤로 하여 뒤로 젖힌 상체의 중심을 보전한다.

그림 22의 동작은 그림 3을 비롯한 기타 여러 가지 동작으로 발전할 수 있으며, 례를 들면 뻗친 바른팔로 안사위를 치면서 왼쪽으로 선회하여 그림 10, 그림 27과 련결할 수 있다.

그림 23은 왼팔을 귀 밑을 통해서 직선으로 되게 올려 메고 바른팔은 자연스럽게 률동에 합리적으로 적응되게끔 전후로 률동성있게 이동할 수도 있는 동작으로서 걸어가는 동작, 위치와 구도를 바꿀 때에 많이 사용할 수 있다.

하체의 동작은 조선 무용의 일반적인 률동을 취할 수도 있으며, 때로는 깊은 굴신과 더불어 몸을 오그렸다가 일어나면서 바른팔을 어깨에 올려 그림 20으로도 될 수 있으며 그림 20에서 그림 11과 같이 량팔을 크게 공중으로 뿌리쳐 올며 전후로 감는 동작을 률동적 보행과 더불어 반복할 수 있을 것이다.

그림 24는 무용의 진행중 률동의 전조시 혹은 종말시에 사용되는 선회 동작 순간에 있어서 선명하고 부드러운 인상을 주는데 효과적인 동작으로서 또한 률동의 진행중에 있어서 순간적 정지와 호흡을 표현하는 동작으로도 사용할 수 있는 것이다.

바른다리를 중심으로 하고 왼다리는 발끝을 공중으로 약간 쳐든채 지상에서 약 10—20 쎈치메트르 떨어지게 드는 동시에, 왼팔은 부드럽게 옆으로 뻗치고 바른팔은 올린 왼다리와 균형을 갖도록 조화성 있게 머리 우로 올리는데, 한삼이 얼굴과 쪽도리를 가리지 않게 머리 넘어로 떨어지게 할 것이다.

그림 25는 그림 1, 2, 3, 4와 같이 모든 동작의 출발로 되는 기점적 포즈로도 될 수 있으며, 동작이 끝나는 종점적 포즈로도 될 수 있는 동작이다. 여기에서 주의할 것은 량팔의 팔'굽이 굽지 않도록 큰 타원형의 공간을 두어 부드럽게 올리는 동시에 어깨가 긴장되지 않도록 주의를 돌려야 할 것이다.

이 동작은 예비적 동작(뿌떼 빠라옹)을 전제로 하지 않는 어떠한 동작에로이건 발전 전개될 수 있는 것인바, 선회하는 동작에 있어서도 그 자리에서 일시에 돌아갈 수도 있고, 그림 12의 동작으로 완만하게 이동하면서 점차적으로 원심을 따라 끌어가며 돌아갈 수도 있다.

그림 26은 그림 21, 22, 23, 24, 25의 다음 동작으로 적용될 수 있는 동작으로서 그림 23에서 왼팔을 밑으로 내린데 불과한 것으로 큰 선에서 점차적으로 원심을 좁히며 선회할 때 적용할 수도 있고, 선회하면서 바른팔을 어깨에 올려 메였다가 뿌리치는 포물선을 그리면서도 할 수 있는 것이다.

이 동작은 조선 무용 동작에서 특히 부드럽고 서정적인 인상을 주는 곡선으로서 특징이 있다.

그림 27은 그림 26, 25에서의 변형으로서 걸어가면서 혹은 선회시에 적용될 수 있는 동작인바 사람의 전신을 가장 긴 직선으로 보이게 한다.

이상 렬거한 몇 가지 꼼비나찌야와 개별적 동작의 소개는 물론 풍부한 조선 고전 무용의 기본 해설에 대한 극히 제한된 측면을 밝힌데 지나지 않는 것으로 다만 참고적으로 몇가지 소개하였을 뿐이다.

* * *

다음으로 승무에 나오는 몇 가지 동작을 소개하는 동시에 2, 3개의 꼼비나찌야를 통해서 그의 언어적이며 표현적 스찔을 연구하여 보려고 한다.

그림 1은 승무에 있어서 6박자 념불 장단에서 첫 장단의 마지막 박자에 완성되는 동작인데, 이것은 또한 승무가 시작되여 첫번으로 완성된 포즈라고도 할 수 있는바 깊은 사색에 잠긴 채로 무겁게 일어나는 이 동작은 사색의 실마리가 뒤엉킨, 회의를 느끼는 순간을 암시하는 듯하다.

전절의 기본 자세 중 그림 1에서 시작하여 오금은 깊이 욱 였다가 아주 무겁게 일어 나면서 원다리를 90도 각도로 올리는

그림 1 그림 2 그림 3

그림 4 그림 5 그림 6

106

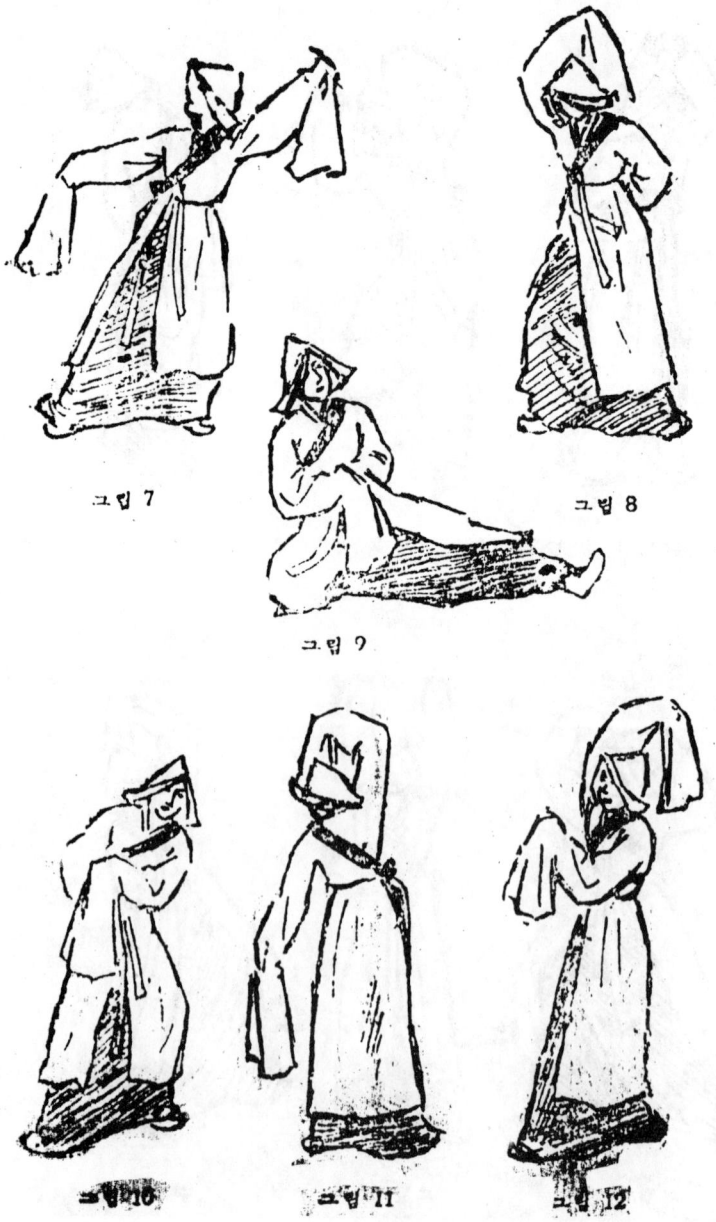

그림 7   그림 8

그림 9

그림 10   그림 11   그림 12

동시에 바른팔을 크게 우로 올린다.

상체는 앞으로 약간 굽힌 채로 한다.

그림 2는 사람이 보통 락심하여 허리'맥을 놓고 애통해 할 때의 동작을 암시하고 있는바 량손은 장삼이 이깨 넘어로 떨어지게 어깨에 물려 메고 허리를 구부리는 동시에 중심을 더딘 왼다리 오금도 죽이게 된다. 바른다리는 45도 각도에서 머문다.

그림 3은 사람들이 아주 고통스럽거나 슬퍼서 흐느껴 울 때에 고개를 숙이고 눈물을 씻으며 돌아서서 가는 모습을 련상시킨다.

바른팔을 가슴 앞으로 왼팔을 뒤'잔등으로 하고 얼굴 방향도 왼팔이 있는 뒤를 향해 바라보며 고개를 푹 숙인다.

이 때에 신체의 전체 선은 머리부터 발끝까지 부드러우면서도 애처로운 (ζ)선을 가져야 한다.

그림 4는 아주 흥미있는 생활적인 동작인바, 절망적인 이 땐 슬픔으로 해서 땅바닥에 엎드리여 통곡하던 사람이 갑자기 반신을 일으키며 그 고통과 슬픔에 대하여 의혹을 품는다든가 혹은 그 결과를 초래하게 한 어떤 대상에로의 치솟는 증오와 격분을 표현한 것이다.

처음 량손을 그림 1의 자세와 같이 하고 쯔그리고 엎드려 이리저리 비벼대다가 새로운 장단 첫 박자에 힘있게 일어 나면서 주시하는 쪽의 다리를 절반 구부리고 바른다리를 낮추 일직서되게 펴고 북을 혹은 불당을 주시한다.

둘째 박자에 슬픔과 울분이 복받쳐 울다 참을 수 없다는 듯이 앉은 그림 3으로 되는바 즉 바른다리 무릎은 땅 우에 대여 중심을 유지하면서 바른편 어깨를 앞으로 수그리는 동시에 머리는 왼쪽 뒤로 깊이 파묻고 흐느껴 우는 듯한 포즈로 된다.

세째, 네째 박자에 점차적으로 일어 나면서 량팔을 공중에 뿌리쳤다가 다섯, 여섯 박자에 뛰'걸음으로 물러간다.

그림 5는 마치 사람이 괴로운 심정을 하소연할 데가 없어

서 홀로 공중을 향하여 부르짖으며 한탄하는 순간에 발견할 수 있는 동작을 방불하게 하는바, 량팔을 공중높이 뿌리쳐 올리고 피로운 표정으로 먼산의 련봉을 굽어보는 듯 몸을 침중하게 조용히 왼편 방향으로 서서히 돌린다.

그림 6과 7도 승무에서 표현되는 동작들인바 그림 6은 감정과 심리 상태의 침체성을 표현하고 있는 듯하고 그림 7은 침체된 감정과 심리 상태로부터 상승되여 부르짖는 듯한 인상을 주는 동작들로서 조형적 세련성을 띠고 있는 것이 특징이다.

그림 8에서 지난날 봉건적 굴레 속에서 이러저러한 설음과 모욕으로 인해 쭈그리고 앉아 눈물을 씻는 혹은 피로와하는 동작의 모습을 우리는 련상할 수 있는 것이다.

올린 바른팔에 얼굴을 파묻고 선회한 다음 동작은 그림 9와 련견될 수 있다.

그림 9는 그림 4의 내용을 련상할 수 있는데 단 그림 4보다 긴장과 박력이 약하며 소침한 모습이다.

동작은 바른다리 무릎과 중다리에 중심을 의지하고 왼다리는 바른다리 무릎과 90도 각도 옆으로 뻗치며 발끝은 공중으로 향한다. 바른팔이 앞에 온다.

그림 10은 공중에 높이 두 팔을 뿌리치며 뛰여 올랐다가 그림 15로 떨어지는 순간에 그려지는 동작으로서 동작의 진행은 같은 쪽의 팔, 어깨, 다리가 같은 방향으로 동일하게 행동하는 것이 특징이다. 때문에 바른 쪽 어깨, 팔, 무릎은 왼팔과 상대적인 위치와 각도를 표시하고 있다.

그림 11은 욕구와 갈망에 찬 인간이 운명의 문을 두드리다가 지쳐서 다시금 오뇌와 실망에로 돌아 가는 순간의 무용적 동작으로서 양식화된 듯한 순간적 포즈를 보여 주는 듯싶다.

이 동작은 승무에서 북을 에 다가 가서 북을 칠가 말가 하는 순간에 머뭇거리며 의 농오적 순간에 위패지는 번개의 동작이다.

어깨 우로 력없이 올려댄 바른팔과 력없이 긴 오로 내여뜨린 왼팔과의 균형성에 주목할 것이다.

그림 12는 마치 모든 의욕과 고뇌 끝에 그 의욕과 고뇌의 본질을 꿰뚫어 보려는듯이 박력있고 방비를 갖춘 몸차림으로 한 걸음 두 걸음 침착하게 전진하는 듯한 모습을 그리고 있다. 우로 올려 굽힌 두 팔은 공간에서 평행선이 되게 조화성있게 가질 것이며 몸동은 침착하게 한 걸음씩 옮기는 것이 중요하며, 도달점 가까이에서는 돌진하듯이 잦은 걸음으로 몸을 옮길 수도 있다.

이상과 같이 승무 중에서 몇 가지 특징적인 동작을 발취하여 그가 갖고 있는 암시적인 동작의 본질을 보여 주는 실례들을 들어 설명하였는데, 다음에는 승무의 기교 동작을 리용하여 행동적 꼼비나찌야 한 가지를 구성하여 보기로 하자.

꼼비니찌나야   우선 이 꼼비나찌야의 내용은 리별을 안타까이 피로와하던 어떤 녀자가 리별 직후에 비통해 하는 심정을 표현하는 것을 과제로 하자.

이 과제를 글로 표현해서 「저이는 기어코 나를 버리고 떠나는구나, 정녕! 그러면 이제부터 나 홀로 어떻게 지낼 것인가, 고통스러워라, 무서워라」 하는 것을 읽을 때 우리는 피로와하는 그 녀자의 행동에서, 얼없고 비통한 표정으로 떠나간 곳을 주시하는 모습, 북받쳐 오르는 설음과 고통으로 몸부림치면서 흐느끼는 행동, 몸부림 끝에 땅에 주저앉아 설음에 겨워 하는 행동을 련상하게 될 것인바, 승무에서 표현되는 다음과 같은 동작들의 꼼비나찌야로써 그 내용을 표현할 수 있지 않을가 생각된다.

장단은 늦은 굿거리로 가정하자.

(Ⅰ)의 동작은 참아 떠나는 사람을 보내기 안타깝고 서러워서 몸은 그쪽을 향하고 있으나 얼굴을 위로 돌리고 서러워하는 동작이다. 굿거리 두 장단에 양팔을 밑으로 숙내리었다가 (Ⅱ)로 되면서 다음 두 장단에 양팔을 그대로 좌우로 들면서 먼 곳을 주시한다. 그러자 불가 설음이 북받쳐서 (Ⅲ)으로 우 왼팔로

(Ⅰ)　　　　(Ⅱ)　　　　(Ⅲ)

(Ⅳ)　　　　　　(Ⅴ)

(VI)　　　　(VII)　　　　(VIII)

안사위를 치며 몸을 돌리면서 계속하여 (IV) 동작으로 옮긴다. 즉 한 회전에 한 번씩 왼팔은 안사위를 치고 바른팔은 머리 우에서 번개사위를 하면서 세 바퀴 돌아 간다. 그 다음 (V)의 동작에서 일단 순간적 정지를 하였다가 다시 (VI) 동작으로 반 바퀴 회전하여 옆으로 서면서 (VII) 동작이 된다.

이때 고통과 설움의 감정이 고조됨을 강조하는 듯 힘껏 몸을 뒤로 젖히면서 왼 팔을 뒤로 뻗친다.

(IX)

그랬다가 다시 (VII)동작(그림 8보다 4분지 1 회전하여 앞으로)으로 이동하자마자 양팔을 크게 공중으로 그림 5 (승무)와 같이 뿌리쳤다가 허리 전후로 내리감으면서 (IX)의 동작으로 주저앉아 상체를 좌우로 흔들면서 흐느껴 우는 것이 표현하는

112
것이다.

추가적으로 개별적 동작의 해설란에 두 가지 동작만 더 보충하여 참고로 하기로 한다.

그림 13은 나약한 힘으로나마 상대에게 대항하려는 준비 자세 혹은 애원하는 표현에서의 가장 극단적인 순간을 련상할 수 있는 것으로서, 북물 앞에서 북을 한 번 두 번 치면서 선회

그림 13   그림 14

하거나, 몸을 좌우로 흔드는 순간의 동작이다.

또한 받아 나가면서 그림 5의 동작을 하기 전의 준비 자세로도 된다.

그림 14는 기력이 허진하여 사지를 푹 내던지며 한탄한다든가, 혹은 모든 것을 신임하고 온 마음을 내 맡기는 듯한 인상을 주기도 하는 것이바, 어쨌든 감정과 내면적 심리 상태의 극단적 표현 형태의 하나이다.

다음으로 민속 무용 중에서 수박춤의 기교 동작 몇 가지를

끌어 보기로 하자.

민속 무용 중의 한 가지인 수박춤은 그 매개 동작이 인민들의 혁명적 락관주의 정신과 전투적 기백, 호담한 유모아, 용감성 등, 인민적 표상들이 여실히 반영되고 있는 대중적인 춤이다.

기교의 구성은 첫째로 량 팔'굽으로 교대로 무릎의 굴신과 더불어 옆구리를 치는 것이고, 둘째로 ♩♩♩♪♩ (쿵 쿵 쿵따 쿵) 중에서 마지막 두 박자,즉 ♩♪♩ (쿵따 쿵)에서 량손을 가슴 앞에 올리되 바른손이 안으로 되게 하고 량손 사이에 공간을 두어 중첩되게 올리고 있다가 바른손이 ♩.(쿵-한 박자 반)에 가슴을 치고, 남은 ♪ (따-반 박자)에 바른손 잔등이 왼손'바닥을 치고, 마지막 ♩ (쿵-한 박자)에 다시 바른손이 가슴을 치는 것을 익숙하게 하는 것이 그의 비결이다.

⁴/₄ 네 박자에서 전반 두 박자는 손'벽을 쳐도 좋고, 그대신 발을 두 번 굴러도 좋고, 량손이 한 번씩 자기 무릎을 쳐도 되는 것으로 임의로 할 수 있다. 그러나 후반의 두 박자 때에는 반드시 량손을 가슴 앞에 가져다가 바른손이 가슴, 왼손'바닥, 가슴의 순서로 쳐야 하는 것이 기본적 법칙이다.

이것을 일명 『돈따똔』이라고 부르기도 하였다니 서술상 편의를 위하여 그렇게 부르기로 한다.

돈따똔은 반드시 한 소절에 한 번씩 끌어 가야 한다는 법칙은 없다.

그것은 두 소절만에 끌어 갈 수도 있고 네 소절만에 끌어 갈 수도 있다.

돈따똔 이전의 제 동작들은 박력있고 쾌활한 동작이라면 어떤 것이건 적용될 수 있으며 구도도 수박춤을 만드는 사람의 재능과 연구 여하에 달린 것이다.

그림 1의 동작이 정지된 시작 전 준비 자세이다.

그림은 마치 권투 자세 모양으로 되여 있으나, 권투 자세와 같이 날카롭게 몸을 가질 것이 아니라 부드럽고 쾌활하게 몸을

114

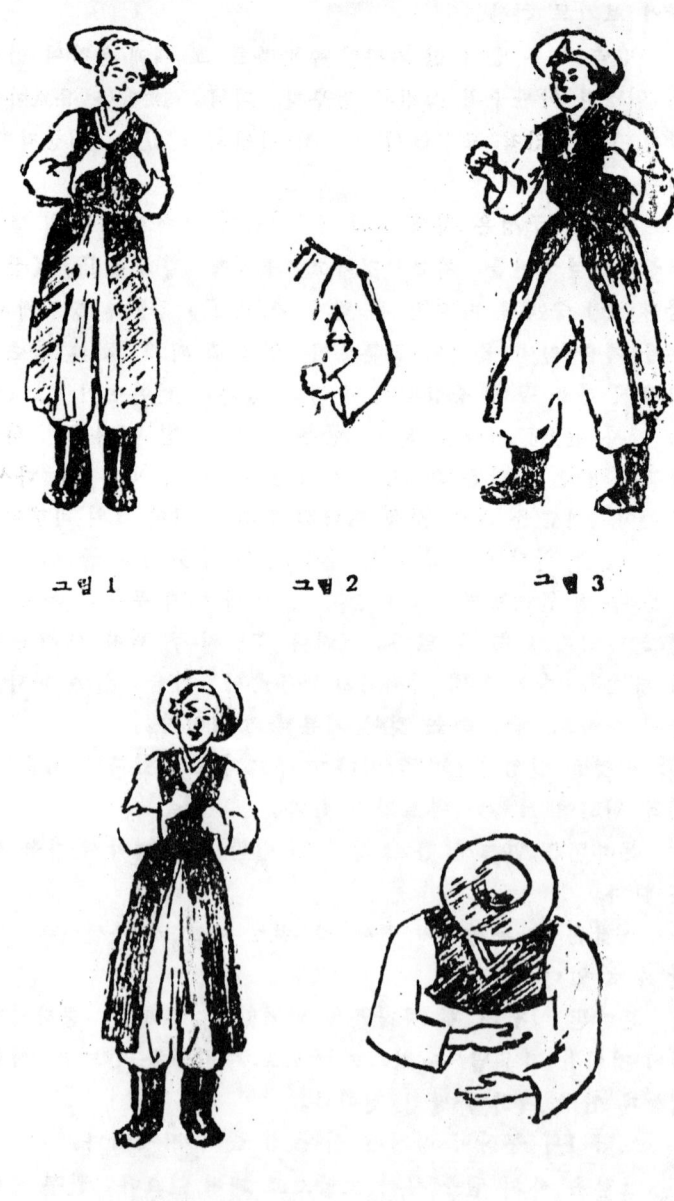

그림 1   그림 2   그림 3

그림 4   그림 5

그림 6   그림 7

가지되 량팔이 겨드랑에서 멀어져 있으면 된다.

그림 2의 (↔)와 같이 팔과 겨드랑 사이가 공간이 되여 있어야 한다.

첫 박자에 바른팔로 겨드랑을 치면서 무릎을 약간 굽히며 원쪽으로 반걸음은 메지 않으며 이동한다.

다음 둘째 박자에 그림 4와 같이 왼팔이 받아 치면서 정상대로 무릎을 펴면서 일어난다.

이 때 겨드랑과 왼팔의 사이가 공간이 있는 채로 되여 있어야 한다.

세째 박자에 들어 가기 전에 벌써 량손은 그림 5와 같이 가슴 앞에 와 있다.

세째 박자에 그림 6과 같이 바른손'바닥이 가슴을 치자 남은 박자에 바른손잔'둥과 왼손'바닥이 부딪친다(그림 7).

남은 마지막 한 박자에 다시 바른손'바닥이 가슴을 친다 (그림6). 무릎 굴신은 한 소절 동안 두 번 굴신한다.

수박춤은 그의 기본 특징이 손으로 박자, 장단을 내는 춤이기 때문에 땅'바닥이건, 무릎이건, 옆구리건, 옆사람이건 어떤 것을 치든지간에 정확한 박자에 떠러서 음악에 맞으면 된다.

돈따돈만이 제소에 들어 가면 되는 것이다.

손으로만 장단을 칠 것이 아니라 다양하게 발굴되는 장단까지도 적용하면서 출연해도 이색할 것이 없다.

수박춤의 성격을 널리 창작하여 그의 용감성, 민족성, 다원성 등을 충분히 발휘할 수 있는 여러 가지 동작을 넣어 가면서 성과있게 춤을 만들 수 있을 것이다.

우수한 조선 민족 무용의 기본과 기교 동작에 대한 해설이 앞으로 구체적으로 소개 발표되기를 기대하며 몇 가지 동작의 개막서인 면모를 이상으로 소개해 둔다.

Ⅲ. 무용 작품 창조 과정에 대하여

　　무용 예술 작품도 다른 자매 예술 작품이나 문학 작품과 같이 사회주의 사실주의 창작 방법에 의하여 즉 사회주의적 내용과 민족적 형식을 기본으로 하여 제반 세밀하고 전문적인 창작 수법에 의해서 창작되는 것이다. 오늘 조선 로동당의 문예 로선에 튼튼히 립각하여 온갖 반동적 부르죠아 이데올로기와의 가렬한 투쟁을 전개하고 있는 공화국의 무용 예술가들은 우수한 현대적 제마를 가진 무용극 또는 무용 소품들을 창조하는 한편 선조들이 남겨 놓은 우수한 고전 무용들을 창조적이며 비판적인 원칙에서 계승 발전시킬 데 대한 심오한 연구 창작 사업들을 전개하고 있는 것이다.

　　이는 비단 공화국의 중요 극장들인 국립 예술 극장, 국립 최승희 무용 연구소 또는 민족 예술 극장 (고전 예술 극장)들에서 뿐만 아니라 각 도립 극장들을 비롯하여 전체 로동자 농민 학생 써클들에서도 광범한 연구와 창작 활동들을 진행하고 있는 것이다.

　　이리하여 공화국의 무용 창작가, 안무 연출가, 무용 배우들의 력량으로써 창조된 무용 작품들은 관중들의 높은 찬양과 사랑을 받고 있으며 인민들의 열렬한 사랑으로 고무 격려된 무용 활동가들은 더욱 훌륭한 작품들을 창조하기 위한 결의에 충만되여 자기들의 구준한 창작 연구 사업을 계속하고 있다.

　　이 조항에서 서술하려고 하는 것은 주로 무용극 또는 한 개의 무용 소품을 창조하기 위해서 어떤 과정을 밟아야 하며 또 어떻게 창조할 것이냐 하는 것인바 이는 창작 사업에 뜻을

분 신인 무용 창작가들이나 무용 배우들에게는 물론 무용 제를 외에도 적지 않은 참고가 되리라고 믿는다.

먼저 세밀한 부문에 들어 가기 전에 반드시 알아야 할 일반적인 상식적 문제부터 말하고 넘어 가려고 한다.

(1) 무용 창작가

무용 창작가라 함은 쉽게 말해서 춤을 만드는 전문가인 것이다.

오늘 흔히 조선에서는 무용 안무가라고 말하고 있다.

그러나 춤을 창작하느니만큼 무용 창작가라고 부르는 것이 타당할 것이다.

아직 어떤 사람들은 춤을 만드는 사람은 창작가가 아니며 연극 연출가 또는 오페라(가극) 연출가와 직업적으로 동등하다고 인정하고 있는데 이와 동일한 성질의 것으로 볼 수는 없는 것이다.

연극이나 오페라 연출가들은 희곡 작가 또는 작곡가로부터 이미 완성된 텍쓰트(연극에서는 희곡과 그의 대사, 오페라에서는 음악 스코아와 아리야 합창 듀엣 등)를 받아 가지고서 그 작품을 연출하게 되는바 희곡 작가 혹은 작곡가의 작품을 무대에다 진실하고 뚜렷하게 옮겨 놓는 것이 그들의 기본적인 과업이라면 무용 창작가의 사업은 춤의 동작들을 처음부터 끝까지 창작하여야 하며 그런 다음에 비로소 창작 완성된 무용 텍스트를 가지고서 무용 배우들을 동원하여 안무 연출을 실시하게 되는 것이다.

무용 창작가가 무용을 창작하기 위해서는 집에 연필이나 들고 앉았다든가 혹은 거울 앞에 서서 손가락이나 놀리면 되는 것은 아니다…

무용 소품일망정 비로소 인민들 앞에 내놓게 되는 것이다.

그 뿐만 아니라 무용 창작가는 창작된 춤을 직접 자기의 육체를 동원시켜서 무용 배우들에게 전달하여야 하느니만큼 육체적 외곤은 말할 것도 없는 것이다.

(2) 안무 연출가

안무 연출가의 창조적인 사업 분야는 무용 창작가의 사업과 일정한 차이를 가지고 있다.

그는 무용 창작가가 이미 창작한 무용 작품을 직접 무용 배우들을 동원하여 그들에게 전달하며 대외 시연회가 있는 날까지 무대 련습을 진행시키게 된다.

안무 연출가의 사업을 흔히 무용 창작가가 겸하게 되는 경우가 적지 않다.

례를 들어 무용극 《사도성의 이야기》를 창작한 무용 창작가는 공화국 인민 배우 최 승희이며 그를 안무 연출한 안무 연출가도 최 승희이다.

그러나 엄연히 이 두 직업은 창조상 괴이한 것이니 순전히 안무 연출만을 하고 있는 무용 활동가도 있는 것이다. 안무 연출가는 무용 창작가가 창작한 무용 작품의 동작을 배워 가지고 무용 배우들에게 전달하기만 하면 되는 것은 결코 아니니 그는 창작가의 사상을 충실하게 전달해야 할 것은 물론 매 등장 인물들의 관동 행동을 진실하고 고상한 예술성을 보장하면서 무용 배우들에게 전수하여야 되는 것이다.

쏘련의 저명한 무용 창작가 또한 인민 배우 메·웨·자하로브는 자기의 저서 《무용 창작가의 예술》에서 무용 예술가들의 사업을 음악 예술가들의 창조 사업과 대비하면서 오케스트라를 동원하여 작곡가가 창작한 곡목을 련습시키는 음악 지휘자의 사업과 안무 연출가의 사업이 동등하다는 것을 말하고 있으며, 무용 창작가는 작곡가와 동등하게 대비시키고 있다.

(3) 무용 작품 련습 지도원

우리 나라에는 아직 무용 예술인들이 부족한만큼 사업 분공을 명확히 규정해서 진행하기는 매우 곤난한 형편에 처해 있지만 그러나 무용 창작가, 안무 연출가와는 창조상 전문이 다른 무용 작품 련습 지도원이 있다는 것을 알아야 할 것이다.

무용 창작가가 창작한 무용극에 기초하여 안무 연출가가 자기 사업을 끝내고 대외 시연회를 통과하게 되면 일반 공연으로 넘어 간다.

일반 공연이 계속되는 동안 무용 배우들은 자기의 전일 공연에서 부족했던 점을 다음 날 무대에 서기 전에 련습하게 된다.

바로 이 련습을 무용 작품 련습 지도원이 조직 진행하는 것이다.

그런만큼 작품 련습 지도원은 안무 연출가가 안무 연출할 때에 배우들에게 지적되는 제반 세밀한 부분까지 자기 수업에 기입해 두어야 하며 제속 련습시에 그는 전일의 공연에서의 배우들의 결함들을 지적하고 그를 시정하여 주어야 한다.

오늘 우리들은 이미 지적한 바와 같이 무용 인재 부족으로 인하여 이상 세 가지의 사업을 무용 창작가 혼자서 맡아 보는 사실들을 혼히 볼 수 있다.

그러나 앞으로는 이런 사업상 분공을 명확히 함으로써 무용 예술 작품의 질을 계획적으로 제고해야 할 것이다.

또한 이같은 사업의 분공은 작자의 사업의 전문화를 가져을 것으로 혼히 무용 창작가 혼자서 겸하게 되던 사업을 각기 분담하게 됨으로써 무용 창작가는 작품 창조를 위한 많은 시간적 여유를 얻게 될 것이다.

(4) 무용 배우

이상 무용 작품 창조 사업에 있어서 직접 창작을 맡아 보는 세 종류의 직업적 한계를 구분하고 나서 무용극 또는 무용 소품을 자기의 형상을 통해서 관중들에게 전달하는 무용 배우들에 대하여 이야기하기로 한다.

무용 배우란 직업은 가장 육체적 피곤이 심한 것의 하나이다.

그러므로 무엇보다도 육체적으로 오는 심한 피곤을 극복해야 한다.

때문에 무용 배우가 되기 위해서는 어려서부터 자기의 육체를 훈련할 뿐만 아니라 매일과 같은 꾸준한 노력에 의해서만 또 기술적으로 곤난한 것을 조직적으로 체계있게 극복함으로써만이 가능한 것이다.

앞으로 무용 배우가 되기 위해서는 어려서부터 무용을 시작하여야 한다는 것을 특히 강조하게 되는바 우리 공화국에는 이미 아동들을 위한 무용 학교가 있다.

그러나 이때서부터 무용 예술을 배운다고 하여도 참을성 있고 꾸준한 노력이 무엇보다도 중요하다는 것을 명심해야 한다.

주지하는 바와 같이 이미 해방 전부터 무용 배우의 생활을 시작하여 현재 공화국 무용계에서 지도적 위치를 차지하고 있는 인민 배우 최 승희, 그리고 국립 예술 극장 청 지수, 리 석예 기타 무용 배우들은 당시 어린 학생들을 양성하는 무용 학교 또는 연구소들이 없는 조건하에서 이미 성숙되여서부터 무용 생활을 시작하였던 것이다.

그러나 그들의 인내성 있고 꾸준하고 의식적인 노력은 육체적으로 오는 제반 곤난을 극복하였던 것이고 그런 결과 오늘 우수한 무용 배우로서 인민에게 복무하고 있는 것이다.

무용 배우들은 매일 작품 연습에 들어 가기 전에 무용 기본 훈련을 하게 된다.

기본 훈련은 무용 배우들의 육체를 부드럽게 풀어 줄 뿐만 아니라 또한 기술적으로 무한히 발전할 수 있는 기본적인 토대를 구축해 준다.

무용 배우들의 기본 훈련은 무용 지도원이 맡아 진행하게 피는데 무용 기본을 주로 지도하는 무용 지도원과 먼저 말한 작품 련습 지도원 사이에는 또한 전문 직업적 차이가 있다.

현재 우리 공화국에서는 어느 극장의 무용 배우들을 물론하고 매일 아침 한 시간 내지 두 시간에 걸쳐서 무용 기본 훈련을 진행하고 있다.

무용 기본 훈련이 끝나면 곧 작품 련습으로 들어 간다.

작품 련습은 상연될 무용극 또는 소품들을 가지고서 하게 된다.

무용 배우들이 무대에서 능숙하게 춤을 추기 위하여서는 막대한 시간과 꾸준한 노력이 요구되는 것이다.

예를 든다면 국립 최승희 무용 연구소 무용 배우들은 무용극 《맑은 하늘 아래》를 원만하게 관중들 앞에 보여 주기 위하여 아침 일찍 극장에 출근하여 끊임없는 맹렬한 련습을 계속하고 나서 저녁에 공연을 끝낸 뒤에도 그날의 공연에서의 결함을 찾아 계속 밤 두 시까지 련습해야 하는 경우들이 있었던 것이다.

이같은 꾸준한 노력은 비단 국립 최승희 무용 연구소뿐 아니라 다른 극장 무용 배우들에게 있어서도 마찬가지인 것이다.

이와 같은 꾸준한 노력이 없이는 무용 배우들은 무대에 나설 수 없는 것이니 불충분한 련습은 항상 무대에서 실패를 면할 수 없는 것이다.

이처럼 무용 배우들의 직업이 유체적으로 배우 빈찬만큼 에 무용 배우들은 자기의 일상 생활을 가치있게 꾸계마여야 한다.

무용 배우들은 자기가 맡은 역을 원만하게 형상하기 위하여 그 인물에 대한 과학적인 세밀한 연구를 꾸준히 하여야 한다.

다시 말해서 생활을 연구해야 하는 것이니 다만 무용 창작가와 안무 연출가들이 지시해 주는 기술적인 춤의 동작이나 동장인물에 대한 해석만으로는 부족한 것이다.
  가령 한 무용 배우가 녀 방직공의 역을 맡게 되였다면 그는 직접 방직 공장을 찾아서 방직공들의 생활을 세밀한 부분에 이르기까지 연구하여야 하는 한편 방직공들의 과거 생활 또는 미래의 전망들을 담화나 혹은 서적 등을 통해서 연구하여야 하는 것이다.
  무용 배우들의 직업상 특이한 점이 여러가지로 많겠지만 여기서는 다만 그들이 어떻게 곤난을 극복하여 무대에 등장하게 되는가의 일면만을 말해 둔다.

1. 무용 리브렛트에 대하여

  먼저 리브렛트(대본)를 창작하는 작가에 대해서 말하려고 한다.
  리브렛트 작가에게는 무용에 대한 풍부한 지식이 요구된다.
  무용에 대한 전문적인 지식이 없이는 무용 리브렛트를 쓸 수 없는 것이며 비록 리브렛트를 썼다 하더라도 원만한 것이 될 수 없는 것이다.
  오늘 우리 무용계에는 무용에 대한 지식이 없이 작가가 리브렛트를 씀으로 하여 그것이 무용 창작가의 손에 의하여 처음부터 끝까지 대폭 수정을 가해져가지고야 비로소 완성된 리브렛트로 되는 경우가 흔히 있는 것이다.
  이같은 현상은 무용 리브렛트 작가가 자기의 독자적인 사업을 수행하지 못함으로써 2중의 품력을 허비하는 것으로 된다.
  그러므로 앞으로 무용 리브렛트를 창작하려는 작가들에게는 무용을 전문적으로 연구하여야 할 필수적인 과업이 제기된다는 것을 말하게 된다.
  현재에 있어서 작가 또는 극작가들은 무용 리브렛트에 대한 관심이 매우 희박하다.

물론 무용 창작가 또는 무용 배우 자신들의 힘으로도 어느 정도 무용 리브레토를 창조할 수는 있지만 이는 용이한 일이 아니다.

무용 리브레토나 같은 연극에서의 희곡과 마찬가지로 거기에는 풍부한 드라마뜨루기야(극 예술, 즉 극적 발전 법칙과 극적 요소)가 있어야 하느니만큼 이더까지나 극 작가들의 창작에 의해서만 완벽을 기할 수 있는 것이다.

그러므로 우리 무용 예술가들은 앞으로 많은 극 작가와 작가들이 무용 예술을 깊이 연구하여 많은 무용 리브레트를 창조하여 줄 것을 심심 부탁하는 바이다.

무용극 또는 기타 무용 작품을 창조하는 과정에서의 첫 단계가 곧 리브레트를 창조하는 단계이다.

무용 작품 창조는 다른 예술 작품의 창조와 마찬가지로 우선 작가의 의도로부터 출발한다.

쉽게 예를 들어 말한다면 이렇다.

오늘 우리 인민들에게 있어 가장 중요한 문제가 평화적으로 조국을 통일하는 문제이다.

이 문제를 취급한 무용 리브레트를 창조하려는 한 극작가의 머리에서는 조국 통일에 대한 리념이 항상 떠나지 않는다.

그리하여 그는 이르는 가나 조국 통일에 대한 주제를 찾기 위해서 세심하게 모든 것을 관찰하게 된다.

어느 날 극 작가는 한 방직 공장에서 조국의 평화적 통일을 하루 속히 달성할 데 대한 조국 전선 중앙 위원회의 호소문을 받들고 조국의 평화적 통일의 물질적 담보로 되는 사회주의 건설을 위해 브리가다간에 증산 경쟁을 체결하는 녀성 브리가다 원들의 집회를 목격하게 된다.

이를 본 극 작가에게는 평화적 조국 통일을 위해서 분투하는 방직 공장 녀성 브리가다원들을 그리리라는 의도가 생기게 된다.

이리하여 극 작가의 머리 속에 탄생한 것은 무용 리브레트

세다가 담게 되는데 그는 이 작품의 사건이 벌어지는 장소, 시간, 행동의 성격, 매 행동 인물의 성격 (주인공들의 행동의 성격과 부차적인 인물들의 행동의 성격) 등을 극적 형성 법칙에 의해서 구성하며 서술하게 되는 것이다.

리브렛트에 담은 드라마뜨루기야기는 앞으로 리브렛트에 의해서 창조될 음악과 무용의 드라마뜨루기야를 결정하게 되는 것이다.

그렇기 때문에 무용 리브렛토가 충분하고 훌륭하게 창조되였다면 따라서 음악과 무용이 질적으로 고상하게 창조될 수 있다는 것을 예견할 수 있으며 그렇지 못하고 리브렛트가 불충분하다면 그 음악과 무용도 좋은 것을 기대할 수는 없게 된다.

그런만큼 무용극 또는 기타 무용 작품을 창조하는 데 있어서 무용 리브렛토는 중요한 위치를 차지하는 것으로 만약 리브렛트가 불충분하다면 무용 창작가와 작곡가는 그를 접수하지 않는 것이다.

무용 리브렛트는 어디까지나 극적이며 문학적인 작품이다. 문학 작품 중에서도 산문적인 것이라기보다 시'적인 것이다.

이 시 작품은 무용 창작가나 작곡가의 창조적 환상을 무한히 발동시킬 수 있어야 한다.

무용 리브렛토가 창조되였다고 하여 이미 한 개의 무용 작품이 산생했다고 생각하여서는 안 되는 것이니 단지 이것은 이미 지적한 바와 같이 무용 작품 창조 과정에서의 첫 단계에 지나지 않는 것이다.

쏘베트 무용 창작가 쏘련 인민 배우 떼·웨·자하로브는 자기의 저서 《무용 창작가의 예술》에서 지금 우리가 말하는 리브렛트를 프로그람이다고 말하고 있으며 이미 완성된 무용 작품의 내용을 간단히 기록한 것을 가리켜 리브렛트라고 칭하고 있다.

물론 이렇게 제해 둘 수도 있지만 리브렛트라고 하

는 것은 우리들에게만 널리 알려져 있는 것이 아니라 쏘련이나 기타 국가들에서도 리브렛트라고 하면 통하는만큼 구태여 프로그람이라고 명칭을 고칠 필요는 없다고 본다.

무용 리브렛트 서술 방법에 대해서 이야기한다면 리브렛트를 창조코저 하는 작가 또는 극 작가들은 될 수 있는 한 전체 무용극 또는 기타 무용 작품의 행동이 현재 그 자리에서 눈 앞에 (문법적으로 말해서 현재형으로) 벌어지게끔 타산하고 쓰는 것이 가장 좋을 것이다.

무용에 있어서는 일정한 대사를 사용하지 못하기 때문에 과거나 혹은 미래를 자기의 률동을 통해서 묘사하기는 불가능한 것이다.

관중들은 무대 우에 나타난 행동 그 자체만을 보고 리해하는 것이니 례를 든다면 국립 예술 극장 무용단이 창조한 무용극 "심청전"에서 심청이가 공양미 3백 석에 자기 몸을 팔아 배 사공들에게 끌려 가게 될 때 군중들이 선주에게 우리 심청이를 못데려 갈 것이라고 항거하는 장면이 있는데 이같은 사건들은 직접 관중들의 눈 앞에서 벌어지기에 알 수 있는 것이다.

만약 이것이 관중들의 눈 앞에서 벌어지지 않고 심청이가 이와 같은 과정을 기처 룡궁 안에 들어 온 뒤에 거기서 자기가 이렇게 되어 이삼이 되었다는 사실을 자기를 률동으로 묘사하였다면 관중들로하여금 리해시키기 곤난하였을 것이다.

물론 과거나 미래를 묘사하기가 전연 불가능하다는 것은 아니다. 환상 또는 꿈같은 것을 통해서 과거나 미래를 상징하며 묘사할 수도 있다.

그러나 이는 어차피 극의 행동을 중단시키게 되는 것으로 될 수 있는 한 과거나 미래의 사건들이 전개됨이 없이 서술된 리브렛트를을 무용 창작가들은 요구하게 된다.

무용 리브렛트는 우리들에게 널리 알려져 있는 전설같은 것을 소재로 하여 창작할 수도 있고 또는 현실을 주제로 하여 창작할 수도 있으며 희곡이나 소설같은 문학 작품을 각색할 수도 있는 것이다.

참고적으로 국립 예술 극장 티 선용 작 무용극 "견우와 직녀"의 리브렛토의 한 장면을 소개하기로 한다.

제 1 막 제 1 장

무대……금강산 속.

기암 절벽은 아아히 솟아 있고 울창히 둘어 선 잣나무 소나무 숲을 가르는 오솔'길이며 바위 틈채기로 굴며 내리는 맑은 물이 옥구슬인양 흰 포말을 흩날리는 경개 절승한 곳.

비 내린 뒤 푸른 초목은 싱싱하고 하늘'가에는 구름이 물려 간다.

―막이 열리면―

№ 1…금강산중에 밤이 저샌다.
실안개 골짜기로 물려 가고 훤히 우련 새벽빛 속에 만물은 눈을 비비며 잠을 깬다.

숲 속 여기저기서 나무 요정(妖精)들 기지개를 켜며 일어 난다.

요정들은 물려 나와 서로 인사 수작들을 하면서 세상에도 신 미도운 우아한 춤을 춘다.

그들은 차삽 환희에 가득 차 날뛰면서 인재 시작될 금강산 의 하루를 축복한다.

춤이 고조될 때 태양이 솟는다.

바오 '해'빛에 당황한 요정들 삽시에 숲 속으로 사라져 버린다. 무대 잠시 비다.

№ 2…견우 소 봉에 나무 한 짐 지워 가지고 오솔'길을 따라 나온다.

뭇새들 나무에서 즐거이 지저귄다.

견우와 소는 마주 보고 웃음 지으며 쉬어 가잔다.

소 나무 바디를 부리고 흐르는 물을 벌걱벌걱 들이킨다. 평퍼짐한 바위 우에서 땀을 드리는 견우는 새 소리에 귀를 기울인다.

기암 괴석은 여기 선하의 절경을 이루어 있고 봉우리 우로 드 높은 하늘에는 흰 구름 굴며 개떤다.

이윽고 견우는 허리춤에서 피리를 꺼내서 불기 시작한다. 소는 피리' 소리에 맞추어 명랑 명쾌춤을 춘다.

№ 3…음악이 점차로 가경에 들면서 부히 까치 참새 쑥국새 들 온갖 산'새들이 피여 들어.

피리의 굵거운 가락은 새들의 춤을 불더 낸다.
소는 이제는 만족한 표정으로 한쭉에 물러 서서 구경한다.
견우 피리를 멈추고 바위에서 성큼 뛰여 내린다.
새들 놀라서 산지 사방으로 날아 간다.
견우와 소 마주 보고 웃는다.
소는 조심스러이 한쭉에 물러 서고 견우는 바위 우에 슬그머
니 주저 앉아 다시 피리를 분다.
견딜 수 없이 아름다운 피리'소리에 새들은 눈치를 살피며 다
시 나와 춤을 시작한다.
경쾌하고 우아한 새들의 춤은 다채롭게 계속된다.
견우는 피리를 불며 새들이 눈달새라 천천히 새들의 춤 속에
쉬인다.
이번에는 새들이 놀라지 않는다.
새들은 견우를 에워싸고 즐겁게 춤춘다.
이들의 춤이 고조될 때
№ 4…새 한 마리 기급하여 날아 온다.
그는 새들에게 저희들끼리만 알아 들은 말루도 급한 보발을
알린다.
포수가 온다는 거다.
새들 놀라서 사방으로 흩어져 자취를 감춘다.
물연히 파장된 춤놀이를 아쉬워하면서 소와 견우는 영문을
몰라 어안이 벙벙했다.
№ 5…이 때 살 맞은 사슴이 다리를 절룩거리며 급하게 뛰여
나온다.
도망할 길을 찾으나 바위가 병풍처럼 막혔다.
사슴이 이리저리 허청거리다가 견우와 소를 발견한다.
사슴은 견우에게 포수가 쫓아 오니 살려 달라고 구원을 청
한다.
마음 착한 견우는 얼른 사슴을 나무'짐 속에 감추고 그 우에
걸터 앉는다.
№ 6…험상궂은 포수가 나온다.
포수는 사방을 무디번거리며 사슴의 행방을 찾느
견우에게 사슴을 못 보았느냐고 묻는다.
견우는 보지 못했노라 머리를 흔든다.
포수는 성가시게 지지꾼은이 캐여 묻는다.
소는 뿔로 포수를 위혁하면서 엉뚱한 데를 가리켜 준다.
포수는 소의 위혁에 놀리여 허심허실 나가 버린다.
소는 입을 벌리고 통쾌하게 웃어댄다.
№ 7…사슴 나무'짐 속에서 나온다.
숨었던 까치며 잔'새들이 외여 들어 사슴이 무사하였음을 축

야한다。
　　견우는 자기 옷고름을 들어 사슴의 상처를 동여 준다。
　　사슴은 감동하여 견우 앞에 몇 번이고 절하며 사의를 표한다。
　　견우 절하는 사슴을 일으켜 세우고 어서 집으로 돌아가서 편히 쉴 것을 권고한다。
　　№ 8…때마침 이들의 성품을 축복하듯이 일곱색의 찬란한 무지개가 멀리 진주담 우에 걸린다。
　　사슴은 무슨 좋은 생각이 머리에 떠 올랐음인지 무릎을 치며 견우에게 무지개를 가리킨다。
　　그는 무지개를 타고 진주담에 목욕하러 내리는 선녀들의 이야기를 한다。
　　멀리 내리 드리운 무지개는 점차로 령롱하게 광채를 돋우고 신비론 음악은 하늘에 울려 퍼진다。
　　견우는 사슴을 따라 언덕에 올라 서서 찬란하고 신비로운 무지개를 바라보며 매혹된 사람 같이 서 있다。

　이 리브렛토는 물론 극적 또는 문학적으로 부족점이 있기는 하나 작자 자신이 무용이란 전문 부문을 잘 아는 기초 우에서 서술하였다는 것을 우리들은 알 수 있다。
　이같이 작품 창조 과정의 첫 단계에서 창조된 무용 리브렛토는 무용 창작가의 손으로 넘어 가며 무용 창작가는 이 리브렛토를 가지고서 창작 구성 플랜을 작성하게 된다。

2. 창작 구성 요강(창작 구성 플랜)에 대하여

　작가로부터 리브렛토를 받아 가지고 무용 창작가가 창작 구성 요강을 작성하는 과정은 무용극 또는 기타 무용 작품 창조에서 제 2 단계를 이루게 된다。
　창작 구성 요강 작성이라 함은 작가로부터 받은 무용 리브렛토에 의거하여 장차 무용 작품의 음악을 창조할 작곡가를 위해 무용 창작가가 앞으로 창조될 무용 작품의 제반 세밀한 부문까지 구성해 주어야 함을 말한다。
　물론 아직 춤의 동작까지는 제시해 줄 수 없으나 때 춤에 대한 기본적인 성격, 행동의 발전, 음악의 성격 등은 작곡가에게 전달해 주어야 한다.

먼저 구체적으로 이를 설명하기 전에 반드시 말해야 할 것은 창작 구성 요강을 작성하기 전에 작품에 관한 자료들을 충분히 연구하여야 한다는 것이다.

장차 창조하려는 무용 작품에 대한 구체적인 탐구 사업이 없이 창작 구성 요강을 작성하기는 불가능하다.

무용 창작가가 한 개의 무용 작품을 창조하기 위해서는 작품이 가지는 시대성, 당시의 인물들의 생활 풍습 등을 주의깊고 세심하게 연구하여야 한다.

이를 위해서는 당시 사회를 가장 정당하게 반영한 문학 작품 또는 력사, 미술 작품, 건축 등을 우선 연구하여야 한다.

만약 이와 같은 과학적인 연구 사업이 없이 그냥 무용 창작가의 머리 속에 떠오른 구상에다 춤의 동작을 붙이는 식으로 창작해 가지고는 우수한 작품이 나올 리 만무한 것이다.

무용극은 물론 조그만 무용 소품을 창작하는 데 있어서도 무용 창작가는 주의깊고 세심히 자료들을 연구한 기초 우에서 자기의 창작을 시작하여야 하는 것이다.

그러면 과학적인 자료 연구는 어떻게 할 것인가에 대해서 말해 보기로 하자.

가령 례를 들어 한 무용 창작가가 무용극 "견우와 직녀"를 창조할 데 대한 과업을 맡고 작가로부터 리브렛토를 받게 되었다면 먼저 그는 리브렛토 작가로부터 이 무용극의 리브렛토를 창작하게 된 동기와 작가의 사상적 의도를 듣게 될 것이다.

또한 무용 창작가는 작가가 리브렛토를 창조하기 위해서 어떤 력사적 재료나 혹은 문학 작품에 기초하였는가를 듣게 될 것이다.

이것은 철저한 무용 창작가는 수십번 아니 때로는 수백번을 계속하여 리브렛토를 읽게 된다.

리브렛토를 읽고 난 그에게는 작가가 연구한 제반 재료를 재검토할 필요성이 제기된다.

이와 같은 사업을 계속하는 가운데 무용 창작가는 무용극에 등장하는 매 인물의 형상과 성격에 대한 것을 완전히 결정해 놓게 된다.

이미 무용 창작가에게 견우와 직녀에 대한 형상과 성격이 구명되였고 기타 등장 인물에 대한 것도 규정되였다고 하자.

그런데 무용 창작가가 팔선녀의 형상과 성격을 우아하고 서정적이며 아름다운 의상을 지닌, 바람에 휘휠 날아 다니는 신기한 인물로서 규정하고 싶었다면 그에게는 우선 공중으로 가볍게 날아 다니는 선녀의 모습을 구명해 볼 필요가 제기될 것이다.

그리하여 그는 평양 력사 박물관으로 향하게 된다.

그는 거기 있는 고구려 시대의 벽화에서 공중으로 날아 다니는 신기한 선녀들의 모습을 보게 되며 인차 그는 자기의 창작 수첩에다 기록하게 된다.

무용 창작가는 이미 상연된 "금강산 팔선녀", "콩쥐와 팔쥐" 등에서 선녀들의 모습을 보아 왔던 것이나 이는 그의 마음에 합당치 않았던 것이다.

특히 그에게는 공중으로 가볍게 나는 선녀들이 요구되였던 것이다.

이러한 그는 벽화들에서 자기가 생각하고 요구하던 공중 선녀의 면모를 얻게 된 것이다.

뒤이어 무용 창작가에게는 무용극의 사건이 벌어질 장소를 직접 목격할 필요성이 제기되여 그는 작곡가, 무대 예술가들과 함께 금강산으로 향하게 된다.

금강산을 실지 탐사하는 동안에 장차 창조될 무용극의 무대 장치에 대한 것은 물론 기타 많은 구상이 무용 창작가의 머리 속에 떠 오른다.

경우의 형상을 연구하기 위해서도 그는 목장으로 돌아 다니면서 목동을 직접 보는 것은 물론 목동들과 담화를 진행함으로써 자기의 우리 목동 생활에 대한 재료들을 얻게 된다.

이와 같은 방법을 통해서 무용 창작가는 매개 인물에 대한 세밀한 연구를 가지게 되는 것이다.

다만 이와 같은 세심한 연구를 거친 다음에야 비로소 창작 구성 요강을 작성게 되는 것이다.

작곡가에게 주기 위한 창작 구성 요강에는 무용극의 행동의 시간, 장소, 등장 인물의 성격 등을 기입해야 할 것은 물론 무용극의 매 춤을 따로 구분하여 곡목별로 기입하게 되는데 어떤 성격의 춤이 필요하기 때문에 어떤 음악이 요구되며 또 시간은 얼마만큼 소요되는가와 아울러 박자수 소절수까지도 기입하여야 한다.

그러므로 이미 베거한 과학적 연구 사업이 없이는 창작 구성 요강을 작성할 수는 없는 것이다.

무용 창작가는 작곡가를 위해서 창작 구성 요강을 아주 세밀하고 주도하게 작성해야 한다.

특히 오늘 우리 나라의 대반의 작곡가들은 무용에 대한 전문적인 지식이 부족한만큼 무용 창작가는 작곡가들이 창작 구성 요강을 보고서 선뜻 능히 무용 음악을 창조할 수 있게끔 되도록 노력하여야 한다.

창작 구성 요강을 작성함에 있어서 작가가 쓴 무용 리브렛트가 어느 정도 변경될 수도 있다.

무용 창작가는 자기의 전문적인 립장에서 춤으로 해결될 수 있는 제반 가능성을 타산하고서 창작 구성 요강을 작성케 되는 것인만큼 창작 구성 요강을 작성하는 과정에서 어떤 대목을 수정하는 편이 행동에 있어서 더욱 명백해질 것이라는 것을 리브렛트 작가와 타합하여 수정하는 경우들이 적지 않은 것이다.

그러나 어디까지나 작가의 기본 방향을 보존하는 한도 내에서

새 수정하여야 할 것이다.

이미 말한 바와 같이 창작 구성 요강을 작성해 가지고 이 에 기초해서 음악을 창조하게 되는 것이 원칙적인 창작 방법인 것이지만 그러나 창작 구성 요강이 없이 음악을 창조하는 경우 를도 있는 것이다.

이것은 특수한 때인바 두말할 것 없이 음악 드라마드두기 야를 창조하는 작곡가가 무용이란 전문 부문에 대해서 무용 창 작가 또는 무용 배우와 동등하게 전문적인 지식을 소유하고 있 을 경우에 가능한 것이다.

이런 메로서는 쏘련의 저명한 작곡가 아싸피에브와 그가 창조한 무용극 "바흐치싸라이의 분수"의 음악을 메로 들수 있 는바 아싸피에브는 무용 예술에 대한 전문적인 지식을 소유하 고 있기 때문에 무용 창작가의 창작 구성 요강이 없이 음악을 창조할 수 있은 것이다.

물론 이것은 특수한 메이고 원칙적으로는 반드시 창작 구 성 요강에 의해서 음악이 창조되게 된다.

* * *

그러면 이제 무용 리브렛토에서 메로 든 무용극 "견우와 직녀"의 제 1막 1장의 창작 구성 요강을 들어 분석해 보기로 한다.

제 1막 1장의 창작 구성 요강

No. 1

(a)…숲 요정의 춤.
신비롭고 우아한 춤이며 서정적으로 오른다.
마치 쥔히 밝아 오는 금강산의 새벽 자연을 축복하는 듯 하다.
등장 인원수……6명
시간…약 2분 내지 2분 2)초

음악…Moderato 3/4 박자
(б)…다람쥐의 춤
숲 요정이 이미 잠을 깨여 춤추는 것을 본 다람쥐들은 나무로부터 재빠르게 내려 온다.
이 때 숲 요정들이 곁에 휩쓸리여 도망치며 자기 자리에 가 자리를 갖추고 마니 느낌은 끝코 번하다.
다람쥐들은 서로 소곤소곤하면서 뛰여 놀고 있다.
동장 인원수……4 명
시간…약 1분 30초
음악…Allegro (Alla breve) 2/4 박자
(в) 꿩과 쑥국새의 춤
다람쥐들이 한창 뛰놀고 있을 때 꿩과 쑥국새들이 날아 들어 온다.
다람쥐들 시급히 나무 우로 뛰여 올라 가서 새들의 춤을 보고 있다.
새들은 활기 있는 춤을 추면서 전체 군무들을 부른다.
동장 인원수…꿩 2 명 쑥국새 3 명
시간…약 1분 30초
음악…쾌활한 것, 템포 약간 빠르다. 4/4 박자
(г) 꿩 쑥국새 토끼 다람쥐 숲 요정 사슴의 춤
꿩과 쑥국새의 무리에 토끼 두 마리가 바구니들 들고 뛰여 나오고 다람쥐 숲 요정들이 모여 들어 군중무를 추는데 사슴이 나타난다.
사슴은 반가이 맞아 들인다.
사슴을 중심으로 하여 군중무가 벌어진다.
해가 비치게 꿩과 아울러 그들은 일터를 찾아 서두르며 나 버린다.
아침 식사를 구하러 나가는 것이다.
동장 인원수…18 명
시간…약 4분
음악…다양하게 바꾸어지며 No 1의 코다 (맞미곡)가 여기새 진행될 것 4/4, 2/4, 3/4 박자 등
No 1의 총시간수…약 9분

No. 2
(a) 건우 소를 데리고 나온다.
맨 뜨미마
시간—45초
음악—건우의 테마가 나와야 하며 소의 테마도 나와야 한다.
음악의 성격은 건우—처량하면서도 활기 있다.

수 ~~~짐장고 왜학켜있다.~~~
　　(6) 전우 피리를 불고 소는 춤춘다.
　시간—1분
　음악—조선 장단 굿거리
　No 2의 총시간수—1분 45초

　　No, 3

　(a) No 2가 계속되며 고조된다.
　시간—40초
　(6) 꿩 쑥국새 다람쥐 토끼들의 춤
　일터로부터 몰아오던 짐승들은 피리 소리에 모여되여 춤을 춘다.
　시간—1분 30초
　음악—경쾌하다 3/4박자
　(θ) 전우가 총에 쉬인다.
　전우를 환영하여 새들과 짐승들은 춤을 추며 소는 옆에 서서 보고 있다.
　시간……1분 2)초
　음악……(6)가 푹 갈으나 약간 고조된다.
　No 3의 총시간수……3분 3)초

　　No, 4

　(a) 쑥국새 한 마리 뛰여 들어 온다.
　빤또미마
　군무는 중간되며 쑥국새의 친하는 말을 들은 모든 것들은 당황하여 뛰여 들어 가고 전우와 소만이 남아 있다.
　시간……35초
　음악……당황한 분위기 2/4 박자

　　No, 5

　(a) 사슴이 절룩거리며 등장.
　빤또미마
　사슴이 피할 곳을 찾다가 할 수 없이 전우와 소에게 구원을 빈다.
　전우 그를 나무 짚속에 감춘다.
　시간……1분
　음악……No 4의 계속이며 고조된다.

　　No, 6

　(a) 포수와 그의 하인 두 명 등장.

판토미마
포수 하인들과 같이 등장하여 사슴을 찾다 못해 견우에게 무뚝뚝 묻는다。
견우가 태연하게 못보았다고 하니 포수는 악이 오른다。
소 뿔로써 위협하니 그들은 쫓는다。
시간……1분 40초
음악……포수의 엄한 유니존 2/4 박자

No. 7

(a) 사슴이 나무'집 속에서 나온다。
판토미마
견우 상처를 동여 주니 사슴은 감동하여 사의를 표한다。
소는 옆에 서서 슨그머니 그를 바라보며 좋아한다。
견우 사슴보고 어서 돌아가서 쉬라고 한다。
시간……1분 20초
음악……Moderato 자장가적인 것 4/4 박자

No. 8

(a)사슴의 춤
열곱 색의 무지개 진주담 우에 걸리며 사슴은 견우에게 선녀 이야기를 하여 준다。
사슴이 견우를 갈고, 바위 우로 올라 간다。
견우는 신비로운 사전에 매혹되였다。
시간……1분 40초
음악……이미 여기서 선녀의 테마가 있어야 한다。아주 신비롭고 우아한 멜로디(Andante) 4/4 박자。

우에 베로 든 창작 구성 요강과 그의 리브렛트와 대비해 볼 때 적지 않은 부분에서 차이가 있음을 볼 수 있다.
그러나 이와 같은 수정은 항상 원작의 기본 방향을 살리며 그를 보충해 주는 방향에서 가해져야 한다.

3. 무용 음악에 대하여

작곡가가 무용 음악을 창조하는 과정은 무용극 또는 기타 무용 작품 창조 과정에서 제 3 단계인 것이다.
작곡가는 무용 음악을 창조하는 데 있어서 이미 전 조항에

앞에서 말한 바와 같이 무용 작품에 대한 구체적인 창작 구성 요강을 무용 창작가가 작성한 플랜에 의거해서 음악을 창조하게 된다.

여기서 다시금 강조해야 할 것은 작곡가가 무용 음악을 작곡하려면 무용 예술에 대한 전문적인 지식을 소유하고 있어야 한다는 것이다.

무용에 대한 전문적인 지식이 없이 무용 음악을 창조하기는 불가능하다.

그러므로 앞으로 무용 음악을 창조하려는 작곡가들은 무용 예술에 대한 전문적인 지식을 소유하도록 노력해야 할 것이다.

이러한 예도 있었다.

국립 예술 극장의 작곡가로서 활동하고 있는 젊은 작곡가 김 영규 동무가 무용극 《심청전》의 음악을 창조하도록 위임받았을 때 그는 처음에는 무용에 대한 전문적인 지식이 없어 무용 음악을 창조하기는 도저히 불가능하다고 거절하였었다.

그러나 무용극은 꼭 보장되여야 하겠고 무용 음악에 대한 전문적인 지식을 소유한 이렇다 할 작곡가가 달리 없었던 것만큼 말하자면 그에게 무리한 책임을 지우게 되였던 것이다.

그 때부터 그는 무용극 《심청전》의 음악을 창조하기 위해서 무용 배우 또는 무용 창작가들을 찾아 무용에 대한 전문적인 면에 대하여 밤을 새워 가며 연구를 하게 되였다. 한편 그는 챠이꼽쓰끼, 글라주노브, 그리고 쏘베트의 작곡가들인 쁘로꼬피예브, 아싸피예브 등의 무용 음악을 열성적으로 연구하게 되였다.

그런 결과 그는 비록 부분적인 결함들을 내포하고는 있지만 무용극의 음악으로서 가치 있는 작품을 창조하는 데 성공을 보게 된 것이다.

이와 같은 때는 오늘 우리의 작곡가들이 무용 예술에 대한 전문적인 지식이 없다 하여 무용 음악에 대하여 무관심할 것이 아니라 무용 예술을 적극적으로 연구하면 능히 훌륭한 작품을 창조할 수 있다는 것을 증명하는 단적인 예인 것이다.

작곡가가 무용 음악을 창조하는 데 있어서 무용 예술에 대한 심중한 연구가 부족함으로 하여 창조된 음악이 무용 창작상 주동적인 역할을 놀 대신 다만 춤의 리듬에만 치중하는 순전한 반주의 역할만을 하는 현상들을 우리는 흔히 볼 수 있는 것이다.

특히 써클등에서 창조되는 많은 무용 소품들을 볼 때에 그의 음악과 춤은 서로 아무런 관련도 없는 것이 많다.

이러한 현상은 무용 창작가가 춤을 창작하는 데 있어서 음악을 심각하게 분석하지 못하고 음악 드라마뚜르기야가 요구하는 것을 춤으로 진실하게 형상화하지 못하는 데도 기인될 것이지만 또 한편으로는 작곡가가 무용에 대한 연구도 없이 이미 음악 없이 창조된 춤에다가 그의 템포 리듬 등만을 고려하여 그냥 음악을 갖다 붙인 데 기인되는 경우도 있는 것이다.

무용 작품 창조에 있어서는 어디까지나 음악이 먼저 창조되여 가지고 그 음악 드라마뚜르기야가 요구하는 방향에서 춤이 창조되여야 하는 것이다.

그렇지 않고서는 절대로 우수한 무용 창작품이 나올 수 없는 것이다.

무용은 음악과 유기적 관계를 가지고 있다.

무용 음악은 첫째로 멜로디가 선명하고 아름다와야 한다.

그리고 자기의 독특한 성격의 리듬을 가지고 있어야 한다.

멜로디가 선명하고 무용이 가지는 독특한 성격의 리듬이 잦은 음악이라면 무용 창작가들이 춤을 창작하는 데 있어서도 수월할 것이나 멜로디가 불선명하고 리듬이 성격적이 되지 못할 때는 춤을 창작하기에 매우 힘들 뿐만 아니라 무용 배우들이 그 춤을 무대에서 형상화하기도 매우 힘든 것이다.

무용 음악으로서 특징적인 것으로 쓔이따 무용곡이 있다.

무용 쓔이따라 함은 몇 개의 춤이 종합된 것을 의미한다.

매개 춤은 대체로 각이한 성격과 그에 따르는 률동을 가지고 있는 것이다.

그러므로 슈이따 무용곡은 매 춤곡마다 각기 성격이 다르며 템포와 리듬이 각이한 것이다.

슈이따 무용에 있어서는 대체로 처음에 느린 템포로부터 점차적으로 템포가 앙앙피며 중간에 가서 도디사 A 템포 (첫 템포)로 돌아 왔다가 이어서 다시 빠른 템포로 변하면서 춤의 종말을 맺게 되는 것이 보통인 것이다.

이 춤의 템포가 음악에 의거함은 말할 것도 없다.

무용극의 음악은 춤과 빤또미마 그리고 일정한 슈제트(주제)에 의한 극적 행동을 일관하는 독자적인 음악 드라마뜨루기야를 가지고 있어야 한다.

음악 드라마뜨루기야라 함은 음악의 내용이 극적 행동과의 긴밀한 련계 밑에서 전개되는 것을 말한다.

그런만큼 무용극의 음악은 드라마뜨루기야가 풍부한 심포니야 음악이 되여야 한다는 것이다.

다시 말해서 무용국은 극적 행동의 발전이 없이는 존재할 수 없는 것인만큼 그의 음악도 극적 행동의 발전이 풍부한 심포니야 음악이 되여야 한다는 것이다.

력사적으로 볼 때 처음으로 극적 행동의 발전과 긴밀한 련계를 가진 무용 음악을 사용하여 창조한 무용극으로서 불란서의 무용 창작가 노베르(1727—1810)가 글류크의 작곡에 기초하여 창조한 무용극 〝돈 쥬안〟을 볼 수 있다.

그러나 19세기 전반을 통해서 써구라파 무용극의 음악들로는 천재적 작곡가 아돌프 아담(불란서인)의 무용극 〝쥐젤〟 그리고 델리브(불란서인)의 무용극〝꼬뻴리야〟와〝씰비야〟이외에는 극적 행동의 관통이 심포니야적 발전에 기초한 무용곡들은 이렇다 할 만한 것을 찾아 볼 수 없다.

무용 음악에 있어서 심포니야 음악의 복잡한 문제를 천재적으로 완전하게 해결한 것은 로씨야의 저명한 작곡가인 짜아

챠이꼽스끼이와 그의 무용극 《백조의 호수》(1876년) 《잠자는 미인》(1889년) 그리고 《호두 까는 인형》(1892년)을 그 례로 들 수 있다.

이와 같은 로씨야의 우수한 고전 발레트 음악의 전통은 쏘베트의 작곡가들에게 계승되였을 뿐만 아니라 그것은 쏘베트 작곡가들의 무용 음악 창조에 커다란 발전을 가져 오게 하였다.

쏘련의 무용 음악 창조에서의 성과로서는 현대적이며 혁명시인 체마를 가진 작곡가 글리예르의 무용극 《붉은 양귀비》, 영웅적 무용극인 아싸피예브의 무용극 《파리의 불'길》 《까흐까즈의 포로》 《바흐치바라이의 분수》 그리고 쁘로꼬피예브의 《로메오와 쥴리엣》 등을 비롯하여 수다한 것을 들 수 있는 것이다.

다음으로 언급할 것은 무용극의 음악은 다양한 오케스트라 편성을 가지고 있어야 한다는 것이다.

다양한 오케스트라 편성을 가지고 있는 음악은 무용극 창조에 있어서 무용 창작가에게 명확한 자신성을 부여할뿐더러 또한 무용 배우들이 자기의 재능을 원만하게 발휘하는 데도 많은 도움을 준다.

무용극의 음악에서 꼰트라스트(대비)의 수립 그리고 리듬과 템포의 교체 등은 필요 불가결한 것이다.

무용 창작가가 비록 한 개의 조그만 무용 작품일망정 이를 원만하게 창작하려면 우선 그 무용 작품을 위해서 창조된 음악을 많은 시간을 들여 분석한 기초 우에서 지어는 그 음악의 매 박자의 성격과 의의 등에 이르기까지 세심하게 분석한 기초 우에서 비로소 무용 창조의 첫 걸음을 옮겨야 하는 것이다.

훌륭한 무용곡들은 수준이 어린 무용 창작가에게조차 좋은 무용 작품을 창조할 수 있는 가능성을 주는 것이며 한편 질이 좋지 못한 무용곡으로서는 비록 재능이 있고 경험이 풍부한 무용 창작가라 할지라도 훌륭한 무용 작품을 창조할 수는 없는 것이다.

그런만큼 무용극 또는 기타 무용 작품들의 음악을 창조하는 과정에 있어서 작곡가와 무용 창작가는 자주 련계를 가지며 서로 토의를 거듭해야 할 것이다.

그리하여 작곡가는 음악에 대한 전문적인 지식을 소유하지 못한 무용 창작가에게 계속 완성되여 가는 음악의 본질, 그의 행동의 성격 등 기타 여러 가지 전문적인 면에 걸쳐 해설해 주어야 한다. 또한 무용 창작가는 자기가 의도하는 춤의 본질과 음악이 부합되지 않는 경우에는 작곡가에게 자기의 의견을 서슴치 않고 제기하여야 할 것이며 한편 작곡가는 비록 음악에서의 비전문가의 말일망정 일정한 극적 행동의 발전 법칙에 의해서 창조되는 무용 작품을 원만히 살리는 견지에서 무용 창작가의 의견을 반드시 참고로 삼아야 할 것이다.

현재 무용극이 부족한 현상에 있는 책임은 단지 리브렛트 작가나 무용 창작가 혹은 무용 배우들에게만 있는 것은 아니니 이에는 음악을 전문적으로 창조하는 작곡가들의 책임이 또한 적지 않다고 본다.

많은 작곡가들은 오페라나 기타 노래 등은 즐겨 쓰나 무용을 모른다는 구실 밑에 무용극이나 기타 무용 작품들을 위한 음악은 쓸 념도 않고 있다. 우리는 많은 작곡가들이 무용 부문에 많은 관심을 가져 앞으로 훌륭한 무용 음악들을 창조해 주기를 바라 마지 않는다.

훌륭한 무용 음악 창조를 위해서 우리 작곡가들은 선진적인 무용 음악 즉 토씨야나 쏘베트 작곡가들의 무용 음악과 함께 우수한 구라파 작곡가들의 무용 음악들을 많이 연구 섭취하여야 할 것이다.

우리들은 무용 음악 특히 무용극의 심포니야 음악에 대한 역사가 짧은만큼 선진 경험을 광범히 연구 도입하여야 할 것이다.

4. 무용 창작 방법

무용 창작 과정은 무용 작품 창조에서의 제 4 단계이다.
작곡가의 제 3 단계 작업이 완성되면 완성된 악곡이 무용 창작가의 손으로 넘어 온다. 무용 창작가는 그에 기초하여 작품의 내용을 전달하는 표현 수단인 가지가지 무용의 기본 동작들을 직접 창작에 적용시키게 되는 것이다.

무용을 창작하기 위해서는 우선 무용 창작가는 그의 음악을 세밀하게 분석하여야 한다.

만약 무용 창작가들이 음악을 세밀하게 분석하지 않고 그저 음악의 인상적인 정서에 맞추어 대강 창작해 놓아서는 그것은 결코 좋은 작품이 될 수 없는 것이다.

또한 무용 창작가는 음악에 대한 전문가가 아닌만큼 세밀한 분석이 없이는 작곡가가 요구하는 방향을 빗이 나가므로 어울 릴 때까지 반드시 음악을 세밀하게 분석한 기초에서 음을 창작하여야 한다.

음악 분석에 있어서 전문가들의 많은 도움을 받아야 할 것은 두말할 것 없다.

음악을 분석하는데 있어서는 다음과 같은 것들을 분석하면 충분할 것이다.

1. 음악의 성격
2. 음악의 기본 제마
   주의공로의 음악 제마
   서정적인 것 혹은 환희적인 것 또는 우울한 것 등을 구분한다。
3. 음계의 규정
4. 멜로디가 가지는 인토나찌야 (억양)의 특색
5. 음조의 규정
   강한 음조와 약한 음조와를 규정한다。
6. 멜로디의 리듬적인 특징과 그의 화성

7. 매 음악 장면와 박자수와 템포의 규정
8. 멜로디의 강약 규정
9. 음악 작품의 형석
10. 선률의 특성 규정

이데 있어 무용곡 전체를 소절 단위로써 분석하게 되는바 매 소절마다 메여서 분석할 것은 없지만 모찌고 별로 구분하여 분석하되 한 소절 한 박자라도 소홀히 해서는 안 된다.

이와 같이 음악을 세심하게 분석하게 되면 무용극 전체의 클라이막쓰 그리고 매 막 매 장의 클라이막쓰 등을 찾아 낼 수 있게 된다.

무용 창작가들의 무용 창작은 직접 련습장에서 무용 배우들을 앞에 두고 진행하는 것이 아니라 이미 혼자서 창작 완성한 것을 무용 배우들에게 전습하는 방법으로 진행하는 것이다. 그러나 혼자서 창작한 것이 무용 배우들의 출연에 있어서 된비하게 되었는가 어떤가를 련습장에서 확인해 가며 자기의 창작을 보충할 수 있는 것이다.

만약 이와 같은 방법을 취하지 않고 련습장에 나와서 무용 배우들을 앞에 두고 비로소 자기의 창작을 시작한다면 그로 인해 배우들이 막대한 시간을 랑비하게 될뿐더러 배우들에게 많은 피로를 주게 될 것이다.

뿐만 아니라 이와 같은 창작 수법은 많은 경우에 있어서 주관적으로 흐르게 되는 것이다.

무용 창작을 처음 시작할 때부터 무용 창작가는 피아노 반주자와 같이 사업을 개시하게 된다.

무용 창작가에게 있어서 피아노 반주자는 음악 분야에서의 중요한 방조자인 것이다.

피아노 반주자들은 우선 작곡가 또는 지휘자로부터 그 음악의 템포 관계라든가 반주상에 있어서의 그 음악의 성격 등에 대한 제미날을 받게 된다.

무용 창작에 있어서 피아노 반주자의 역할은 가장 중요한 것이니 그가 그 음악을 리해하는 정도 또는 반주 능력 여하에 따라 무용 창작가들의 창작 능력이 많이 좌우되는 것이다.

이런 피아노 반주자의 로력은 결코 가벼운 것이 아니니 그는 오.케스트라와의 련습으로 넘어 가기 전까지 매일과 같이 반주를 해 주어야 한다.

피아노 반주자는 무용 창작가의 창작 의도를 파악할뿐만 아니라 창작의 내용과 동작의 제반 문제를 파악한 기초 우에서 반주를 해야 한다.

그럼으로써만이 춤의 독특한 템포 리듬 성격 등을 알 수 있는 것이다.

그러므로 기능 있는 피아니스트라 하여도 무용이란 전문 부문에 대해서 잘 모르기 때문에 무용 반주를 하지 못하는 경우가 많은 것이다.

먼저 춤을 창작하기 전에 무용 창작가들은 그 음악을 완전히 파악하기 위해서 피아노 반주자를 통하여 수십번 듣는다.

그리하여 그 음악을 완전히 파악했을 때 그는 비로소 춤을 창작해 내기 시작한다.

수십차에 걸쳐 음악을 듣는 동안에 피아노 반주가 없어도 능히 그 음악의 멜로디를 부를 수 있게끔 되였을 때 무용 창작가는 부문별 창작으로 들어 가게 된다.

부문별 창작에 있어서는 한 개의 장면을 창작함에 음악을 몇 개로 구분해 가지고 그 구분된 음악을 단위로 하여 창작을 시작해 나간다.

례를 들어 우리들에게 널리 알려져 있는 작곡가 홍 수표의 해이올린 곡 "나의 피물기"를 가지고서 무용을 창작하려면 그 음 다음과 같이 구분할 수 있을 것이다.

전주 …… 4 소절
No. 1 …… 4 소절
No. 2 …… 8 소절
No. 3 …… 8 소절

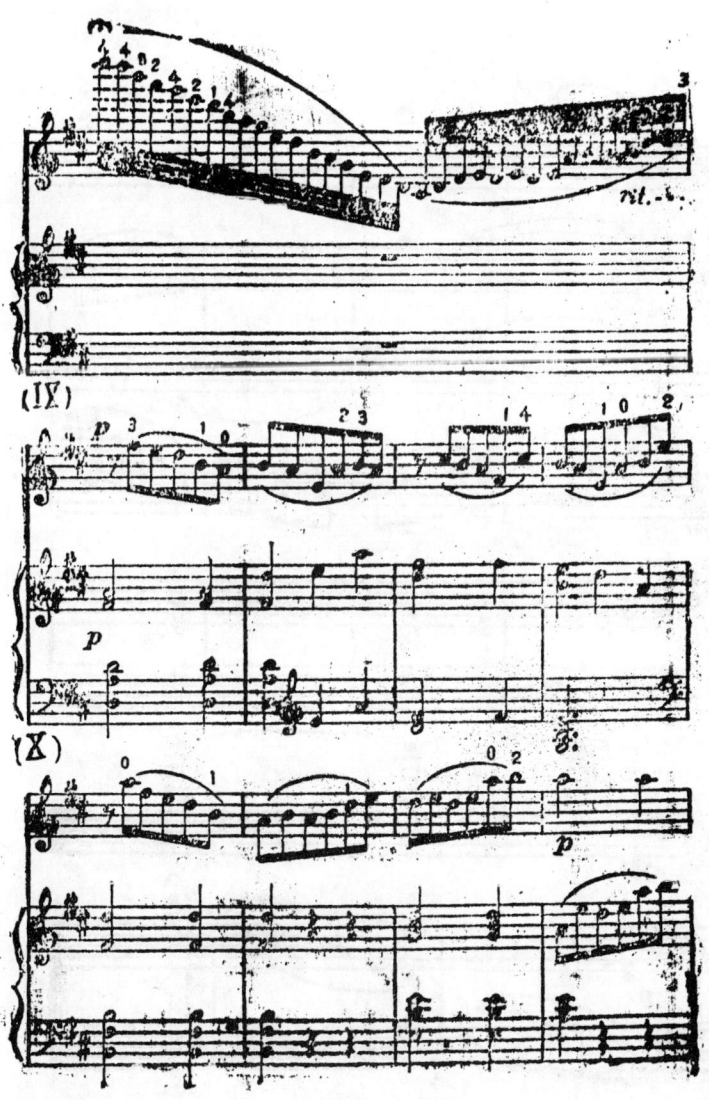

```
No. 4 ……  8 소절
련결 부문 (간주) …… 6 소절
No. 5 ……  8 소절
          5 소절
          7 소절
       계 …… 20 소절
련결 부문 …… 2 소절
No. 6 ……  4 소절
No. 7 ……  4 소절
No. 8 ……  8 소절
No. 9 ……  7 소절
No. 10 …… 12 소절
   총소절 수 …… 91 소절
```

만약 이와 같이 구분하지 않고 전체 91 소절을 그냥 처음부터 끝까지 계속하여 창작한다면 이는 무척 곤난할 것이다.

오늘 경험 있는 무용 창작가들은 모두 이와 같이 음악을 몇 개로 구분하여 가지고 창작하고 있는 것이니 이는 참으로 합리적인 방법인 것이다.

이와 같이 몇 개 단위로 구분하여 창작하되 전체에 있어서 일정한 행동적인 론리성이 있어야 할 것은 물론이다.

무용을 창작하기 위해서는 많은 시간이 소요되는 것이니 무대에서 30 초 동안이면 진행될 춤을 위하여서 무용 창작가는 보통 적어도 20 시간 이상을 창작 시간으로 바쳐야 하는 것이다.

이로 미루어 한 개의 장막 무용극을 창작하기 위해서는 빨라야 1 년, 때로는 3, 4 년 혹은 이보다 더 많은 시간이 요구된다는 것을 알 수 있는 것이다.

무용 창작가들이 춤을 창작하는 데 있어서 먼저 춤의 동작부터 생각하여서는 안 된다.

다시 말해서 음악을 들어 가지고 그 음악의 템포가 빠르고 박자수가 3/4이니만큼 회전 동작을 넣어야겠다는 식으로 하나 하는 이는 창작에서의 형식적인 방법인 것이다.

우선 음악을 세밀하게 분석한 토대 우에서 내용에 적합한 동작을 주도록 창작해야 한다.

배 곤이

한 청년이 3 년이란 긴 시일을 조국 해방 전쟁에 참가하여 싸우다가 전쟁에서 승리하고 고향으로 돌아오게 된다.

고향으로 돌아 오니 눈 앞의 모든 것이 몰라 보게 변했다. 고향 마을은 적들의 폭격으로 인하여 무참히 파괴되였다. 청년에게는 새삼스러이 적에 대한 증오가 북받쳐 오른다. 이와 같은 것을 내용으로 담은 춤이라 하자.

주인공이 배낭을 매고 빠른 걸음으로 마을을 찾아 나 온다.

이 때 그는 보통 걸음걸이로 나오게 될 것으로 구태여 춤을 추면서 나올 필요는 없을 것이다.

이와 같은 것을 판토미마라 한다.

마을에 도달하여 보니 집은 한 채도 남지 않았다.

적에 대한 증오로 불타는 그는 남쪽 하늘로 다시 한 번 분개의 눈초리를 뿌리게 된다.

무용 창작가는 귀환병의 립장을 자기가 직접 체험하면서 행동을 가지게 된 것이다. 처음 창작 계단에서는 말로 하든가 (죽 눈물아 비희군은 우리 고향을 파괴하였으나 우리들은 죽지 않 았으며 정의는 승리하고야 말았다 등) 혹은 속으로 이같은 대사를 외우면서 그에 알맞는 춤이 아닌 행동들을 해 본다.

마치 연극에서의 에쮸드와 같은 형식이다.

이와 같은 행동을 하는 가운데 춤의 동작이 자연적으로 생겨나야야 하며 이렇게 이루어진 춤의 동작을 내용에 적합하게 미'적으로 구성해 놓아야 하는 것이다.

1와 같은 진실한 창작 방법에 의해서만 진실한 무용이 창조될 수 있을 것이다.

춤을 창작하는 데 있어서 반드시 순서대로 처음부터 진행해 나가야 하는 것은 아니니 가령 3 막으로 되여 있는 무용극이라면 꼭 1 막부터 창작을 시작하여야 하는 것은 아니다.

이미 전체 무용극의 내용의 흐름을 명확히 파악하고 있으며 또 음악도 분석해 놓은 이상 3 막부터 시작하였다 하여 그 무용극의 톤비성이 흐뜨러질 리는 없는 것이다.

혹은 가장 중요한 부분들을 먼저 창작하는 사람도 있고 혹은 부차적인 것을 먼저 창작하는 사람도 있으나 이는 어디까지나 무용 창작가의 자유인 것이다.

무용 창작을 위해서는 창작가의 환따지야가 또한 거대한 역할을 놀게 된다.

여기서 류의해야 할 것은 환따지야란 무용 창작가가 천생으로 타고 난 것도 아니며 또 하늘에서 떨어진 것도 아니라는 것이다.

그런데 어떤 무용 창작가에게 리브렛트를 제공하고 그에게 무용 창작을 부탁했을 때 몇 번 리브렛트를 읽어 보고는 창조적인 환따지야가 도무지 머리에 떠 오르지 않기 때문에 도저히 창작할 수 없다고 말하는 사실들을 왕왕 볼 수 있다.

이와 같이 리브렛트를 몇 번 랑독해서 환따지야가 대뜸 떠오를 수 있겠는가?

비록 환따지야가 떠 올랐다 하여도 그것은 믿음직한 것이 못 될 것이다.

창작가의 창조적인 환따지야란 많은 자료들을 연구하고 음악을 정확하게 분석한 토대 우에만 축적되는 것이다.

그러므로 사전 연구 사업이 충분하면 충분할수록 창작가의 환따지야는 풍부해지는 것이다.

또한 춤을 창작하기 위해서는 무용 창작가는 무용 기본 동작들을 많이 소유하고 있어야 한다.

이미 자료 연구도 끝냈고 음악도 충분히 분석해 놓은 무용 창작가에게 훌륭한 창조적 환따지야가 떠올랐다고 할지라도 만약 그가 춤의 동작들을 많이 소유하고 있지 못하다면 훌륭한 춤을 창작할 수는 없는 것이다.

춤을 창작하기 위해서는 우선 등장 인물에 대한 형상의 분석이 정확하여야 한다.

가령 심청이란 형상이라면 우리들은 어디까지나 서정적인 조선 녀성, 발'걸음이 가볍고 또 겸손한 인물을 련상하게 된다.

그런데 음악이 뛰기에 적당한 것으로 되였다고 하여 심청이란 인물에 대한 과학적인 분석도 없이 막 공중으로 높이 뛰게끔 춤의 동작을 적용한다고 하면 어떻게 될 것인가.

만약 이것이 심청이가 아닌 어떤 도시의 체육가 녀성의 형상이라면 공중으로 높이 뛰는 동작을 접어 넣을 수도 있는 일이지만.

이렇게 뛰고 도는 동작 뿐만 아니라 모든 춤의 동작은 그 내용이 요구하는 데 따라 필요에 의해서 사용되는 것이다.

물론 훌륭하게 창조된 음악은 적합한 춤의 동작을 자아내게끔 하여 주는 것이니 그런만큼 무용 창작에 있어서 음악은 중요한 것이며 음악에 따라서 춤이 좌우되는 것이다.

음악에서 멜로디가 작곡가가 의도하는 음악의 기본 사상을 전달하며 있듯이 춤에서도 역시 그 멜로디가 되여야 하는 것이다.

음악에서 그 멜로디가 사람의 귀를 통해서 들리는 것처럼 춤의 멜로디는 사람의 눈에 뵈여야 한다.

그러므로 춤을 눈에 보이는 음악이라고 한다.

무용 창작가들에게 있어서 가장 힘든 것의 하나는 행동 무용을 창작하는 문제이다.

행동 무용이라 하는 것은 문'자 그대로 행동적인 무용을 말하는 것이다.

행동 무용은 무용극에서 주인공들의 기본적인 행동을 함께 미루어 봄으로 묘사하는 것을 말한다.

예를 들어 본다면 이런 것이다.

무용극 《심청전》에서 심청 아가씨가 공양미 3백 석에 자기 몸을 팔게 된다.

자기 몸을 팔은 심청이는 앞 못 보는 아버지를 두고저 떠날 일이 기막혀서 배'사공에게 끌리여 가기 전에 제 1 막에서 고민의 춤을 추게 된다.

이것이 곧 심청 아가씨의 행동 무용인 것이다.

그것을 왜 행동 무용이라고 하는가 하면 무용극 《심청전》의 행동이 즉 기본적인 행동의 줄거리가 공양미 3백 석에 몸을 팔은 심청 아가씨의 고민으로부터 시작되는만큼 이를 묘사한 춤은 곧 행동 무용의 하나로 되는 것이다.

행동 무용을 창작하기 위해서는 극적 약속 그리고 구성 법칙을 엄격하게 준수하여야 한다.

물론 행동 무용이 아닌 춤들을 창작하는 데 있어서도 극적 약속 그리고 구성 법칙을 준수하여야 하는 것이나 특히 행동 무용을 창작하는 데 있어서는 특히 이를 강조하게 되는 것이니 반드시 등장 (주역) 인물의 사상 성격 감정 등이 춤의 률동을 통해서 표현되여야 하는 것이다.

물론 이 역시 음악에 많이 좌우되는 것이니 행동 무용의 요소가 풍부하게 표현되여 있지 못한 음악으로써는 원만한 행동 무용이 창조될 수 없는 것이다.

다음으로 무용 창작상에서 제기되는 기술적 문제에 대해서 말하려고 한다.

모든 춤 (즉 행동 무용과 기타 군중 무용, 쌍무, 독무 혹은 빤또미마 장면)을 창작하기 위해서는 일반적인 극적 기본 법칙을 아는 문제가 중요하다.

일반적인 극적 기본 법칙은 다음과 같이 구분된다.

1. 사건에로의 도입
2. 사건의 개시
3. 사건의 발전 단계들, 즉 끌라이막쓰를 향하는 발전

단계이다.

4. 사건의 정점 (크라이막쓰).
5. 사건의 중간

대체로 이런 순서를 밟아 창작된 무용 작품들이 대다수이기는 하나 그러나 무용 창작에서도 문학 작품이나 기타 예술 작품의 창조에서와 마찬가지로 반드시 이상의 극적 기본 법칙을 따라 꼭 1, 2, 3 번의 순서대로 창조되여야만 한다는 것은 결코 아니다.

우리들은 어떤 문학 작품들이 때로는 클라이막쓰부터 시작되는 것을 볼 수 있는 것이다.

즉 미리 그 작품 서두에서 기본적인 사건의 정점을 제시해 놓고 다음에 그것을 설명해 나가는 경우를 말하는 것이다.

그러나 대체로 일반적인 극적 기본 법칙의 순서에 의해서 창작되는 경우가 실제로 허다하기에 이를 좀 더 구체적으로 설명하기로 한다.

다섯 가지의 이 법칙을 적용하여 작품을 창작함에 있어서 이 다섯 가지 전체가 균형을 이루어야 한다.

사건에로의 도입은 지나치게 걸어지고 사건의 개시는 지나치게 짧아진다면 이는 결코 잘 째여진 춤이 될 수 없을 것이다.

창작된 춤이 관중들에게 몹시 걸어 보인다든가 지리하다든가 하는 것은 일반적인 극적 기본 법칙이 균형적으로 잘 째여져 있지 못하기 때문인 것이다.

더욱 쉽게 예를 끌어 말한다면 4 분간에 걸쳐서 진행되는 무용 소품에 있어서 이것이 혼자서 추는 솔로인 경우에 사건에로의 도입 즉 먼저 나와서 춤을 추지 않고 그냥 이리저리 거니는 시간이 1분을 초과한다면 이것은 관중들에게 아무런 흥미도 주지 못할뿐더러 지리하기 짝이 없을 것이다.

혹은 또 사건의 발전 단계에서 즉 춤이 클라이막쓰로 향해 제고를 타 가거나 새 고조에까지 못하고 아래로 뚝 떨어진다면 결국

이 춤에는 중요한 쁠라이학쓰가 없게 될 것이며.

다시 말해서 일반적인 극적 기본 법칙 다섯 가지 중 어느 하나도 빼 놓고는 창작할 수 없을 것이며 또한 어느 하나만을 길게 하고 만 것을 극히 짧게 한다 해도 이 역시 충분한 작품이 되지 못할 것이다.

일반적 극적 기본 법칙을 무용 창작가는 자기의 구성란에다가 담게 된다.

구성란에는

1. 구도 (Рисунок)
2. 무용 텍스트 (춤의 동작)—Текст орнамент—

이 두 가지를 같이 담게 된다.

구도는 무용 배우가 춤을 추면서 다니는 무대상의 선을 말한다.

구도의 예

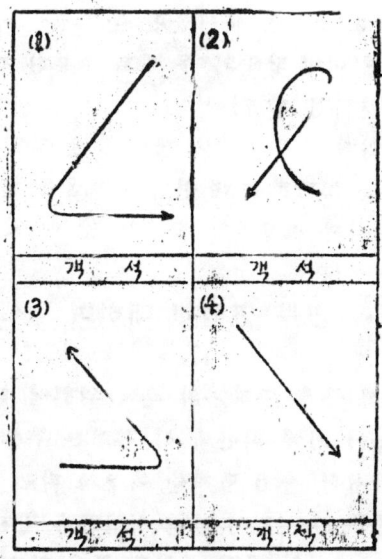

이상과 같은 선을 통해서 무용 배우들은 자기의 춤을 추게 된다.

160

　　무용 땍스토는 구도를 통해서 진행되는 춤의 동작을 말한다.
　　춤의 동작 역시 가능한 한 구도 옆에다가 기입해 두어야 한다.
　　물론 음악에서의 땍스토와 같이 완전한 것을 기입할 수는 없지만 시일이 경과해도 잊어 버리지 않도록 반드시 기입해 두어야 된다.
　　무용 땍스토는 직접 구도 옆에다 기입할 수도 있고 또는 악보 우에다가 기입할 수도 있다.
　　많은 무용 창작가들이 악보 우에다가 기입하고 있으나 두 가지 방법 중 어느 하나만을 좋다고 할 수는 없는 것으로 이는 무용 창작가의 의사에 따르는 것이다.
　　구도를 몇 개로 구분하는가 하는 문제는 (상의 폐는 (4) 개로 구분했음) 음악을 몇 소절 단위로서 구분했는가에 의거하여 구도도 구분되여야 한다.
　　가령 홍 수표 동무의 따이운딘 곡 "나의 비둘기"를 No. 10으로 구분했다면 이에 전주와 두 개로 구분한 간주를 합쳐 구도는 13개로 구분하면 될 것이다.
　　이상 간략하게 무용 창작에 대한 것을 말하였다. 물론 이것만으로는 무용을 창작하는 데 완전한 도움을 줄 수는 없는 것이나 개념적인 상식과 초보적인 방조는 줄 수 있으리라 믿는다.

5. 안무 연출에 대하여

　　무용 창작이 무용 창작가의 손에 의하여 완성되면 뒤이어 안무 연출로 넘어 가게 되는바 이 단계는 무용극 또는 무용 작품 창조 과정에서의 제 5 단계를 이루게 되는 것이다.
　　이 때는 비록 한 사람이 겸해 사업한다 할지라도 이미 무용 창작가는 창작가로서의 자기 사업을 끝낸 것으로 되며 안무 연출가의 사업이 시작되는 것이다.
　　직접 안무 연출 사업에 본격으로 이행하기 전에 무용의

작가의 탁상 작업이 진행된다.

무용 창작가는 자기의 무용 작품에 대한 사상 예술적 문제, 그리고 매개 등장 인물의 성격 형상과 행동의 발전 과정에 대한 문제 등을 가지고 곧 출연자 즉 무용 배우들과의 탁상 작업을 실시하게 되는 것이다.

탁상 작업으로 들어간 무용 창작가는 우선 전체 출연자들 앞에서 당해 무용극에 대한 세밀한 내용을 흥미있게 소개함과 아울러 이 무용극이 탄생되게 된 역사적 사회적 환경에 대해서 강의하게 된다.

뒤이어 그는 무용극의 주제와 그의 사상성, 극의 최종 과업, 관통 행동 등에 대한 것을 구체적으로 해석해 주어야 한다.

이 경우에 이 작업을 원만하게 준비하여 흥미있게 진행시키는 데 무용 창작가는 관심을 돌려야 한다.

출연자들이 작품에 대한 흥미를 많이 가지는가 적게 가지는가 하는 문제는 무용 창작가의 사업 방법에 많이 좌우되는 것이다.

그러므로 무용 창작가는 안무 연출의 첫 출발점인 탁상 작업을 체계있고 질적으로 고상하게 진행하여야 한다.

탁상 작업은 오페라나 연극 등에서도 역시 진행하는 것이다.

다음으로 무용 창작가는 주인공이 될 주역 배우들을 상대로 담당 배역의 형상에 대하여 상세하게 설명하여 준다.

형상 인물에 대한 성격을 구체적으로 설명해 주고 나서 그 인물의 피준 과업, 관통 행동과 아울러 행동의 발전 과정을 명시해 주어야 한다.

이와 같이 탁상 작업을 진행하는 과정에 있어 배우들로부터는 적지 않은 질의가 붙어 올 것이니 무용 창작가는 이들 일일이 해명해 주어야 한다.

무용 창작가는 또한 출연 배우들에게 자기 배역에 대해서 참고할 수 있는 제반 자료들을 제시해 주어야 한다.

즉 어떤 서적들을 읽을 것이며 어느 박물관 혹은 미술관을 찾아가 무엇을 참고할 것인가 상세하게 지시해 주어야 한다.

무용 배우들이 자기의 배역을 성과적으로 형상화하기 위해서는 무용 창작가가 지시해 준 제반 자료들을 세심히 연구해야 한다.

이와 같이 무용 창작가는 매개 중요 배역을 맡은 배우들을 상대로 탁상 작업을 끝내고 나면 뒤이어 군중역으로 출연할 무용 배우들을 그루빠별로 상대하여 동일한 방법으로 탁상 작업을 진행한다.

탁상 작업이 끝나고 배우들의 자기 과업에 대한 인식이 명확해졌을 때 안무 연출 즉 무대 련습으로 넘어 가게 된다.

과거에는 많은 무용 창작가들이 탁상 작업을 진행하지 않았을 뿐만 아니라 출연 배우들에게 그 역에 대한 하등의 설명도 없이 인차 무대 련습을 진행했기 때문에 출연자는 자기가 형상하려는 성격이나, 최종 과업, 관통 행동, 그리고 행동의 발전 과정 등을 전혀 파악하지 못했고 그로하여 무용 배우들은 무용 창작가가 전해 주는 기술을 맹목적으로 접수하는 것이 례사였다.

그러므로 출연자 무용 배우들은 자기의 역을 도저히 원만하게 형상화할 수는 없었던 것이다.

현재 우리 공화국의 무용 창작가들은 모두 한결같이 탁상 작업을 진행하고 있을 뿐더러 온갖 불합리한 창조 방법과는 과감한 투쟁을 전개하고 있다.

안무 연출 과정에 있어서는 이미 언급한 바와 같이 무용 작품 련습 지도원이 여기에 참가하게 되는 것이며 그는 안무 연출가가 작업하는 과정을 세심히 살펴 앞으로 독자적으로 출연자들을 재련습시킬 만반의 준비를 갖추게 된다.

처음 안무 연출은 무대에서 진행하는 것이 아니라 대개 무용 련습장에서 하게 된다.

이에 있어 안무 연출가가 그날 그날의 련습을 진행하기 위한 만반의 준비와 플랜을 갖추어 가지고 연습장에 나와야 함은 말할 필요도 없다.

우선 작업 절차에 대한 제반 준비가 갖추어져 있어야 한다.

만약 출연자들과 더불어 진행할 안무 연출 순서가 확정되여 있지 않다면 일정하게 제한되여 있는 연습 시간으로써 소기의 성과를 거둘 수 없음은 물론 출연자 무용 배우들에게 적지 않은 피곤을 주게 되는 것이다.

모쎄야의 저명한 무용 배우이며 무용 창작가인 쩨호미로브 (무용극 《붉은 양귀비》—1927—의 창조자)는 배우들에게 피곤을 주는 것은 안무 연출가의 사업 과정에서 가장 경계해야 할 일이니 이는 자기 사업에 대한 연구가 부족한 데로부터 온다는 것을 지적한 일이 있다.

이와 같은 경험 교훈을 오늘 우리 공화국의 안무 연출가들은 깊이 명심해야 할 것이다.

배우들에게 피곤을 주지 않기 위해서는 안무 연출가의 과학적인 치밀한 준비와 연구가 요구되는 것이다.

안무 연출가가 완전히 혹은 기본적으로나마 창작된 무용에 기초하여 안무 연출에 착수하지 않고 직접 연습장에 나와서야 비로소 춤을 만들다 싶이 하는 폐들을 왕왕 볼 수 있는바 이는 배우들을 눈앞에 두고 한참씩 머리를 더듬어서야 한 동작을 뵈여주군 하는 현상을 초래할 것이니 무용 배우들은 막대한 피곤을 느낄 뿐만 아니라 그 작품에 대한 흥미를 상실하게 될 것이며 한시 바삐 그날의 연습이 끝나기만 기다리게 될 것이다.

더우기 이와 같은 사업 방법으로써는 원만한 작품을 기대할 수는 도저히 없는 것이다.

그러므로 반드시 안무 연출가들은 완성된 무용 창작을 가지고서 연습장에 나가야 할 것이다.

무용 연습장에 있어서는 안무 연출가가 연습의 중추로 되여야 한다.

즉 무용 배우들의 일거 일동이 안무 연출가에 의해서 요회 이제끔 되여야 한다.

이렇게 함으로써만 기본적인 동작들을 무용 배우들에게 정확하게 전달할 수 있을 것이다.

세부적인 디테일들은 자기가 이미 창작했던 것보다 약간 변경될 수도 있는 것이니 이런 경우에는 민활하게 수정해서 무용 배우들에게 침투시켜 주어야 한다.

안무 연출가는 무용 테스트 즉 춤의 동작들을 배우들에게 전달하는 데 있어서 먼저 자기 몸을 직접 움직여 침해 주게 되는바 만약 무용 배우들이 그것을 원만히 수행하지 못할 때는 수십 번이라도 반복해 주어야 한다.

안무 연출에 있어서도 이미 무용 창작 과정에서 구분하였던 소절 수에 의거하여 작업을 진행하게 된다.

무용 배우들의 어떤 기술적인 동작들이 원만히 되지 못할 때에도 안무 연출가는 이를 기민하게 해결해 주어야 한다.

그러나 비상한 재능을 소유하고 있지 않는 한 안무 연출가가 모든 인물들의 춤을 다 완전하게 출 수는 없는 것이니 비록 몸체시 동작으로 보여 주지 못한다 할지라도 제반 기술적인 면을 누구보다 정확하게 설명해 주어야 한다.

매개 형상들은 각이한 특징들을 가지고 있는만큼 비록 기술적으로 같은 동작일지라도 형상에 따라서 그 기술 동작의 성격들은 달라지는 것이다.

기술 동작들을 배우들에게 전달할 때에는 매개 동작의 특징적인 성격을 구두로써 이야기하여 주어야 하며 그것이 무엇을 의미하는가 또는 어떻게 수행하여야 되는가를 자세히 설명해 주어야 한다.

만약 정확한 설명이 없이 그냥 기술 동작만을 배우들에게 전달하는 경우에는 그 형상이 요구하는 방향과 동떨어진 것이 될 수도 있는 것이다.

그것은 매개 기술 동작이 반드시 한가지 고정된 것만을

의미하는 것은 아니기 때문이다.

기술적인 동작이나 제스츄어는 아직 일정한 성격을 가지고 있지 않다.

하나의 형상화를 완전히 하기 위해서는 그 동작 그 제스츄어에다가 일정한 성격을 부여해 주어야만 하는 것이다.

그러므로 안무 연출가가 배우들에게 춤을 전달해 주는 데 있어서 그 형상의 성격을 정확하게 전달해 주어야 하는 것이다.

안무 연출가는 안무 연출 과정에서 배우들의 력량 관계를 고려하여 자기가 먼저 단계에서 창작한 무용들을 변경시키는 경우도 있다.

그러나 안무 연출 중도에 춤에 변경을 가져온다는 것은 그리 좋은 현상은 아닌 것이니 안무 연출가는 어디까지나 자기 극장의 무용 배우 매 개인의 실무 능력을 미리 꿰뚫고 있어야 한다.

물론 그럴 수 없는 경우도 있다.

어떤 한 극장을 위해서 창작했던 작품을 딴 극장으로 가져다 안무 연습하여야 하는 경우도 적지 않은 것이니 이번 때에는 안무 연출가는 생소한 무용 배우들의 실무 수준을 가볍다 치 못할 수 있는 것이다.

그러나 무용 배우들의 력량에만 치중하여 무턱대고 변경시킬 수는 없는 것이니 될 수 있는 한 소화시키는 방향에서 자기 사업을 진행해야 함은 물론이다.

무용 창작가들에게는 자기의 창작품을 통해서 무용 배우들을 발전시켜야 할 의무가 있다.

그런만큼 항상 자기 극장의 무용 배우들의 기술적 형상 수준을 고려하여 창작하되 한편 무용 배우들의 실무 수준보다 약간 높은 춤도 창작하여야 한다.

그리하여 안무 연출 과정에서 무용 배우들이 이를 숙달하도록 함으로써 그들의 앞으로의 발전을 기하여야 할 것이다。

이것은 무용 창작가에게 있어서 가장 중요한 의무의 하나로 된다。

다만 무용 배우들이 현재 가지고 있는 수준에 기초해서만 무용을 창작한다면 무용 배우들의 앞으로의 발전을 기대할 수는 없을 것이다。

그런데 부분적인 무용 창작가들은 자기 극장의 몇몇 중견 무용 배우들만을 념두에 두고 창작 사업을 진행하는 안일한 사업 방법을 취하고 있다。

물론 이는 오랜 시일을 두고 익숙해 온 중견 무용 배우들의 기술적 령상 수준에 기초해서 사업하는만큼 비교적 수월히 안무 연출을 진행할 수 있을 것이나 그러나 이는 우리들의 자라나는 젊은 무용 배우들의 발전을 위한 심각한 연구와 고려가 부족한 결과라고 볼 수 있을 것이다。

한마디로 말해서 무용 창작이나 안무 연출을 통해서 많은 우수한 신인 무용 배우들을 육성 발전시켜야겠다는 것이다。

안무 연출의 진행 순서에 대해서 말한다면 이는 무용 창작 과정에서와 같이 자유롭게 진행할 수 있다。

자기가 가장 힘들다고 생각하는 장면부터 먼저 착수할 수도 있고 또 먼저 쉬운 장면부터 끝내고 다음에 힘든 장면에다 중력량은 기울일 수도 있으며 처음부터 차례대로 진행하는 방법도 있다。

안무 연출가는 안무 연출 진행 과정에서 장시간에 걸쳐 련속적으로 련습에 동원되는 배우들이 될수록 피곤을 느끼지 않도록 항상 류의하며 그 대책을 강구해야 할 것이다。

련습에 있어서는 가벼운 동작을 수행해 가며 춤의 순서를 외우는 등 주로 머리를 많이 쓰게 하는 방법과 한편 진력을 기울여 동작을 수행하게 하는 두 가지 방법이 있다。

매일의 련습에 있어서 이 두 가지 방법은 동시에 다 필요한 것이다.

처음에는 가벼운 련습을 진행하다가 완전히 순서를 외우고 그 춤이 요구하는 제반 세밀한 디테일까지 소화하게 되였을 때 마지막으로 두 번 내지 세 번쯤 전편을 경주하는 련습을 진행하게 하면 리상적인 것이다.

그렇지 않고 시종일관 무용 배우들의 육체적 력량도 고려함이 없이 총체력을 경주하게 하는 방향에서 련습을 요구한다면 이것은 배우들에게 막대한 피곤을 줄 뿐만 아니라 성과도 크지 못할 것이다.

이와 같은 방법은 비단 무용 배우들에게 뿐만 아니라 안무 연출가에게도 적지 않은 피곤을 가져 오게 하는 것이다.

안무 연출가는 안무 연출 과정에서 매개 춤에 대한 정확한 내용을 규정하며 템포, 리듬, 출연 태도 등을 명확히 무용 배우들에게 지시해 주고 무용 배우들로하여금 춤의 내용을 진지하게 전달하게끔 강력한 요구성을 가져야 한다.

이상 간단하게 안무 연출에 대한 개념적인 것을 말하였다.

이것으로써 무용 작품 창조 과정은 끝나게 되는 것이며 안무 연출이 끝나자 곧 대의 시연회를 거쳐 일반 공연으로 넘어가게 되는 것이다.

* * *

이제 무대 미술에 관한 몇 가지 문제를 말하려 한다。

무대 미술 (장치 의상 소도구 조명)
에 대하여

작품 창조 과정을 단계별로 진행하면서 무대 미술에 대한 작업도 동시에 진행하게 된다。

무용 창작가는 작가로부터 리브레트를 받아 가지고 작곡가 매개 창작 구성 요강을 작성해 주는 과정에서 또 앞으로 창조될 무용에 대한 제반 과학적인 연구 사업을 진행하는 과정에서 무대 미술에 대한 연구도 진행하게 된다.

한편 무대 미술가 역시 리브레또에 기초하여 자기대로 연구 사업을 진행하게 된다.

무용 창작자가 무용 창작 과정에 들어갈 때 자기가 가지고 있는 무대 미술(장치 의상 소도구 조명 등)에 대한 복안을 무대 미술가에게 전달하게 된다.

무대 미술가는 무용 창작가가 제시해 준 데 기초해서 장치 의상 소도구 등에 대한 데싸인(ЭСКИЗ)을 해가지고 무용 창작가에게 뵈어 준다.

무대 미술가와 무용 창작가와의 의견이 하시되었을 때 끝 세작 사업으로 넘어 가게 된다.

무대 미술가의 창조 사업 중에서 무용극의 무대 미술을 창조하는 것만큼 거창하고 흥미있는 것은 없을 것이다.

그것은 무용극에서의 장치나 의상 소도구들이 가극이나 연극에 비해서 무척 효과스러우며 다양하기 때문이다.

그러므로 특히 무용극 창조 사업에서의 무대 미술가의 역할은 막대한 것이다.

먼저도 말한 바와 같이 무대 미술가는 무용 창작가로부터 일정한 지시를 받기 전에는 자기 사업에 착수하지 않는다.

무용 창작가는 자기의 연출적인 지시에서 장차 무용극의 사건이 벌어질 장소, 시간(시대), 행동의 성격 등을 밝혀 주게 되며 무대 미술가는 이 지시에 따라 자기의 무대 장치 의상 소도구 등을 제작하게 되는 것이다.

오늘 우리들의 무용 작품 창조 과정에서는 많은 경우에 있어서 무용 창작가의 연출적인 지시가 없이 무대 미술가 자체의 환상에만 의거해서 무대 미술을 창조하기 때문에 창조된 무대 미술이 무용 창작가가 창조한 무용의 행동과 론리적 일치를 초래하지 못하는 례가 많은 것이다.

더우기 가극이나 연극과는 달라서 무용은 무대를 극히

달하게 리용하여야 하는 것이다.

　무용은 많은 면에서 어디까지나 동적인 것이며 또한 커다란 움직임들이 많은 것이다.

　무용 창작가들이 무대 장치 기타 의상 소도구에 대해서 생각할 때는 무용 배우들이 자유로이 춤추며 움직일 수 있는 전제적인 조건을 항상 머리에 두게 된다.

　그런데 무용 창작가와의 충분한 토의가 없이 창조된 무대 미술은 이런 면에서 많은 제한을 가져 오는 때가 적지 않은 것이다.

　그러므로 무용 창작가의 연출적인 지시가 없이 무대 미술가가 단독적으로 창조하는 무대 미술은 좋은 결과를 가져 오기 곤난한 것이다.

　한편 또 무용 창작가들은 무대 미술가의 데사인을 옳게 판단하며 평가할 줄 알아야 한다.

　무용 창작가가 데자인에 대한 정당한 판단을 주지 못한다면 무용이란 전문적인 부문에 대한 지식이 부족한 무대 미술가의 사업은 혼란에 빠지고 말 것이다.

　무용이 아무리 훌륭하게 창작되였다 할지라도 무대 미술이 좋지 못하다면 이는 완전한 작품이 될 수 없는 것이다.

　물론 무용 창작가의 연출적인 지시에 의하여 무대 미술 창조 사업에 착수한다고 해서 무대 미술가의 자유로운 창조적 독자성이 훼손되는 것은 절대로 아닌 것이니 얼마든지 그는 자유로운 환상을 자기 창작에다 담을 수 있는 것이다.

　어디까지나 무대 미술가는 무대 미술에 대한 전문가이니만큼 그 부문에 있어서의 자기의 독자적인 창조력을 백 프로로 동원하여야 할 것이다.

　※ **무용 의상** 무용 의상은 다른 무대 의상과 달라서 다만 그의 형태와 시대성만을 갖추는 것으로는 부족한 것이다.

　무용 의상은 그의 형태와 작품의 시대성 등을 갖춤과 아울러 무용 배우로하여금 마음대로 움직일 수 있게끔 즉 자유롭게 춤을 출 수 있도록 제작되여야 한다.

그러므로 무용 의상에 있어서는 다만 그의 색채만이 중요한 것이 아니라 어떻게 꺼며맬 것인가 하는 것이 역시 크게 중요한 것이다.

무용 의상은 춤추는 무용 배우들이 좀더 생생하고 아름답게 보이도록 육체미를 보충해 주어야 하는 것이다.

무용 의상도 우선 무대 미술가가 창조한 데자인에 기초해서 제작되게 된다.

무용 의상도 창조된 무용이나 무대 장치와 마찬가지로 형창직인 것이 되여야 한다.

그런데 대체로 무용 의상의 데자인에 있어서 형상적인 것은 드물며 오직 아름다운 색채와 형태만을 추궁하는 것이 오늘 우리들의 무용 의상 데자인에서의 보편적인 현상인 것이다.

그러므로 무용 의상의 데자인을 창조함에 있어서는 우선 그것이 형상적이며 성격적인 것이여야겠다는 것을 강조하는 바이다.

무용 창작가에게는 의상 제작시에 작업 과정을 참관하고 때때로 발생되는 여러가지 난관들을 해결하여 주며 기타 제작 과정에서의 애로군을 해결해 주어야 할 의무가 있는 것이다.

또 기의 무용 의상이 완료되여 갈 때에는 무용 창작가는 직접 무용 배우에게 의상을 입히고 무대에서 행동시켜 보아 만약 부자연스러운 때는 곧 의상을 고쳐 주도록 해야 하는 것이다.

무용 의상에서의 자료 선택 문제 역시 중요한 것이니 적당한 천을 선택함으로써만이 무용의 제반 행동과 일치될 수 있는 것이다.

무용 의상의 색채 문제 또한 극히 중요하다.

무용 의상의 색채는 그 춤의 내용과 긴밀한 련계를 가지고 있어야 한다.

슬프고 서정적인 내용을 가진 춤들에는 대체로 밝고 진한 색이 어울리지 않으나 환희 정열 희열 등의 내용을 가진 춤들은 주로 진하고 밝은 색채들을 요구하는 것이다.

※ 무용 의상에서의 신발 문제 우리들은 모자 허리 띠 신발 같은 것은 소도구로 여기기 쉬우나 실상 이것들은 의상에 속하는 것이니 입고 쓰고 신는 것이 의상에 속한다는 것은 이미 극장 예술 부문에서 규정되여 있는 사실인 것이다.

무용 예술에서는 신발의 역할이 극히 중요한바 신발이 무용 배우에게 편한가 혹은 불편한가에 의해서 배우들의 기교가 적지 않게 좌우되는 것이다.

좋지 못한 신발로써 춤을 완전하게 잘 출 수는 결코 없는 것이니 신발이 크다든가 또는 미끄러울 때는 무용 배우들이 안심하고 춤을 출 수가 없는 것이다.

어떤 무용 배우들은 가벼운 신을 좋아하는데 어떤 무용 배우들은 무거운 것을 좋아하고 혹은 뒤축이 높은 것을 항상 요구하는 배우가 있는가 하면 혹은 낮은 것을 요구하는 등 각각 기호가 다르다.

그러므로 신발 제작도 매개 무용 배우들의 기호와 요구에 따라 각이하게 제작되여야 하는 것이다.

오늘 우리들의 무용화의 제작 정형을 살펴 본다면 무용 배우들의 특징과 기호를 고려하여 만드는 것이 아니라 그냥 일률적으로 크고 작은 것만을 기준으로 해서 제작하고 있기 때문에 무용가들에게 많은 불편을 주고 있는바 이것은 곧 무용 배우들의 기술 제고에 있어서도 막대한 방해를 놀게 되는 것이다.

이같은 것을 퇴치하기 위해서는 중요 극장마다에 반드시 전문적으로 무용화를 제작하는 전문가들이 있어야 하며 이들은 세세한 전문적인 면에 대하여 연구하여야 하리라는 것을 참고삼아 부언해 둔다.

※ 무대 조명 소도구에 대하여 무대 조명 소도구 등의 담당자들도 역시 무용 창작가의 연출적인 지시를 받아

그에 기초한 자기들의 구성 초안을 무용 창작가에게 제시하여 가지고 일정한 견해의 합치가 있은 후 비로소 창조 사업에 착수하게 되는 것이다.

이런 식의 무대 의상이나 무대 장치 못지 않게 중요한 것이다.

무대 조명 역시 춤의 내용과 행동 그리고 성격에 기초해서 진행되여야 하는 것이며 소도구 역시 그러하다.

이는 특히 무용 소품 같은 데서 많은 현상인데 무대 조명이 작품의 내용과 긴밀한 련계를 가져 조절되여야 할 것임에도 불구하고 다만 한 무용 배우의 얼굴만을 따라 다니면서 비춰 주는 현상을 흔히 볼 수 있다.

할 수 한 배우의 얼굴만을 강조해서 비춰주는 것도 그 작품의 내용과 성격이 그것을 요구할 때는 필요한 것이다.

그러나 그런 경우도 아니고 작품의 내용은 밝은 낮인데 무대 전체를 어둡게 하고 한 배우에게만 조명을 비쳐 준다면 이는 관중에게 어떤 인상을 주겠는가?

이는 낮이 아닌 밤중에 한 사람을 달 빛이 쫓아 다니는 것과도 흡사한 인상을 줄 것이다.

그러므로 이런 방법은 무대 조명이 작품 창조의 일익을 담당하여 작품을 보다 우수하게 만드는 것이 아니라 도리여 망쳐 버릴 수 있는 것이니 이와 같은 방법과는 과감한 투쟁이 있어야 할 것이다.

※ 무대 장치에 대하여 무대 장치도 먼저 무용 창작가의 연출적인 지시를 받은 후 여기에 기초해서 데자인을 창조하게 된다.

다음으로 데자인에 기초해서 장차 창조할 무대 장치의 모형을 만들어 이 모형으로써 무용 창작가와 합의를 보게 되면 본 제작으로 넘어 가게 된다.

무대 장치에서 모형을 먼저 창작한다는 것은 꼭히 필요한 것으로 오늘 연극에서는 모형을 제작하고 있으나 무용극 창조에서는 이를 보기 드문 것이다.

　데자인만을 가지고서는 무용 창작가나 무용 배우들이 무대 장치에 대한 완전한 인식을 가지기 곤난할뿐더러 모형이 먼지 제작되게 되면 이는 무용 창작가가 출연자들을 적당히 배치하는 데 있어서도 많은 도움을 줄 것이다.

　앞으로는 우수한 무용 작품을 창조하려면 무용 창작가나 무용 배우들은 무대 미술가에게 반드시 장치의 모형을 요구하도록 하여야 할 것이다.

　모형에 기초한 장치 제작 과정으로 넘어 간 뒤에도 무용 창작가는 물론 제작 과정을 살펴 보게 되며 제작중에 있어서 자기의 인정한 의견을 제기할 수 있는 것이다.

　장치 제작인들은 무대 미술가의 장치 모형에 기초해서 자기들의 정확한 제작 사업을 진행하여야 한다.

　무대 장치, 의상, 소도구, 무대 조명 등이 자기들의 창조 사업들을 완수하였을 때 몬타쥬 련습을 실시하게 된다.

　몬타쥬 련습을 통해서 무대 장치, 의상, 소도구, 무대 조명 등의 결함들을 발견하여 시정하고 다음으로 총몬타쥬 련습을 실시하게 된다.

　이것이 끝나면 무대 전환 련습으로 들어간다.

Ⅳ. 클라식 발레트 기본 훈련의 의의 및 기교 해설

(1) 클라식 발레트의 기본 훈련의 의의

오늘 클라식 발레트에 대한 심오한 연구는 전 세계의 선진적 오페라 발레트 극장들에서 모두 한결같이 진행되고 있으며 그의 기본 훈련 또한 맹렬하게 진행되고 있다.

특히 선진 쏘베트 국가에서는 자기의 고유한 전통인 토쎄야 발레트를 계승 발전시키고 있는 한편 클라식 발레트 기본 훈련에 대한 심중한 과학적인 연구 사업을 계속 꾸준히 진행하고 있다.

이 기본 훈련은 다만 오페라 발레트 극장의 무용 배우들만이 진행하고 있는 것이 아니라 가극 배우, 연극 배우들도 공부하는 것이며 이들을 육성하는 대학들에서는 이 부문에 대한 심대한 관심을 기울이고 있는 것이다.

쩌한 단체들도 각 외국 민족 무용이나 자기 민족 무용의 기본 훈련과 동등하게 클라식 발레트 기본 훈련을 매일과 같이 진행하고 있다.

오늘 공화국 북반부에서도 각 전문적인 무용 단체들은 클라식 발레트 기본을 대대적으로 연구하며 선진적인 그의 훈련 방법을 쏘베트 국가로부터 도입하여 광범히 리용하고 있다.

그뿐 아니라 공화국의 무용 써클 단체들에서도 클라식 발레트 기본 훈련을 비록 초보적인 단계에서나마 진행하고 하였다.

그런데 오늘 공화국의 무용 배우들이나 또 무용 써클원들이 모두 클라식 발레의 기본 훈련이 가지는 의의를 명확히 인식하고 있으리라고는 믿어지지 않기 때문에 먼저 기본 훈련의 의의부터 간단히 말하고서 기교 해설로 넘어갈가 한다.

전문적인 발레트 무용 배우들은 그를 양성하는 무용 학교에서 무용 기본 훈련을 매일과 같이 닦은 기초 우에서 산생되게 된다.

특히 클라식 발레트 기본 훈련은 여전 직업적이며 전문적인 무용 배우들을 양성하는 때 있어서 가장 중요한 위치를 차지하고 있다.

이것은 무용 배우를 지향하는 사람들의 육체를 전 부문에 걸쳐서 굳세게 하여 주며 자유 자재로 움직일 수 있도록 몸을 단련시켜 주는 것이니 이처럼 매일과 같이 계속되는 클라식 발레트 기본 훈련이 없이는 무용의 제반 복잡하고 힘든 기술을 터득하기가 곤난한 것이다.

이제 설명하기에 편리하도록 무용 학교에서 진행되는 클라식 발레트 기본 훈련을 예를 들어가며 말해 보려고 한다.

무용 학교에서 매일 90분 동안에 걸쳐서 진행되는 클라식 발레트 기본 훈련은 무용을 배우는 학생들의 육체를 체계적으로 견고히 발전시켜 다만 육체 외부의 균형미를 갖추어 줄 뿐만 아니라 인간의 육체 전체에 궁하여 즉 내장에 이르기까지 튼튼히 해 준다.

무용 학교 학생들은 항상 어느 때 어느 곳을 불문하고 춤을 출 수 있는 무용적인 준비 상태에 처해 있게 되는 것이다.

매일 계속되는 기본 훈련은 학생들로 하여금 매일 4,5시간에 걸치는 가장 육체적으로 힘든 무용 련습을 능히 극복할 수 있게 할 뿐만 아니라 이는 점차적으로 춤의 마스태르스트보(기교)를 축적하게 한다.

또한 클라식 발레도 기본 훈련의 정확한 집행은 자유로운 유세지 표현 수단들을 소유하는데 필요한 조건들을 갖추어 준다.

즉 말하자면 클라식 발레트 기본 훈련은 다만 클라식 발레토를 원만하게 추는데만 도움이 되는것이 아니라 장차 전문적인 무용 배우가 되여 기술적으로 풍부하며 힘든 민족 무용이나 기타 무용들을 훌륭하게 추는데 있어서도 막대한 방조를 주는 것이다.

그러만큼 클라식 발레토 기본 훈련이 무용 교육 사업에서 가장 중요한 자리를 차지하고 있다는것은 다시 말할것도 없다.

이러한 클라식 발레토 기본 훈련은 다만 무용 학교 학생들에게만 필요한것은 아니다.

이것은 이미 무대에서 활동하고 있는 전문적인 무용 배우들에게도 반드시 필요한 것이다.

정칙들이 되여 주고 있는 바와 같이 무용 배우들의 육체 훈련과 기술 향상에 있어서 가장 적합하고 필요한 것이 바로 클라식 발레토 기본인 것이다.

특히 선진 쏘베트 국가를 예로 들어 본다면 민족 무용을 전문적으로 발표하는 민족 무용 안쌈블들에서도 자기의 전문적인 민족 무용들을 훈련하는 한편 매일 배우들은 90분간의 클라식 발레트 기본 훈련을 진행하고 있다.

쏘베트 국가에서는 아동들을 육체적으로 건강하게 또 미적으로 육성하기 위하여 아동 무용 써클에서까지 클라식 발레토 기본에 대한 막대한 관심을 돌려 훈련을 진행하고 있다.

이외에도 클라식 발레트 기본 훈련을 하는 단체들은 얼마든지 있으니 곡예 배우 체육 훈련 체조 부문 기타 단체들을 예로 들 수 있다.

우리 조선에서도 국립 예술 극장 무용단은 물론 주로 민족 무용을 전공하는 국립 최승희 무용 연구소, 민족 예술 극장

용단들에서도 클라식 발레트 기본 훈련에 대한 특별한 관심을 돌미고 있다.

이상으로 클라식 발레트 기본 훈련에 대한 중요한 의의를 간단히 말하면서 우리 공화국의 직업적인 무용 단체들은 물론 각 무용 써클들에서도 앞으로 광범하게 클라식 발레트 기본을 연구해야 할 것이며 충실하게 훈련을 진행해야 할 것이라는 것을 강조해 둔다.

(2) 클라식 발레트의 기교

클라식 발레트 기본 훈련을 수행하는 과정에서 무엇보다도 깊은 관심을 돌려야 할 것은 처음 훈련에 착수하는 초기부터 육체를 정확히 가지는 문제이다.

다시 말하자면 손 발 머리 동체들을 자유 자재로 움직이며 춤출 수 있도록 바르게 자리 잡아 놓아야 한다는 것이다.

손 발 머리 동체 등은 클라식 발레트 훈련에서 사용되는 육체의 중요한 요소들이며 이 요소들은 제각기 춤의 움직임에서 자기 독특한 역할들을 수행하고 있다.

이 육체의 중요한 제 요소들을 여하히 단련해 놓는가에 의해서 무용 배우들의 마스체르스트보가 좌우되는 것이다.

만약 훈련 시초부터 이와 같은 요소들을 정확히 가지기를 등한히 하여 부정확함에도 불구하고 그대로 방임해 둔다면 드디여는 바로잡을 수 없는 지경에 이르러 무용 배우로서의 앞으로의 발전에 막대한 지장을 초래하게 될 것이다.

이처럼 훈련 시초부터 육체의 제 요소들을 정확히 가지는 것이 가장 중요한만큼 앞으로 자라날 신인 무용 배우들을 위시하여 써클원들에게 이르기까지 정확한 훈련 방법에 의해서 훈련을 진행하도록 류의해야 할 것이다.

인제 육체의 제 요소들을 세분하여 해석해 보기로 하자.

ㄱ. 다리 골반부터 발 끝에 이르기까지 전체 다리가

무용 훈련에 참가하게 된다.

그런만큼 골반에서 넙적다리 종다리 무릎 발'등 발뒤축 발 끝 등에 이르기까지 전체가 균형적인 발달을 가져야 한다.

무용 훈련에 있어서 다만 발끝만이 강하고 발'등이 약하다든가 또는 넙적다리의 근육은 발달되였는데 종다리는 발달이 빈약하다든가 하여 다리 전체가 견고하지 못하다면 기술적으로 힘든 동작들을 원만하게 수행하기는 곤난한 것이다.

그러므로 어느 한 부분이라도 단련을 소홀히 해서는 안 되며 모두 동일하게 단련해야 하는 것이다.

끌라식 발레트에 있어서 다리 전체에 의한 기술의 중심은 끝반에서부터 발끝까지 자기 어깨에 평행되게 벌리는 데(Выворотность.) 기초되여 있다.

다시 말해서 땅에 섰을 때 발끝이 어깨에 평행되게 벌려져야 한다는 것이다.

물론 아무 때나 반드시 어깨에 평행되게 벌려야 하는 것은 아니다.

그러나 비록 어깨에 완전히 평행이 되지 않을 경우라 해도 발끝이 어깨의 방향으로 되게 자기의 선은 반드시 가져야 한다.

어깨에 평행되게 다리 전체를 벌린다는 기술은 그리 간단한 것이 아니다.

이것은 어렸을 때부터의 다년간에 걸친 훈련에 기초해서만 가능하다는 것은 우리의 경험들이 증명하여 주고 있다.

그러므로 우리들은 이 어려운 클라식 발레트를 어려서부터 시작하지 못한 불리한 조건에 처해 있느니만큼 더우기 이런 점에 많은 노력을 경주하여야 될 것이다.

클라식 발레또의 모든 무용 동작들은 이렇게 골반부터 발끝까지 어깨에 평행되게 벌리는 묵묵한 법칙에 기초하여 형성되여 있는 것이다.

클라식 발에또의 춤들은 자기가 가지는 형태나 성격으로 보아서 골반부터 발끝까지 넓으로 벌리지 않고는 도저히 춤을 기가 불가능하게끔 되여 있다.

　그 뿐만 아니라 골반부터 발끝까지 옆으로 벌린다는 이 자세 자체는 무대 상에서의 육체미 조성을 일층 조장시켜 준다.

　또한 골반부터 발끝까지 옆으로 벌린다는 것은 클라식 발레 토와는 리탈될 수 없는 것으로 그 춤의 형태 하나 하나가 이에 기초해서 형성되여 있는만큼 이것이 없이는 클라식 발레토가 존재할 수 없는 것이다.

　클라식 발레트는 아직 골반과 발 다리가 굳어지지 않고 유연한 여라문 살 때부터 시작하는 것이 가장 리상적이다.

　이렇게 어려서부터 시작하여 매일의 꾸준한 훈련을 통해서 육체를 단련 발전시킨다면 어떤 춤을 출 때이건 골반과 발을 옆으로 벌리는 데 불편을 모를 것이다.

　그러면 이와 같이 어려서부터 클라식 발레트를 공부하지 않고서는 도저히 불가능한가 하면 그렇지도 않은 것이다. 비록 년령이 들어서 시작했다고 하더라도 남보다 2배 3배의 노력을 경주함으로써 얼마든지 훌륭한 발레토 무용 배우가 될 수 있는 것이다.

　늦게 공부를 시작하여 훌륭한 발레트 무용 배우가 된 예를 쏘련에서만 들어 본다 하더라도 얼마든지 있는 것으로 물론 이들은 남보다 몇 배의 노력을 기울인 결과였다는 것을 잊어서는 안 된다.

　어려서부터 시작하여 1, 2년간에 골반과 발을 옆으로 벌리는 데 기본적으로 성과를 보았다 하여 그 뒤로 이에 대한 관심을 갖지 않는다면 도리여 얻은 성과도 수포로 돌아 갈 수 있는만큼 이에 대한 훈련은 매일과 같이 진행할 것이며 무대 생활이 끝나는 날까지 이에 꾸준한 노력을 경주해야 할 것이다.

　ⓐ 클라식 발레토에서 어깨에 평행되게 발을 벌리는 것은 발 자세(5개 자세)에 의해서 수행된다(발 자세는 다음에 설명).

　ⓑ 발 동 클라식 발레토를 원만하게 주는 데 중요한 위

치를 차지하고 있는 것의 하나가 바로 발'등이다.

처음 발레트 무용의 훈련에 들어 가면서부터 발'등의 자세를 정확하게 가지는 데 대해 심각한 주의를 돌려야 한다.

발'등의 정확한 자세라 함은 발이 움직이기 시작하면 발'등을 강하게 펴야 하는 것을 말한다.

발'등은 강하게 펴칠 뿐만 아니라 무릎과 발끝 즉 발과 다리 전체를 강하게 펴야만 발'등의 정확한 자세를 이룰 수 있는 것이다.

발'등은 클라식 발레트문 춤에 있어서 대단히 중요한 역할을 놀게 되는바 강하며 빠른된 발'등을 소유하지 못하고서는 높이 도약하는 동작 수행이 힘들 뿐만 아니라 클라식 발레트에서 가장 힘든 동작의 하나인 회전 동작을 수행하기에 매우 곤난한 것이다.

특히 녀자들에게 있어서는 발끝신(뿌안떼)을 신고 발 끝으로 서서 추는만큼 더우기 그런 것이다.

발'등과 발끝을 견고하게 하기 위해서는 매일 바—(Станок)기본에서 발뒤축을 끌고 발'바닥 전면으로 서서(Полупальцы) 몇 개의 동작들을 수행하게 된다.

발'등을 강하게 만드는 단련은 그리 쉬운 일이 아닌만큼 시간만 있으면 항상 바—에 달라 붙어서 련습할 필요가 있는 것이다.

심지어 어떤 무용 배우들은 자기의 발'등을 강하게 하기 위한 훈련으로서 빠쓰 혹은 전차를 타고 다닐 때까지도 자리에는 앉지 않고 항상 발뒤축을 끌고 서 있는 현상까지도 있는 것이니 이 한 가지 실례만 보더라도 얼마나 발'등을 강력하게 만들기 위하여 매 무용 배우들이 의식적인 막대한 노력을 경주하고 있는가를 알 수 있다.

이렇게 발레트 기본 훈련에 있어서 발'등의 단련은 매우 중요한 의의를 갖는만큼 이에 항상 주의를 돌려야 할 것이다.

ㄷ. 무릎 다리 전체 부문을 통해서 무릎의 역할은 별

처 말한 발'동보다 결코 가볍다고 말할 수 없는 것이다.

특히 발레트를 춤에 있어서 중요한 것의 하나인 탄력(스프링) 조성에서 가장 주동적인 역할을 노는것이 바로 무릎이다.

그런만큼 무릎을 굽혔다 강하게 폈다 하는 훈련은 매우 중요하다.

무릎이 강하지 못하여 탄력을 못 가진다면 어떤 춤을 추는데 있어서건 동작이 가볍지 못할 것이며 특히 조약 동작 등을 원만히 수행하기는 불가능한 것이다.

또한 무릎이 강한 탄력을 가진다는 것은 다만 춤을 추는데 동작이 가벼우며 조약 동작 등에서 편리할 뿐만 아니라 이는 전체 발레트의 기술 동작들을 원만하게 수행하는데 있어서 소중한 기초로 된다.

이 무릎의 강한 탄력에 대해서는 앞으로 여러 가지 형태의 기술 동작들을 해설하는 데서 더 첨부해 말하기로 한다.

ㄹ. 중심(Aplomb—불어) 문제 클라식 발레트의 제반 기술 동작을 수행하는데 있어서도 다른 무용들에서나 마찬가지로 중심 문제는 가장 중요한 것의 하나이다.

중심 문제에 있어서는 다만 하체인 다리의 견고성만으로는 부족한 것이니 여기에는 상 하체가 다 동원되는 것이다.

중심을 강하게 가지기 위해서는 다리를 비롯하여 허리 발'바닥 발끝 어깨 등이 한결같이 강해야 하는 것이다.

물론 중심을 원만하게 이루기 위해서는 이상의 것이 강하다고만 하여 가능한 것은 아니니 여기에는 어떻게 기술적으로 상 하체를 균형적으로 가지는가가 또한 문제인 것이다.

그러므로 훈련 시초부터 즉 처음 바—를 손으로 잡고 련습하는 그 때부터 중심을 바로 잡아 놓아야 하는 것이다.

오늘 우리 발레트 무용 배우들에게 있어 가장 큰 약점은 중심이 견고치 못한 점이다.

그렇기 때문에 그들의 춤은 관중들로 하여금 어딘지 모르게 불안전한 감을 느끼게 한다.

중심을 제대로 잡지 못함으로 하여 한 다리는 공중으로 뻗고 다른 다리는 발'뒤축을 끌고 발'마다 전면으로 서야 할텐데 발'뒤축을 제대로 끌고 있지 못하고 인차 땅에 댄다든가 또는 회전 동작(Tours)을 하는 데 있어서 발'뒤축을 끌고 돌아야 할텐데 땅에 대고 돈다든가 등등 이런 례는 얼마든지 찾아볼 수 있는 것이다.

매 무용 지도원들은 우선 훌륭한 발레트 배우들을 양성하기 위해서 처음 지도를 착수하는 때부터 중심 문제에 대해서 큰 관심을 돌려야 할 것이다.

특히 강한 중심이 없이는 남녀가 쌍무를 출 때에 막대한 고통이 동반되게 된다.

강한 중심은 쌍무 수행을 헐하게 할 수 있는 유리한 담보로 된다.

  □. 팔과 손   어떤 무용에서나 그렇지만 클라식 발레토에서도 팔과 손의 역할은 역시 거대한 것이다.

클라식 발레토에 대한 조예가 없는 사람들은 마치 발레토에서는 발이 제 1차적이며 팔과 손은 부차적인 것으로 인정하고 있다.

이와 같은 견해는 그릇된 것으로 팔과 손이 결코 부차적인 것이 아니며 육체의 각 부문은 제각기 표현 수단으로서의 동등한 역할을 놀고 있는 것이다.

우리간의 일상 생활에서 의사를 표시할 때에 입 눈과 함께 팔 손 동이 한결같이 중요하게 리용되는 것과 마찬가지로 클라식 발레토에서는 팔과 손이 중요한 표현 수단의 하나로 되는 것이다.

발레토 무용 배우가 팔과 손을 가볍게 자유 자재로 움직일 줄 모른다는 것은 결국 그의 춤에 감정이 없으며 표현이 불충분하다는 것을 의미하게 되는 것이다.

그러므로 발레토 기본 훈련에 착수하는 첫날부터 팔과 손의 움직임에 대한 세심한 주의와 연구가 또한 필요한 것이다.

(3) 클라식 발레트의 기본 동작 해설

가장 기본적인 동작들, 특히 필요한 것들만을 예로 들어 해석하기로 한다.

ㄱ. 손의 자세 손의 자세는 7 번까지 있다.

1 번 일 번은 기본 자세이다.

손 동작 전체를 통하여 팔은 동그런 자세를 항상 가진다.

팔'굽을 때 없이 내려서는 안 된다.

즉 몸에다가 불이면 안 된다.

세 번 네 번째 손'가락은 서로 붙이며 엄지 손'가락은 세 번 네 번째 손'가락에 가까이 둥그렇게 한다.

2 번 갈비'대에 평행되게 양팔을 앞으로 내 보낸다.

3 번 양손을 그대로 머리 우로 올린다.

팔은 반드시 몸보다 앞에 있어야 한다.

어깨를 절대로 올려서는 안 된다.

양손의 간격은 자신의 양눈의 간격과 평행되며 마치 머리가 사전 틀 안에 들어 있는 듯하게 된다.

4 번 바른팔이 2 번 자세에 있고 왼팔은 3 번 자세이다.

또 관을 이와 반대로도 할 수 있다.

5 번 왼팔을 옆으로 펼치며 바른팔은 3 번 자세에 있다.

역시 반대로도 할 수 있다.

6 번 왼팔은 그대로 옆에 있고 바른팔을 2 번 자세로 내린다.

역시 반대로도 할 수 있다.

7 번 양팔이 다 옆으로 펼쳐진 자세이다.

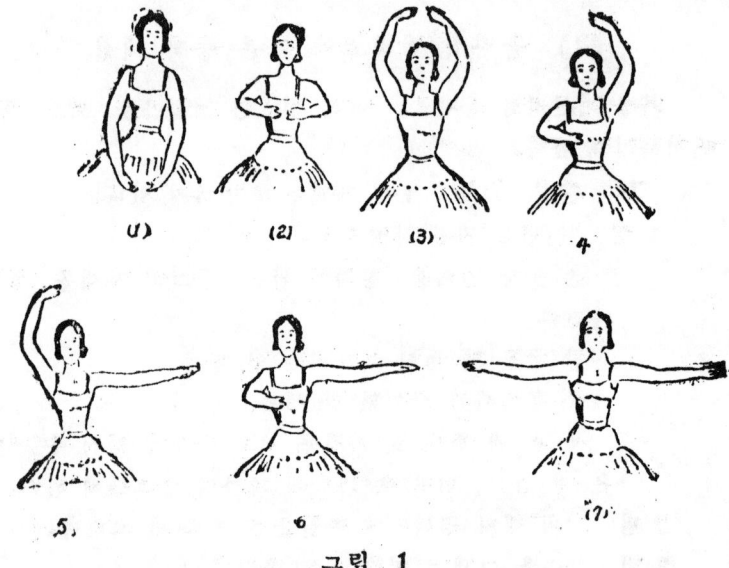

그림 1

ㄴ. 발 자세 발의 자세는 5 번까지 있다.
1 번 발끝을 옆으로 벌리며 양발의 뒤축을 서로 붙인다.
양발끝이 어깨에 평행되여야 한다.
　　　　전 육체의 중량의 중심을 될 수 있는 한 새끼발가
락을 중심으로 하는 부면에 두어야 한다.
2 번 자신의 한 발 기장 간격으로 옆으로 내 민다.

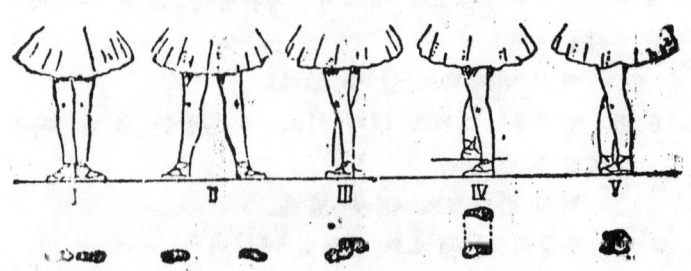

그림 2 발 자세.

3번 한 발로써 딴 발을 절반 가린다.
4번 한 발 간격으로 앞으로 내민다.
5번 한 발로써 딴 발을 완전히 가린다.

ㄷ. 기본 동작(발에 기초한) 이미 말한 바와 같이 발레트 무용 기본의 술어는 17세기 불란서의 "무용 아까데미야"에서 제정한 것으로 현재에도 세계 공통적으로 쓰이는 것이다.

a) 쁠리예(그란 쁠리예와 데미 쁠리예)―Plie(grand—plie, demie—plie—불어)

이 동작은 량발을 땅에다 붙이고 무릎을 굽혀서 앉는 동작이다.

쁠리예는 발 자세 5번 전체를 가지고서 할 수 있다. 그러나 발 자세 3번은 발레트에서 사용되는 경우가 극히 적으며 또 3번에서부터 쁠리예를 하는 것은 그리 힘들지 않기 때문에 하지 않는다.

처음에는 데미 쁠리예(demie—plie)로부터 시작하여 이것이 능숙되면 그란 쁠리예(grand—plie)로 넘어 가게 된다.

데미 쁠리예―절반 앉는 것.
그란 쁠리예―완전히 앉는 것.

이 동작은 매 춤의 동작에서 반드시 사용되는 것이므로 여기에다 특별한 주의를 돌려야 한다.

만약 무용 배우가 좋은 쁠리예를 못 가졌다면 그의 춤은 가볍게 될 수 없는 것이다.

무용 학교에서는 학생에게 선천적으로 타고 난 쁠리예가 없어도 꾸준한 노력으로 어느 정도 훈육시킬 수 있으며 이것이 이미 구비된 학생에게 더욱 강력하게 련습시키면 발'바닥부터 무릎까지 그리고 전체 다리가 아름답게 되는 것이다.

특히 이 동작을 수행함에 있어서 조심하여야 할 것

은 처음 훈련에 착수한 학생에게는 발이 몹시 아플 수 있는 것이니 매 교원들은 이것을 조절할 수 있는 방법들을 연구하여야 한다.

이 동작을 수행하기 위한 여러 가지 방법들이 있다.

전체 몸을 량발에다 실리는 동시에 특히 새끼발'가 락에다 중심을 두는 것이 가장 좋은 방법이다.

특히 데미 쁠리에를 꾸준히 단련하여야 한다.

쁠리에를 할 때 골반에서부터 발끝까지 어깨에 평행되게 해야 한다는 것을 잊이시는 안 된다.

그랑 쁠리에를 할 때에는 마지막 순간에 가서 반'뒤축을 들게 된다.

그러나 반 자세 2 번으로써의 그랑 쁠리에는 반'뒤축을 땅에서 떼지 않는다.

쁠리에를 할 때에는 앉는 순간과 일어 나는 순간 사이에 중단이 없이 계속되여야 한다.

발레료 무용 배우들이라면 누구나 한결같이 바로 그들이 기본 동작을 배우는 과정에서 가장 힘든 것이 쁠리에였다고 말할 수밖에 않은 동작인 것이다.

특히 쁠리에는 가벼운 쪼아 동작을 보기 좋게 수행하는 데 있어 가장 중요한 동작의 하나로 된다.

그림 8

6) 바뜨만 땅쥬(Battement tendu—불어)

바뜨만이란 말은 발레토에서 발을 벌렸다 닫았다 한다는 의미이다.

땅쥬는 발레토에서 가장 초보적 기본 동작이다.

이 동작은 발을 부드럽게 풀기 위해 중요한 동작이다.

특히 이 동작은 빠른 동작을 하기 위한 요소로서 필요하다.

여기서 주의할 것은 발을 벌리고 닫치는 데 있어서 발끝을 절대로 땅에서부터 떼여서는 안 된다.

땅쥬는 앞과 옆 그리고 뒤 세 방향으로서 한다.

앞으로 땅쥬를 했다가 자기 자세로 돌아 올 때에는 발끝부터 먼저 잡아 당겨야 한다.

그러나 옆과 뒤로 할 때는 먼저 발 뒤축부터 끌어 당긴다.

무엇보다도 주의할 것은 발끝 발 등 그리고 무릎을 강하게 펴야 한다.

그림 4

7) 쁘찌 바뜨만 제떼(Petite battement jeté—불어)

쁘찌란 말은 작다는 말이고 제떼는 찬다는 말이다.

이 동작은 바뜨만 땅쥬나 같은데 다만 45도 각도로 발을 공중소으로 올려 찰 따름이다.

역시 앞과 옆 그리고 뒤로 할 수 있다.

찼다가 자기 자세로 돌아 오는 방법은 망쥬와 마찬가지다.

또 반 자세 1 번을 지나서 앞 뒤로 찰 수도 있는데 1 번을 지난 때에 가볍게 서로 발 뒤축을 슨치게 된다.

하), 그란 바뜨만 쎄떼(grand battement jeté—불어)

그란이란 말은 크다는 것을 의미한다.

쁘찌 바뜨만 쎄떼와 같은 동작인데 다만 90 도 공중으로 걸어 찰 따름이다.

이 때 상반신은 정확한 자세를 하고 있다.

특히 이 때에 어깨 목 손 같은 것이 긴장되지 않게 주의하여야 한다.

다만 뒤로 걸어 찰 때만 상반신을 약간 앞으로 보

그림 5 그란 바뜨만 쎄떼

넌다.

발이 자기 자세로 돌아 올 때에는 몸도 인차 자기의 자세를 취하여야 된다.

제떼를 할 때 주의할 것은 무릎을 절대로 굽혀서는 안 된다.

제떼를 하는데 무릎을 굽힌다는 것은 가장 아름답지 못한 현상이다.

3) 바뜨만 쯔라뻬(Battement frappes—불어)

쯔라뻬란 말은 친다는 것을 의미한다.

쯔라뻬 자세는 그림 6에서 볼 것.

역시 앞과 옆 그리고 뒤 세 방향으로 하게 된다.

그림 6 바뜨만 쯔라뻬

4) 바뜨만 휜쥬(Battement fondu—불어)

휜쥬 자세는 그림 7에서 볼 것.

주의할 것은 움직이는 발이나 서 있는 발이 모두 옆으로 벌려져야 한다는 것이다.

바른발로써 움직인다면 바른발을 왼발에다 휜쥬 자세로 갖다 놓고 데미 쁠리에를 하며 일어나는 순간 바른발은 45도 혹은 90도 공중으로 발끝 발'등 무릎 등을 강하게 펴치면서 내 민다.

이것이 바로 바뜨만 휜쥬인 것이다.

이 동작은 장차 아다지오를 추는 데 있어서 특히 여성 무용 배우들에게 중요한 것이며 남성 무용 배우들에게도 역시 많이 필요한 것이다.

휜쥬는 극히 가벼운 동작으로 데미 쁠리에에 많은 주의를 돌릴 필요가 있다.

그림 7 바뜨만 휜쥬

ㅊ) 바뜨만 데불료뻬(Battements developpés—불어)

이 동작은 특히 바—련습에서 몸을 푸는 데 가장 적당한 동작으로 발의 근육을 발달시키는 동시에 장차 아다지오를 수행하는 데 있어서 직접적 도움을 주는 것이다.

수행 방법은 바른발료써 움직인다면 휜쥬 자세에서 무릎까지 천천히 밀어 올리고 다음에 45도 혹은 90도 공중으로 내 민다.

역시 앞 뒤 옆 세 방향으로 한다.

이 동작을 수행함에 있어서 상반신을 긴장하지 말것이며 허리를 강하게 가져야 한다.

그림 8 바뜨만 데블로빼

3) 론 데 잠 파 떼르(Rond de jembe pos terre—불어)

한 발은 땅 우에 반원을 그리면서 돌리는 동작이다.

돌리는 방향은 안 데올과 안 데단이다 (안 데올과 안 데단은 회전 동작에서 해석함).

이 동작에서 특히 주의할 것은 땅에 붙인 중심 발이나 움직이는 발이 어깨의 방향에 평행되게 밀리는 것이다.

그리고 움직이는 발의 발끝을 땅에서 떼여서는 안 된다.

수행 방법은 만약 먼저 바른발이 움직인다면 준비 자세 1 번으로(반자세) 놓는다.

량발 다 데미 뿔리에를 하며 다음에 바른발을 앞으로 바뜨만 땅쥬로 내 민다.

이 때 자세는 왼발은 그냥 데미 뿔리에 자세이며 앞으로 내 민 바른발은 발끝에서부터 골반까지 펴 있게 된다.

다음 순서로서 왼발 데미 뿔리에를 무릎을 펴며 일어서고 동시에 바른발은 어깨의 방향으로 옆으로 가져오는데 발끝은 땅에다 대고 발뒤축은 든다.

여기까지가 이 동작을 하기 위한 준비 자세이다.

다음 뒤 앞 옆의 순서로 반원을 바른발로 써 그리면 이것이 몬데잠 파 테르의 안 데올을 이며 앞 뒤 옆의 순서로 방향을 바른발로 그리면 안 데단이다.

그림 9. 몬데잠 파 테르

몬데 잠 파 테르가 끝나면 보통 빼르 데 브라를 하게 된다(빼르 데 브라는 다음에 해석함).

이것은 힘든 동작에 뒤이어 몸을 쉬기 위한 동작이다.

4) 몬 데 잠 안 테르(Rond de jembe en l'air--불어)

역시 한 발을 돌리는 동작인데 먼저 것은 땅에다 발끝을 대고서 돌렸다면 이것은 공중에서 안 데올과 안 데단으로 돌리게 된다.

준비 자세로서 바른발을 옆으로 45도 공중으로 올리는데 이 때 바른다리는 골반에서부터 발끝까지 강하게 펴야 한다.

다음 동작에 들어 가서 안 데올로 돌릴 때는 바른다리의 무릎을 굽히고 그 발'바닥이 왼 다리 무릎 옆에까지 오게 하며 다음 그를 약간 앞으로 내밀었다가 도다시 무릎을 펴면서 자기 자세로 돌아 오게 된다.

안 데단으로 돌릴 때는 안 데올로 돌렸을 때 방향을 그대로 반대 방향으로 돌리면 된다.

특히 주의할 것은 움직이는 다리의 무릎이 이 동작을 수행하는 데 있어서 어깨 방향에 평행될 것이며 뒤로 움직여서는 안 된다.

그림 10 몬데잡안떼르

ㅈ) 뽀르 데 브라(손에 기초한) (Port de bras —불어)

이 동작은 클라식 발레토에 있어 상반신의 훈련에서 가장 중요한 위치를 차지하고 있다.

한편 이 동작은 가장 힘든 동작 중의 하나이다.

특히 이 동작에서 중요한 역할을 노는 것이 손의 자세이다.

기본 동작에서 특히 손같은 것은 정확한 자기의 자세 즉 자기의 위치를 항상 보존함으로써만이 예술적 미를 보장할 수 있는 것이다.

클라식 발레토에서 손을 자유로이 사용할 줄 안다는 것은 좋은 재산을 가지고 있다는 것으로 된다.

무용 배우들이 선천적으로 아름다운 손을 소유하지 못하였을 때에는 손에 대한 특별한 노력이 요구되는 것이니 이런 경우에는 더우기 세삼한 주의가 필요하다.

비록 아름다운 손을 소유하고 있다 해도 이 동작을 완전히 터득하지 못해 가지고는 손으로써의 아름다운 묘사를 수행하지 못하게 된다.

이 동작의 수행 방법은 여러 가지가 있으나 초보자엘 수행 방법 하나만을 례로 든다.

발을 5 번 자세로 놓고 손은 7 번 자세를 가진다.
다음 상반신을 아래로 굽힌다.
이 때 손은 1 번 자세로 내려 오게 된다.
다음 상반신을 제 자리로 올릴 때 손은 3 번 자세로 올라 오게 된다.
다음 머리를 우로 돌리면서 상반신을 뒤로 굽힌다.
ㄴ. 다시 자기 자세로 돌아 올 때 손은 7 번 자세로 돌아 온다.
이 외에도 여러 가지 방법이 있는데 다반 손을 이때 가진 자세로서 사용하면 된다.

그림 11 쁘또 데 브라

ㄹ. 클라식 발레트 기본 동작의 포즈들

a). 포즈 에카르떼 (Ecartée — 불어)

그림에서 보는 바와 같이 포즈 에카르떼에는 두 방향이 있다.
손과 머리의 방향을 변동함으로써 그 자세의 모양이 변동된다.

앞 에카드데

뒤 에카르페)

그림 (사진) 에카르메

6) 포즈 아찌쮸드(Attitudes —붙이)

이 포즈에는 크로아제와 엣화세가 있다.

포즈 아찌쮸드에서 손의 자세는 주로 5번과 3번이 적용된다.

포즈 아찌쮸드를 원만하게 하기 위해서는 첫째로 강한 허리를 가지고 있어야 하며 또한 발의 근육이 발달되어 있어야 한다.

그림 포즈 아찌쮸드의 두 방향

아찌쮸드 엣자데

아체쥬드 포토아제

8) 포즈 아라베스크 (Arabesques)
　포즈 아라베스크는 클라식 발레트에서 많이 사용되는 포즈이다.
　만약 포즈 아쩨쥬드에서 무릎을 굽히였다면 포즈 아라베스크에서는 무릎을 꼿꼿이 펴야 한다.
　클라식 발레트에서는 다음과 같은 네 가지 형태의 아라베스크를 가지고 있다.
　그림 네 가지 형태의 아라베스크

1번 아라베스크

2번 아라베스크

3 편 아다페스코

4 편 아다페스코

□. 클라식 발레트의 기본적인 육체의 자세

a) 안 화스(En face—불어)

련습장이나 무대를 다음과 같이 본다.

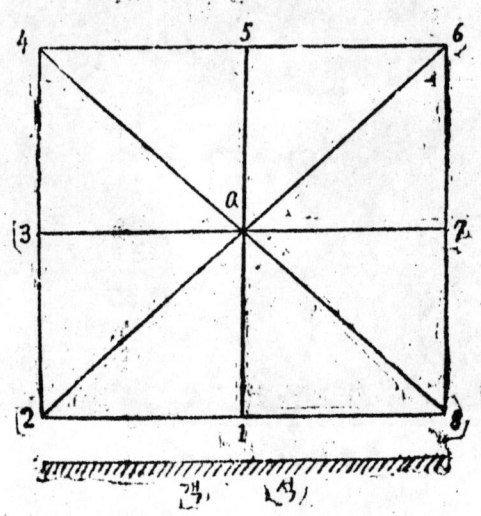

（객 석）

　기본적인 육체의 자세 안 화스는 몸을 정면 즉 객석 1,2,8 번을 향해서 곧바로 선 자세이다.

　역시 머리도 앞을 향하는 것인데 만약 사람이 중심 된 a에 서 있다면 머리는 1 번을 곧바로 쳐다 보게 된다.

b) 에파뜨만(Epaulement—불어)

　에파뜨만이라 함은 머리와 어깨의 방향과 위치를 말하는 것이다.

　이 자세는 무용 배우들이 반드시 소유하고 있어야 할 자세이다.

　에파뜨만은 곧 발레토 배우들의 감정과 관계되는 것이다.

　머리와 어깨를 자유롭게 쓸 줄 모르는 배우들은 감짓이 빈약하다.

머리와 어깨를 자유스럽게 구사할 수 있는 것은 끌라식 발레트에서 뿐만 아니라 민족 무용에서도 커다란 미를 가져 오는 것이다.

만약 사람이 중심점 a에 서서 몸은 정면 1을 향하고 머리와 어깨는 3을 향하였다면 이것을 에파르만이라고 말하는 것이다.

б) 육체의 자세 쁘지오고날(Подногопалс―모어)

이 자세는 에파르만으로서 2,4,6,8의 구석을 향해서 선 자세이다.

특히 발레에서 많이 사용되는 자세이다.

г) 잔등은 객석에로 향한 자세(Спиной―모어)

대다수의 무용 교원들이나 무용 창작가들은 이 자세를 사용하지 않는다.

그러나 이 자세를 적당하게 리용함으로써 그 표현력이 얼마나 강해지는가를 알아야 할 것이다.

ㅂ 끌리식 발레트의 조약 동작

a) 샨쥬만 데 피예(Changement de pied―불어)

발 자세 5번으로부터 시작한다.

양발을 동시에 들어 뛰였다가 동시에 땅에 떨어지는 동작인데 땅에 떨어질 때에 발을 바꾸어야 한다.

즉 바른발을 앞에다 놓고 5번 자세로 뛰였다면 떨어질 때 발을 교차함으로써 바른 발이 뒤로 가는 5번 자세를 이루게 된다.

발이 교차되는 순간은 올라 갔다가 내려 오는 순간이다.

이 동작은 가볍고 높은 조약을 단련하는 데 가장 유리한 기본 동작이다.

조약 시에 무릎 발 등 그리고 발끝을 강하게 펴야 하며 어깨 손 목 등을 긴장되지 않게 자유스럽게 가져야 한다.

그림 12 조약 동작 샨쥬만 데 피예

6) 빠 에샤뻬(Pas échappé—불어)

이 조약 동작 역시 무용 배우들의 조약을 육성하는데 기본적인 동작이다.

수행 방법은 먼저 발 자세 5 번으로 서며 손 자세는 1 번을 가지게 된다.

데미 쁠리예를 하고 양발이 공중으로 뛰게 되는데 공중으로 올라 갔을 때 손 자세는 2 번을 가지게 된다.

다음 땅에 내려 올때 발 자세는 2 번으로 되는데 내려 와서 인차 양발이 다 데미 쁠리예를 하게 된다.

이 때 손 자세는 7 번이다.

다음 계속하여 발 자세 2 번으로부터 또 다시 공중으로 뛰는데 손 자세는 역시 7 번이다.

내려 오는 순간 또다시 자기가 시작한 자세인 5 번으로 돌아 오는데 이 때는 샨쥬란 데 피예와 마찬가지로 발을 교차하게 된다.

내려 오자 인차 데미 쁠리예를 하며 손 자세도 시작할 때와 같이 1 번으로 돌아 오게 된다.

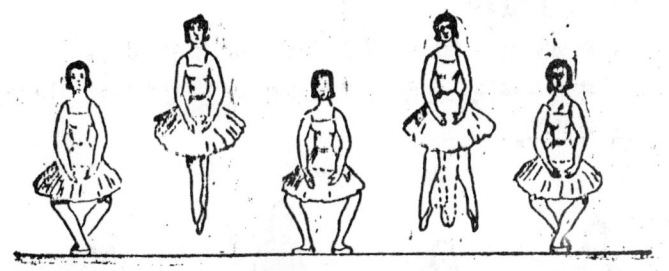

그림 13 파 예샷페

6) 파 앗쌍블레(Pas assemblé― 불어)

조약 동작 앗쌍블레는 가장 초보적인 동작이다.

때문에 이는 무용학교 1학년 때부터 시작하게 된다.

수행 방법은 발 자세 5 번부터 시작하게 되는데 바른 받음 앞에다 놓고 시작한다면 이 때 손 자세는 1 번이다.

먼저 데미 쁠리예를 하는 동시에 왼발은 땅을 슬치면서 발 자세 2 번으로 나간다.

이 때 왼편 무릎 발'등 발끝은 강하게 펴며 발끝을 땅에다 대고 발'뒤축은 든다.

다음 계속하여 바른편 무릎과 발끝을 펴면서 우로 뛰게 되며 이 때 왼발도 땅에서부터 자기 자세인 발 자세 5 번으로 돌아 오는데 다만 발이 교차되여 왼발이 앞에 오고 5 번 자세를 이루게 되였을 뿐이다.

마지막 5 번 자세로 돌아 왔을 때 역시 데미 쁠리예를 해야 된다.

이 동작을 수행하는 과정에서 주의할 것은 발 자세 2 번으로 옆으로 내밀 때 옆으로 내민 발이 정확한가를 살펴 보아야 한다.

혹 에카르떼 자세로서 나갈 수도 있기 때문이다.

앗쌍블레도 딴 조약 동작과 마찬가지로 작은 것과

끈 것이 있다.
즉 45 도와 90 도 공중으로 치는 것이 있다.
특히 주의할 것은 에파로만과 손을 정확하게 가지는 문제이다.

그림 14 파 앗 샴블레

이 외에도 조약 동작은 수다한데 일일이 적을 필요는 없다고 본다.

그것은 전문가들에게 필요한 것인바 여기서 기본 훈련에 대한 것을 간단히 소개하는 것은 발레트를 전문으로 하지 않는 무용 배우들과 그리고 확대 발전 도상에 있는 무용 써클망을 대상한 것으로 이끈은 이상의 것만을 참고로 하여도 족히 자기들의 기본 훈련을 진행할 수 있는 것이며 이상에 메든 것만을 수행한다 하여도 능히 자기들의 육체를 단련할 수 있다고 본다.

ㅅ. 회전 동작들(tour—불어)

쁠라식 발레트에서 회전하는 것을 뚜르라고 말한다.
이것은 이미 옛날부터 내려 오는 무용에서의 술어인 것이다.
특히 이는 남자들의 춤에 광범히 적용된다.
매 회전 동작은 그 회전 자체가 자기의 언어를 가지고

있다.

　　오늘 많은 관중들이 지어는 무용 배우들까지도 그 의의를 잘 모르고 있다.

　　심지어는 무용 교원간 자신도 그의 의의를 정확히 리해 하지 못하고 다만 그의 기술면에만 치중하는 경우가 수다한 것 이다.

　　물론 회전 동작을 원만하게 하기 위해서는 두 말할 것 없이 기술이 민요하지만 그러나 기술적으로 그를 완성시키는 데 있어 서 그 의의를 모르고 다만 량적으로만 증가시키려고 한다면 이 는 무의미하고 내용 없는 춤이 되고 말 것이다.

　　례를 들어 말한다면 발레트 무용극 《파리의 불》길에서 필 리쁘의 쏠로 같은 것을 본다면 그의 회전 하나 하나가 젊은 혁 명가의 투쟁력을 말하여 주고 있다.

　　또 발레토 무용극 《바흐치싸라이의 분수》에서 자데마의 춤 을 본다면 그의 회전은 그 녀자의 불타는 듯한 성격과 그의 고 민을 여실히 말해 주고 있는 것이니 이런 회전의 언어를 리해 해야 할 것이다.

　　이상과 같이 말하면서 매 무용 지도원들은 음악적으로 회 전 기술이 수행되게끔 노력하여야 하겠다는 것을 부언한다.

　　회전 동작은 기술적으로 힘든 종류의 하나이다.

　　회전 동작을 하기 위한 처음 준비 자세로서는 여러 가지가 있다.

　　즉 발 자세 1 번부터 5 번까지 다 적용된다.

　　회전하는 방향은 두 방향이 있다.

1) 회전 방향 안　　　2) 회전 방향 안
　데올(En dehors)　　　데단(En dedans)

V. 외국 민족 무용 기본 훈련의 의의 및 기교 해설

1. 외국 민족 무용을 학습하는 의의

오늘 우리들은 외국 민족 무용의 우수한 것들을 광범한 학습을 통하여 섭취하고 있다.

우리들이 광범하게 외국 민족 무용을 배운다는 것은 그 나라의 무용 예술 뿐만을 아는 데 그치는 것이 아니라 무용 예술을 통해서 그 나라의 자매 예술 즉 음악을 비롯한 기타의 무대 미술 (의상 소도구 등) 그밖에 조각 건축 예술 같은 것을 능히 학습할 수 있는 계기로도 되는 것이다.

그것은 무용 예술이 이상의 것들과 긴밀한 련계를 가지고 있으며 이들과 병행해서 발전해 왔기 때문이다.

우리들은 외국 민족 무용을 학습함에 있어서 항상 전형적이며 우수한 것을 섭취하도록 하여야 한다는 것을 념두에 두어야 할 것이다.

그러기 위하여서는 단지 기교에만 관심을 돌려서는 부족한 것이니 물론 기교가 가장 중요한 것이기는 하지만 우리들은 좀 더 구체적인 사실들 즉 그 무용의 력사적인 발전 과정이라든가 기술 동작의 원칙 및 의의 등을 과학적으로 파악한 기초 우에서 이를 섭취하여야 할 것이다.

외국 민족 무용을 학습함에 있어서 도 중요하게 제기되는 것의 하나는 그의 민족성을 세심히 연구하는 문제이다.
민족성을 견실하게 연구함으로써만이 기술적인 동작들도

로씨야 민족 무용

원만하게 분석할 수 있으며 또 이를 옳게 파악할 수 있다.

오늘 그 나라의 민족성을 옳게 연구 파악하지 못함으로 하여 그나라 민족무용의 기교를 옳게 전달하지 못하는 례를 우리는 수다히 보고 있다.

흔히 써클공연들에서 보게되는 현상이지만 제목은 로씨야 민족 무용이라고 했으나 실지 출연하는 것을 본다면 로씨야 사람들의 민족적인 형상과 성격이 희박한 그런 례를이 비일비재인 것이다.

도시 그의 기교도 대반이 로씨야 민족 무용에서 나온 것이 아니라 우크라이나 민족 무용 또는 백로씨야 민족 무용의 동작률이 혼합되여 있는 경우가 많은 것이다.
 이와 같은 현상은 오늘의 우리 무용 예술가들이 인민들에게 타국의 무용 문화를 정당하게 소개해 주지 못하였음을 말해 주는 단적인 실례인 것이다.

우크라이나 민속 무용

이와 같은 현상을 하루 바삐 일소하기 위해서 전체 무용 예술가들은 보다 구체적으로 타 국가 인민들의 민족 정서를 연구야 할 것이며 외국 민족 무용의 기교 동작들을 전지하게 학습 하도록 노력하여야 할 것이다.

외국 민족 무용을 광범하게 학습함은 우리 조선 민족 무용 기본 동작들을 풍부히 하며 또 이를 정리하는 데 있어서도 적지 않은 도움이 될 것이다.

쏘련에서는 각 민족들이 제각기 자기네들의 민족 무용을 세심히 학습하는 과정에서 오늘에도 계속 기본을 정리하고 있는 것이며 더우기 우리의 민족 무용 기본에서는 찾아 볼 수 없는 바──(Станок) 기본까지도 실시하고 있는 것이니 우리들은

반드시 이런 바—기본들을 배우고 이를 창조적으로 섭취 도입하여 우리의 기본을 정리함에 있어서 참고로 삼는 것이 필요하다고 생각한다.

외국 민족 무용을 학습하는 의의는 또한 그 나라 인민들과의 친선과 교류를 도모하는 데 있다.

오늘 우리들은 외국의 언어를 많이 연구하며 학습하고 있는 바 이 언어가 그 나라 인민들과의 친선을 도모함에 있어서 얼마나 큰 역할을 노는 것인가는 누구나 다 잘 알고 있는 사실이다.

하불며 우리들이 자기의 육체를 통해서 그 나라 인민들의 춤을 춘다는 것이 얼마나 친선과 교류에 큰 역할을 놀 것인가는 다시 말할 여지가 없을 것이다.

이상으로 간단하게 외국 무용 학습의 의의를 말해 둔다.

2. 쏘련의 민족 무용들에 대하여

사회주의 10월 혁명을 승리한 쏘베트 인민들은 쏘련 공산당의 기치 밑에 굳게 단결되였으며 그의 옳바른 문화 정책에 의해서 민족 무용들은 무한한 발전을 가져 오게 되였다.

사회주의 10월 혁명 이전에는 민족 무용의 발전을 볼수 없었던 까자흐, 끼르기즈, 따쥐크, 뚜르크멘 둥의 쏘베트 가맹 공화국들에서도 혁명후 비로소 민족 무용들이 대두되여 발전일 로를 걷어 왔던 것으로 현재에 와서는 딴 가맹 공화국들의 민족 무용과 어깨를 나란이 하여 앞으로 매진하고 있다.

쏘련에서는 각 민족들의 민족 무용들이 전 인민적인 성격을 띠고 있다.

어느 공장 로동자 구락부나 농촌 써클을 찾아 가도 저녁마다 의여서 자기들의 민족 무용들을 추고 있는 것을 볼수 있으며 더우기 주목할 만한 것은 직접 인민들이 수 많은 민족 무용들을 창조하고 있다는 사실이다.

사회주의 10월 혁명 이후에야 비로소 쏘련에는 각 민족

211

의 민족 무용을 발굴하여 그를 직접 인민들에게 전달하는 민 족 무용 앙상블들이 조직되었던 것이니 이 민족 무용 앙상 블들은 현재와 같은 발전을 가져 오는 이간에 많은 민족 무용들 을 창조하여 자기들의 민족 무용 력사상 거대한 한 페지를 차 지하게 되였다.

직접 민족 무용들을 발굴하며 창조하고 있는 대표적인 무 용 창작가들로서는 쏘련 인민 무용 앙상블을 지도하고 있는 쏘 련 인민 배우 이고리 모이쎄예브, 국립 뻐드너쯔끼 합창단의 무용단을 지도하고 있는 쏘련 공훈 예술가 메·우스쩨노바, 쏘 련 "베로스까" 무용 앙상블을 지도하고 있는 엔·나제쥬지나 등 기타 많은 무용 창작가들을 들 수 있다.

민족 무용을 발굴하며 창조하는 사업에 있어서는 다만 전 문적인 무용 앙상불에서만 적극적인 활동을 하고 있는 것이 아 니다.

이같은 창조 사업은 쏘베트의 각 무용 써클들에서도 광범 히 진행되고 있다.

써클들에서 창조된 무용은 이를 곧 전문적인 무용 배우나 무용 창작가들이 연구하게 되며 이로써 자기네들의 무용을 풍 부히 하고 있다.

이와 같이 비전문 단체인 무용 써클들에서 창조된 민족 무용들은 전문 단체들에게 막대한 영향을 주며 한편 전문 단체 들에서 기술적으로 정리되고 체계화된 것은 각 무용 써클과 광 범한 인민들에게 실질적인 방조를 주고 있는 것이다.

이로 보아도 전문 단체와 비전문 단체들간에 창조적으 로 매우 밀접한 련계가 있다는 것을 알 수 있다.

쏘련의 민족 무용들이 가지는 커다란 의의의 하나는 그것 이 쏘베트 클라식 발레토의 발전에 커다란 영향을 주고 있다는 것이다.

사회주의 10월 혁명 이전에 있어서는 발레토 무용 학교들 에서도 다만 발레토 무용만을 전공하였을 뿐 민족 무용은 학습하지 않았다.

　민족 무용을 학습하지 않았다는 사실은 발레트 무용이 무한히 발전할 수 있는 길에 막대한 방해와 지장을 주었던 것이니 그것은 이미 론급한 바와 같이 발레트 무용이란 것은 민족 무용과 분리하여서는 도저히 생각할 수 없는 것이기 때문이다.

　사회주의 10월 혁명 이전의 로씨야 발레트 무용극들에 나오는 민족 무용들은 대반이 진실하지 못한 것들이였다.

　다만 사회주의 10월 혁명 후에 이르러서야 비로소 쏘련 공산당과 쏘련 정부의 올바른 문화 정책의 혜택으로 인해서 발레트 무용 활동가들은 진실한 민족 무용 예술을 연구하는데 적극적으로 나서게 되였던 것이다.

　그리하여 발레트 무용 학교들에서도 민족 무용을 의무적인 과제로 삼게 되였고 이렇게 하여 현재에 이르기까지 계속 많은 성과를 거두고 있다.

　그런 결과 오늘 쏘베트의 무용 창작가들은 발레트 무용극들을 창조하는 데 있어서 진실한 자기들의 민족 무용에 의거해서 창조하고 있는 것이다.

　그와 같이 창조된 발레트 무용극들의 대표적인 것으로서 무용 창작가 와이노넨이 창조한 발레트 무용극 《파리의 불'길》, 무용 창작가 쩨흐미료느와 마쎌린이 창조한 《붉은 양귀비》, 무용 창작가 자하로브가 창조한 《바흐치싸라이의 분수》, 《청동의 기사》, 《까흐까즈의 포로》, 그리고 무용 창작가 라브롭쓰끼가 창조한 《석화》, 무용 창작가 챠브끼아너가 창조한 《산의 심장》 등 기타 많은 것을 배로 들 수 있다.

　이와 같이 쏘련의 민족 무용들은 무용 예술 발전에 있어서 거대한 역할을 수행하고 있는 것이다.

3. 쏘련 민족 무용 기본에서 이미 정리되여 있는 기교 동작 해설

　여기서 해설하려는 기교 동작들은 일정한 어느 한 민족의 민족 무용 기본은 아니다.
　　이것은 쏘련의 모든 민족 무용을 학습하기 위한 통일 정리된 기본 동작들이다.
　　여기서는 1954년에 모쓰크바 국립 예술 출판사에서 출판된 따마라 스쩨빠노브나 뜨까첸꼬의 저서 중의 기본적인 동작들을 들어 해설하려고 한다.
　　현재 이 기본 동작들은 쏘련에서 통일적인 것으로서 사용되고 있다.

1. 손 동작과 자세들

출연자의 량손은 다음과 같은 네 방향으로 가질 수 있다.
а) 준비 자세
　　량손이 아래로 내려 와 있다.
б) 1번 자세
　　량손이 앞에 와 있는 자세이다.
в) 2번 자세
　　량손이 옆에 와 있는 자세
г) 3번 자세
　　량손이 머리 우에 있는 자세
　　그림 1

а) 준비 자세　б) 1번 자세　в) 2번 자세　г) 3번 자세

물론 매 가맹 공화국들의 민족 무용에는 자기 독특한 성격의 손의 자세들이 존재하고 있다.

그러나 기본적으로 이상의 네 가지 자세만을 안다면 동작 수행이 그리 힘들지 않을 것이다.

이상의 네 가지 자세는 량 손이 다 같은 방향에 있는데 매 민족 무용의 독특한 손의 자세로서는 량손의 방향이 각이할 수 있는 것이다.

그러나 기본적으로 이 네 가지 방향에서 모든 동작이 진행 되기 때문에 비록 량손이 같은 방향에 있지 않는 경우라 할지라도 매 손의 방향은 전반적으로 이 네 가지 방향에서 벗어나지는 않는다.

2. 어깨에서부터의 손의 움직임

a) 베를 들면 준비 자세로부터 1번 2번 3번 자세 등등 으로 올라 가는 것.

б) 베를 들면 1번 자세로부터 2번 자세로 벌리는 것.

в) 베를 들면 2번 자세로부터 1번 자세로 닫는 것.

г) 베를 들면 3번 자세로부터 2번 자세로 또는 2번 자세로부터 준비 자세로 내리는 것.

이와 같은 변회들은 모두가 어깨로부터 움직인다.

3. 팔목부터 움직이는 손 동작

팔목부터 손이 올라 가고 또는 내려 가는 것.

팔목부터 손을 돌리는데 손바닥이 우를 향할 수 있고 또는 아래로 향할 수 있다.

팔목부터 손이 꺾어지는 것.

팔목부터 손이 약간 꺾어지는 것.

팔목부터 손이 둥글게 되는 것.

팔목부터 손이 곧바로 되는 것 등을 례로 들 수 있다.

4. 손목의 움직임과 자세

그림 2

а) 손목이 우로 완전히 꺾어진 자세。

б) 손목이 약간 우로 꺾이진 자세。

в) 손목이 곧바른 자세。

г) 손목이 아래로 약간 꺾어진 자세。

д) 손목이 아래로 완전히 꺾어진 자세。

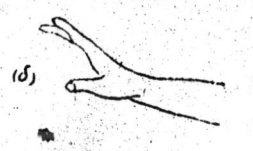

5. 발 자세

민족 무용에서도 클라식 발레트에서와 발 자세는 비슷하다。

만약 클라식 발레트에서는 발을 완전히 어깨에 평행되게 벌렸다면 민족 무용에서는 옆으로 벌리는 것은 있으나 완전히 어깨에 평행되게는 하지 않는다。

클라식 발레트 기본에는 발 자세가 5 개였다면 민족 무용에서는 6 개이다。

그림 3

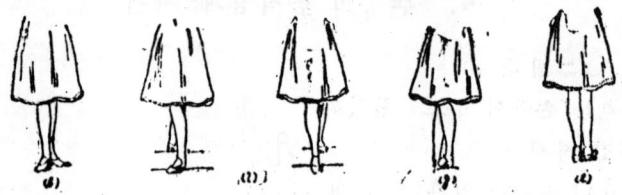

a) 1번 자세

반'뒤축은 서로 붙이고 발끝은 옆으로 벌려져 있다.

a') 1번 자세 반대형

발끝을 서로 붙이고 반'뒤축이 서로 벌려져 있다.

b) 2번 자세

량발이 자기 발 한 기장의 간격으로 떨어져 있는데 량발 끝이 반'뒤축보다 약간 옆으로 벌려 있는 자세이다.

b') 반'뒤축과 발끝이 서로 평행되어 있다.

b') 2번 자세 반대형

량발끝 사이가 자기 발 한 기장의 간격이고 량발'뒤축이 옆으로 약간 벌려져 있는 자세이다.

c) 3번 자세

한 발의 뒤축을 한 발 기장의 복판에 붙이고 있다. 량발끝은 약간 옆으로 향하고 있다.

d) 4번 자세

한 발은 앞에 있고 딴 발은 뒤에 있다.

그 길이는 역시 자기 발 한 기장이며 량발끝은 약간 옆으로 향하였다.

d') 량발끝이 반'뒤축과 평행되여 앞을 향하고 있으며 발 사이의 간격은 동일하다.

∂) 5번 자세

한 발로써 딴 발을 완전히 가린 자세이다.

e) 6번 자세

량발'뒤축과 발끝을 가지런히 붙였는데 발끝은 앞을 향하고 있다.

6. 발'바닥과 발'등의 자세

그림 4

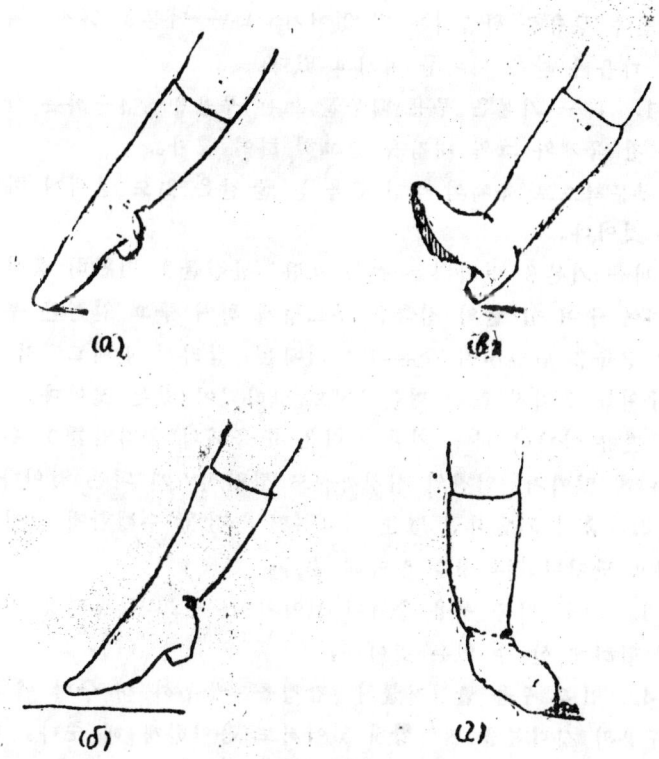

a) 발'등을 강하게 펴친 자세.

이 때 발'바닥은 아래로 향하였고 발끝은 강하게 아래로 펴 쳤다.

б) 발'등을 자유롭게 가진 자세.

в) 발'등을 단축한 자세이다.

이 때 발끝은 우로 향하고 있으며 발'바닥이 보인다.

г) 발'등을 밖으로 돌린 자세이다.

218

이 때 한족 발'바닥은 약간 풀린다.

4. 쏘련 민족 무용 바―(Станок)
기본 동작 해설

민족 무용을 학습하는 데 있어서 바― 기본을 하게 되는 것은 다음과 같은 의의를 가지고 있다.

1. 바― 기본은 무용 배우들 또는 무용을 전공하는 학생들의 전 육체와 그의 내장을 견고히 하여 준다.

부문적으로 육체의 끝간 근육 힘'줄 같은 것도 굳세게 하여 주는 것이다.

바― 기본을 련마하는 것은 또한 관절들을 민활히 움직이게 하여 주며 힘'줄의 신축을 부드럽게 하여 주고 일정한 부문들의 근육을 발달시켜 주는데 여기에는 클라식 발레또에서 그리 주의를 돌리지 않는 면들까지도 망라되여 있는 것이다.

그 뿐만 아니라 바― 기본 훈련은 전 육체의 움직임들을 수행하는 데 있어서 인간의 신경까지도 단련시키게 되는 것이다.

2. 춤의 기술적인 면을 제고하며 동작을 수행함에 있어서 강하고 단련된 정확성을 련마해 준다.

3. 모든 민족 무용 출연에 있어서 바― 기본 훈련을 하였다면 힘하게 할 수 있는 것이다.

4. 민족 무용 출연자들의 감정을 풍부히 해 주며 매 민족 무용의 성격들을 파악함에 있어서도 용이하게 해 준다.

기본 동작 해설

1. 쁘리세다니예―Приседание―앉기)

매 민족 무용을 학습함에 있어서는 클라식 발레또에서와 마찬가지로 쁘리세다니예(Приседание)부터 시작하게 된다.

이것은 점차적으로 전 육체의 골간과 근육을 튼튼히 해 주는 데 가장 중요한 것이다.

쁘리세다니에(Приседание)는 바— 기본 동작에서 극히 중요한 부문이바 이것은 모든 움직임꾼의 탄력과 민첩성을 발전시키는 것으로 특히 무릎 허리 넙적다리 종다리 그리고 발'바닥 등을 발달시킨다.

쁘리세다니에(Приседание)는 두 가지 형태로서 수행하게 되는데 절반 앉기와 깊이 즉 아주 앉는 것이 있다.

쁘리세다니에(Приседание)는 발 자세 1 번부터 6 번까지 다 하게 되는데 그 중 1 번과 2 번의 반대형 그리고 2 번 자세의 평행 형은 하지 않는다.

절반 앉기에서는 량발의 발'뒤축을 땅에서부터 떼지 않는다.

깊이 앉기에서는 2 번자세를 제외하고는 발'뒤축을 땅에서부터 뗀다.

앉았다가 일어 날 때에는 먼저 발'뒤축을 땅에 붙이면서 일어 나게 된다.

끝났을 때 반 자세는 량발'바닥을 땅에다 완전히 붙인다.

클라식 발레도에서 이 동작을 수행함에 있어서는 천천히 앉았다면 민족 무용에서는 이보다 강하고 빠르게 앉는다

쁘리세다니에(Приседание)를 수행할 때 상반신은 곧바로 가지게 되는데 앞으로 숙이거나 뒤로 젖혀서는 안 된다.

절반 앉기는 어디까지나 초보적인 수준을 대상으로 해서 하고 깊이 앉기는 약간 높은 수준에 도달했을 때 하게 된다.

례

그림 6

절반 앉기와 깊이 앉기를 같이 하는 방법이다.
발 자세는 1 번을 가지고서 배로 든다.

a) 준비 자세로서 한 손은 바-를 쥐고 딴 손은 준비 자세로부터 1 번 자세를 거쳐 2 번 자세로 벌린다.
이 때 준비 음악 2 소절을 통해서 한다.

b) 다음 한 소절에 손을 허리에다 가져 오면서 절반 앉기를 한다.

ㄹ) 다음 한 소절에는 무릎을 펴면서 일어 난다.

ㄹ) 다음 한 소절에 또 다시 절반 앉기를 한다.

0) 다음 한 소절에 또 다시 무릎을 펴면서 일어 나는데 이 때 손은 허리로부터 준비 자세로 내렸다가 역시 1 번 자세를 통해서 2 번 자세로 벌린다.

e) 다음 두 소절을 가지고서 깊이 앉기를 하는데 완전히 앉았을 때 손은 2 번 자세로부터 준비 자세로 내려 오게 된다.

ᅭ) 다음 두 소절을 통해서 무릎을 펴고 일어 난다.
이 때 손은 준비 자세로부터 1 번 자세를 통해서 2 번 자세로 벌린다.

이와 같은 발 자세 전체를 통해서 수행할 수 있는 것이다.
음악은 3/4 박자 와르쯔 템포로써 하면 된다.

2. 발'바닥 훈련

이 훈련을 통해서 발'바닥을 발전시키는 한편 발'농 밤'가 다 그리고 무릎 다리의 근육 등을 발전시킨다.

이 동작은 발 자세 3 번 5 번 6 번에서부터 할 수 있다.

음악은 2/4 박자를 사용하되 토세야 무용 음악의 성격인 것을 취급하는 것이 좋다.

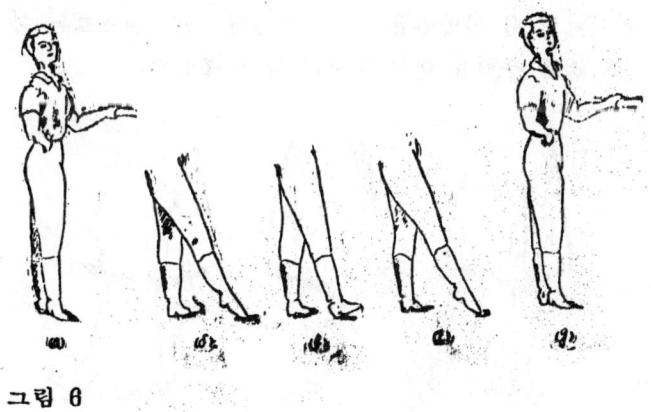

그림 6

발 자세 3 번으로 선다.

a) 한 손으로 바—를 쥐고 딴 손은 허리에다 붙였는데 그 림과 같다.

б) 첫 소절 첫 박자에 한 발을 앞으로 내미는데 발'뒤축 은 땅에서 떼고 발끝만을 강하게 펴서 땅에 붙인다.

в) 첫 소절 두 번째 박자에 발'등을 꺾어서 발'뒤축을 땅에 다 붙이고 발끝을 공중으로 향한다.

г) 두 번째 소절 첫 박자에 또 다시 발끝을 땅에다 붙인다.

д) 두 번째 소절 두 번째 박자에는 자기 처음 준비 자세로 돌아 온다.

이것은 다만 앞으로 하는 것만을 예로 들었는데 역시 잎

222

스모브 같은 방법으로써 수행할 수 있다.

3. 반'뒤축 훈련

이 동작은 약간 쁘리세다니에(Приседание)를 하끄써 수행하게 되는데 절반 앉기보다도 약간 작게 앉는다.

반'뒤축 훈련은 많은 민족 무용들에 한결같이 필요하다.

음악은 2/4 박자.

역시 묘씨야 무용의 성격을 띤 음악이 좋다.

초보적인 한 방법만을 떼로 든다면 한 손으로는 바'를 쥐고 딴 손은 주먹을 쥐여 허리에 갖다 붙인다.

그림 7

a) 준비 자세로서 왼 발은 약간 무릎을 굽히고, 반'바닥 전체를 땅에 붙이고 서며 바른 발은 앞으로 내밀고 반'뒤축을 땅에 붙이고 발끝은 공중으로 향한다.

② 음악 한 소절에 바른발을 왼발이 있는 비로 잡아 는데 왼발 앞에 도달했을 때는 반'바닥을 전체 땅에 대 ...

...시에 왼발은 반'뒤축을 들게 되며 무릎은 약간 구부 ...다.

③ 다음 한 소절에는 처음과 마찬가지로 준비 자세로 돌...

아 가는데(6)에서 발'뒤축을 들었던 왼발을 강하게 내리 치면서 바른발을 앞으로 내 밀게 된다.

이 방법은 가장 초보적인 것의 하나인데 이것은 옆으로도 수행할 수 있다.

무용 지도원들의 창조적인 역량과 방법에 의해서 발'뒤축 훈련을 이런 방향에서 얼마든지 풍부하게 구성할 수 있는 것이다.

4. 말렌끼예 브로스끼—Маленькие броски—
   (작게 공중으로 발을 차는 훈련).

이 동작의 훈련은 먼저 발'뒤축 훈련과 같이 중심 발즉 운동하지 않고 서 있는 발의 근육을 발전시키며 운동하는 발의 진체와 무릎을 견고히 해 준다.

또 이 동작은 무용의 율동에서 작고 강한 동작들을 민활하게 수행하는 데 기초적인 동작으로 된다.

말렌끼예 브로스끼(Маленькие броски)의 훈련은 앞뒤 그리고 옆 세 방향으로 다 할 수 있다.

(이) 동작 전체를 통해서 양 무릎은 약간 구부리고 진행하게 되는데 동작 수행 중 상반신이 아래 우로 움직여서는 안 된다.

음악은 2/4 박자로

발 자세는 3 번 자세를 가지고 하게 되는데 움직이는 발은 중심 발 앞에 있게 된다.

그림 9

a) 준비 음악 두 소절을 가지고서 하게 되는데 한 손은 마음 쥐고 딴 손은 첫 소절에 옆으로 2 번 자세로 벌렸다가 다음 소절에 팔'굽을 꺾으면서 손'바닥으로 허리를 친다.

두 소절 때 발은 왼발'뒤축은 들게 되는데 양무릎은 약간 굽힌다.

б) 다음 소절 첫 박자에 왼발'뒤축을 강하게 내디면서 바른발을 공중 45 도 앞으로 내 찬다.

이 때 바른쪽 무릎과 발'등 그리고 발끝은 강하게 펴며 왼쪽 무릎은 절반 굽힌다.

в) 두 번째 박자에는 또 다시 준비 자세 (*a*)로 돌아 오게 된다.

이와 같은 것을 적당하게 반복하게 된다.

5. 웨료보츠까 (Верёвочка) 훈련

이 동작은 무릎과 허리에다 중점을 두는 것이다.

웨료보츠까 (Верёвочка)는 모쓰야, 우크라이나, 기타 민쪽 무용들에서 흔히 볼 수 있다.

여기서는 모쓰야 무용에서의 웨료보츠까 (Верёвочка)를 설명하려고 하는데 웨료보츠까가 말은 실오리를 의미하는 것으로 이 동작이 실오리가 두 줄로 꼬여진 것과 같은 형태임을 의미하는 것이다.

음악은 2/4 박자

모쓰야 민요의 멜로디를 사용하는 것이 좋다.

발은 3 번 자세로부터 시작하게 된다.

a) 준비 자세로서 발은 3 번 자세로 놓는다. 한 손으로 마음을 쥐고 딴 손은 첫 소절에 옆으로 2 번 자세로 벌렸다가 두 번째 소절에 허리로 가져 오게 되는데 그림과 같이 손'등을 허리에다가 댄다.

б) 한 소절 첫 박자에 움직이는 발이 서 있는 발 옆을 통해서 그 무릎이 있는 데까지 올라 오게 되는데 이 때 자세는 그

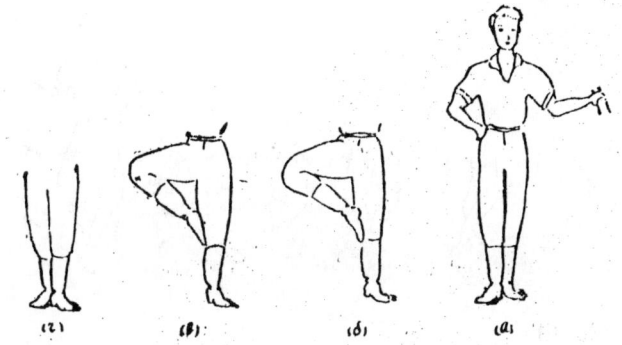

그림 9

림 (б) 와 같다.

в) 역시 음악은 (б)에서와 같은 순간인데 여기서는 운동하는 발은 약간 뒤로 가져 가게 된다.

그림 (в)와 같다.

г) 두 번째 박자에 3 번 자세로 돌아 오는데 발이 바뀌여 져 있다.

계속해서 딴 발을 또 하게 되는데 수행 방법은 역시 똑 같다.

6. 드로비(Дробь)훈련

발로 땅을 구르는 동작이다.

드로비(Дробь)동작은 특히 로씨야 민족 무용에서 성격적 인 것이다.

전체 발'바닥으로써 땅을 구를 수도 있고 또는 발'뒤축이 나 발끝만으로써도 할 수 있다.

이 훈련을 함으로써 발로 땅을 치는 힘을 발달시키며 또 리듬의 정확성을 단련한다.

음악은 2/4 박자
로씨야 무용의 성격적인 음악으로써 다

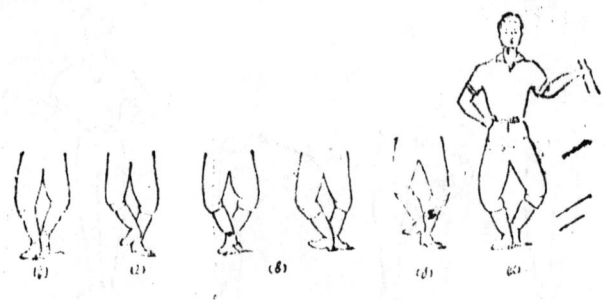

그림 10

a) 준비 자세 두 소절을 통해서 한 손으로 바―를 쥐고 딴 손은 앞으로 2번 자세로 벌렸다가 허리에다 주먹을 갔다 붙인다.

두 번째 소절에 망부릎을 굽히면서 왼발의 뒤축을 든다.

б) 첫 소절 첫 박자에 왼발 뒤축을 강하게 내리면서 바른 발을 땅으로부터 뗀다.

그림 (6)와 같다.

в) 두 번째 박자에 바른발의 뒤축으로 땅을 치고 또 인차 계속해서 발끝으로 땅을 친다.

이 때 왼발 뒤축을 든다.

г) 다음 소절 첫 박자에 왼발 뒤축을 강하게 내리면서 또 바른발을 땅에서 뗀다.

д) 두 번째 박자에 바른 발의 발 바닥으로 땅을 치면서 내린다.

이때 자세는 준비 자세와 똑 같다.

이 동작을 수행하는 데 있어서 특히 주의하여야 할 것은 디 딤을 정확히 맞추어서 발을 구르는 문제이다.

이 외에도 드롭비(Дробь)동작은 얼마든지 있다.

다만 교보적인 동작 하나만을 례로 들었는데 여기에 립와 제시 얼마든지 딴 동작들을 구성해 볼 수 있을 것이다.

그림에 있는 바와 같이 이 동작을 수행하기 위해서는 량 무릎은 다 굽히고서 하는데 이 때 상반신이 아래 우로 움직여서 는 안 된다.

가령 머리 우에다 묻 넣은 컵은 얹어 놓고 한다고 해도 물 이 한방울도 떨어지지 않게끔 해야 한다.

7. 90도 공중으로 발을 올리는 훈련

이 동작을 훈련하는 의의는 발을 올리는 단련과 허리 그리 고 종다리 넓적다리들의 근육을 견고히 하는 데 있다.

발을 올리는 훈련은 앞 뒤 그리고 옆씨 세 방향으로 다 할 수 있다.

발은 3 번 자세로부터 시작한다.

음악은 4/4 박자

그림 11

a) 준비 자세는 한 손은 바—를 쥐고 딴 손은 아래로 준비 자세에 있다.

발은 3 번 자세이다.

б) 첫 소절에 바른 발을 왼쪽 무릎 앞까지 끌어 올렸다가 앞으로 90 도로 내 찬다.

내차는 순간 왼쪽 무릎은 굽히게 된다.

손의 자세는 그림과 같이 1 번 자세를 통하게 된다.
무릎을 굽히고 앉아서 한 소절 또 기다린다.

6) 다음 소절에 바른발을 왼발 앞에 3 번 자세로 갖다 놓으면서 일어 난다.

이 때 손은 허리로 가저 오게 된다.

8. 조약 동작 훈련

매— 기본에서 조약 동작의 훈련은 대체로 량손으로 바-를 쥐고서 수행하게 된다.

조약 동작은 여러 가지 형태들이 있는데 여기서는 흔히 녀자들이 하는 것과 남자들이 하는 두 가지를 구분해 례로 들려고 한다.

그림 12

발은 6 번 자세로부터 시작한다.

음악은 3/4 박자 와르쯔 혹은 마주르까의 템포이다.

조약 동작은 발끝 발'등 무릎 허리 등을 견고히 해 주며 앞으로 높고 가볍게 뛸 수 있도록 단련시킨다.

a) 주로 녀자들이 많이 하는 동작인데 량발로 뛰였다가

땅받묘 땅에 내린다.

　땅손으로 바—를 쥐고 발은 6 번 자세로 한다.
　첫 소절 첫 박자 두 번째 박자에 무릎을 굽히고 앉는다.
　б)첫 소절 세 번째 박자에 땅발을 같이 하고 공중으로 뛴다.
　이 때 땅발의 발끝과 무릎은 강하게 펴친다.
　в) 두 번째 소절 첫 박자에 땅에 내리는데 발은 6 번 자세이며 땅무릎을 굽히고 앉는다.
　г) 두 번째 세 번째 박자에 무릎을 펴며 일어 난다.
　이상의 례는 가장 초보적인 동작의 하나인데 발전할수록 템포를 빨리 할 수 있으며 또 높이 뛸 수 있다.

그림 13

이 동작은 남자들만이 하는 조약 동작이다.

a) 준비 자세로서 양손으로 바—를 쥐고 왼발에다 중심을 두고 서며 바른발은 옆에다 내 놓고 발'뒤축을 들며 발끝 발'등 무릎을 강하게 펴치고 선다.

б) 첫 소절 첫 박자에 바른발을 왼발 앞에다 4 번 자세로 갖다 놓는데 이 때 왼발은 발'뒤축을 든다.

다음 순간 왼발을 옆으로 90 도 공중으로 내 찬다.

이 때 왼발의 발끝 발'등 무릎은 강하게 펴친다.

в) 두 번째 박자에 바른다리를 땅에 대고 왼발'바닥에다 바른발'바닥을 갖다 붙이는데 이 때 자세는 그림 (б)과 같이 양무릎이 구부려져 있다.

г) 다음 소절에는 바른 발을 땅에다 세우는데 이 때 발'바닥 전면을 땅에다 붙인다.

왼발은 또 다시 90 도 공중으로 올리는데 이 때도 역시 발끝 발'등 무릎은 강하게 펴친다.

이 동작은 2/4 박자에 맞추어서 한다.

음악은 우크라이나 민족 무용의 성격을 가진 것이 가장 적합하다.

9. 쁘리샤드까 (Присядка)

앉았다 일어 났다 하는 동작이다.

쁘리샤드까 (Присядка)는 다만 남자 무용에서만 한다.

이 동작을 수행하기 위해서는 특히 강한 허리를 가지고 있어야 하며 또 잔등이 견고하며 발의 근육이 강하여야 한다.

이 동작은 보통 로씨야 우크라이나 백로씨야 민족 무용 등에서 많이 볼 수 있다.

쁘리샤드까 (Присядка)도 여러 가지 형태가 있느데 여기서는 두 가지만을 예로 들려고 한다.

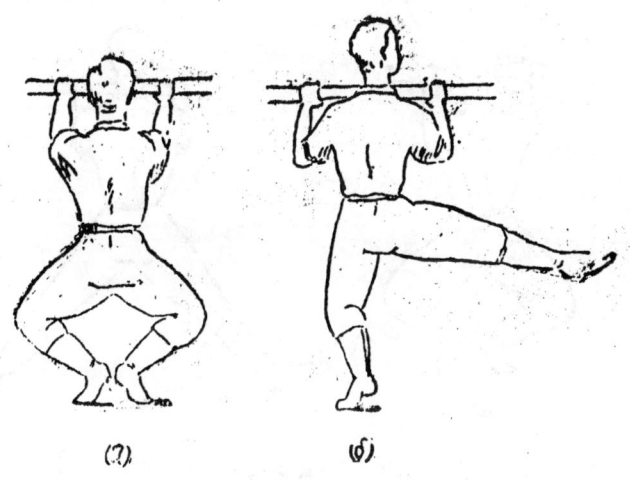

(?)   (б)

그림 14

발 자세 1 번에서부터 시작한다.

음악은 2/4 박자, 로씨야 민족 무용의 성격인 것으로서 한다.

먼지 발 자세 1 번으로서 량손으로 바—를 쥐고 선다.

a) 첫 소절에 깊이 앉기를 한다.

б) 다음 소절에 약간 일어 나면서 바른발을 옆으로 내 찬다.

이 때 바른쪽 무릎 발'등 발끝은 강하게 펴며 왼발은 발'뒤축을 들고 무릎은 약간 굽힌다.

그림 15

이 동작 역시 2/4 박자에 맞추어서 하는데 음악은 로씨야 혹은 우크라이나 민족 무용의 성격을 가진 것이 적당하다.

역시 준비 자세로서 발 자세 1번으로 서며 량손으로 바—를 쥔다.

a) 첫 소절에 깊이 앉기를 한다.

б) 다음 소절에 량발을 옆으로 벌린다.

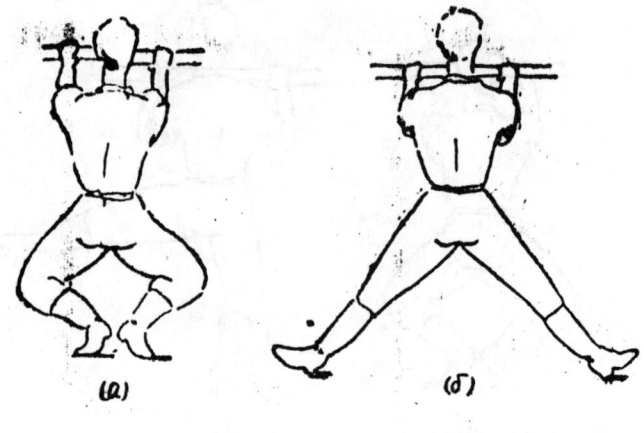

그림 15

이 때 탕발의 뒤축을 땅에다 붙이고 발끝은 공중을 향한다.

이상으로 간단하게 외국 민족 무용 기본에 대한 략술을 끝마친다.

VI. 무용 써클의 조직, 운영과 창작 과정에서 제기되는 몇 가지 문제

평화적 조국 통일의 물질적 담보로 되는 사회주의 건설에 헌신하는 근로 대중을 고무 추동하는 데 중대한 일익을 담당하고 있는 군중 문화 사업은 오늘 과거에 볼 수 없던 장성 강화를 가져 오고 있다.

이는 당과 정부의 끊임 없는 배려와 지도 밑에 인민 경제 건설의 각 분야에서 분투하고 있는 우리 나라 근로 대중들의 향상되는 물질 문화 생활에 상응하는 필연적 요구에 근거하는 것으로서 앞으로의 무한한 전망성과 발전을 약속하고 있다.

군중 문화 사업의 중심적 분야의 하나인 예술 써클 사업은 근로자들에게 막대한 교양과 위안을 주고 있는바 그의 한 쟌르를 담당하는 무용 써클 사업도 그 규모나 질적 구성에 있어서 다른 부문에 손색이 없이 활발히 전개되고 있다.

그것은 평양 시내에만도 무려 1500 여 개의 무용 써클이 조직 운영되고 있다는 사실을 보아도 짐작할 수 있다.

또한 금년 (1956년) 에 직총에서 조직한 5·1절 기념 전국 산별 무대 예술 써클 경연 대회에서 무용극, 무용 조곡, 군무 등을 비롯하여 70 개에 달하는 다양한 무용 작품들이 뵈여 준 그 스찔의 다양성과 고도로 되는 예술성으로 미루어 보아도 알 수 있다.

그러나 이렇게 활발한 무용 써클 사업이 모두 한결같이 높은 수준에서 진행되고 있는 것은 아니다.

그런만큼 현재 달성한 성과를 앞으로의 장성 발전을 위한 경험으로 삼아 무용 써클의 더욱 높은 질적 량적 발전을 기하여야 할 것이다.

당과 정부에서는 써클 사업의 발전을 위하여 항상 부단한 배려를 돌려 왔으며 막대한 방조를 주고 있다. 그것은 써클 운영이 군중 문화, 대중 정치 선동 사업에서 차지하는 위치와 비중이 거대할 뿐만 아니라 그것이 첫째로 수백만 인민 대중들 속에 파묻혀 있는 예술적 천재들과, 문화 예술적 유산, 소재들을 발견하는 유일한 조직이며, 둘째로 인민 대중들의 문화적 수준을 높이는 조직이며, 세째로 각 지방 및 대중들 속에서 발굴 발견된 고전 유산, 예술적 소재들을 전문가들이 받아 들여 예술적으로 연마하여 다시 인민 대중들의 정신적 교양으로 제공하는 데 중요한 역할을 담당하는 조직이기 때문이다.

오늘 근로 대중들의 예술에 대한 요구성은 비상히 앙양되고 있어, 그들은 전문 극장과 배우들이 형상한 여러 가지 예술 작품 뿐만 아니라 써클들에 대하여도 높은 관심을 가져 강한 요구성을 제기하고 있다.

그러므로 우리는 근로자들의 정서적 요구에 더 높고 풍부한 예술적 성과로써 대하며 그를 더욱 충족시키기 위하여 무용 써클의 조직을 더욱 확대해야 할 것이며 풍부한 내용과 자료로써 써클을 운영하여야 할 것이다. 써클에서 창조되는 작품들이 보다 높은 예술성과 강렬한 감동으로써 관객들을 즐겁게 하고 고무 교양하도록 해야 할 것이다.

이에 도움이 되도록 여기서는 무용 써클의 조직 운영과 작품 창조 과정에서 당면하게 되는 사업 수행 방법과 아울러 기술적 문제들에 중점을 두고 말하려고 한다.

I

무용 써클의 조직은 일하며 배우며 즐기고저 하는 근로자라면 누구를 막론하고 참가할 수 있으며 또 참가시켜야 한다.

그러나 현재 써클의 조직과 구성에 있어서 이런 써클의 본래의 사명과 배치되는 부분적인 몇 가지 결함들을 발견하게 되는 것이다.

첫째로 무용 써클은 자기의 성격과 목적으로 보아 광범한 계층이 망라되여야 함에도 불구하고 청소년 남녀들만으로 국한되여 있는 조직이 있는가 하면, 남자는 극소수이거나 혹은 전연 없다 싶이 되여 녀성들만으로 구성되여 있는 것을 볼 수 있다.

이는 무용 예술에 대한 과거의 봉건적 유습의 잔재들이 아직 완전히 청산되지 못한 데 기인된다고 본다.

둘째로는 무용 써클원은 젊고 이쁘고 몸이 날씬하고 유연성이 풍부한 사람에게만 국한시키고 있는 현상이 있으며, 세째로 간편한 작업을 담당한 일'군으로 국한시키며 생산 혁신자들을 이 사업에서 유리시키려는 부분적 현상들을 찾아 볼 수 있다.

이와 같은 현상은 써클 운동의 대중적 성격을 제한하는 것으로 되며 사회주의적 문화 교양 사업을 전 군중적 운동으로 전개하는 데 막대한 지장으로 된다.

이것은 또한 써클의 조직 운영상 가장 중요한 원칙의 하나인 자원, 자각적 원칙을 무시함으로써 사업 추진에서 거둘 수 있는 창발적 성과를 못 거두는 요인으로 된다.

그러므로 무용 써클을 조직함에 있어서 상기와 같은 부분적 결함을 참작 시정할 필요가 있다는 것을 강조하게 되며 광범한 계층이 망라된 대중적 써클을 조직하자는 것을 말하게 된다.

무용 써클은 공장, 기업소, 운수, 건설 직장, 농촌, 교육 문화, 보건 기관, 인민 군대 내와 가두를 비롯하여 인민들이 집단적으로 로동하며 집단적 문화 생활을 영위할 수 있는 곳이면 어느 곳에서나 조직될 수 있다고 생각한다.

써클의 조직 형태는 해당 직장의 규모와 성격, 사업 실정에 따라 또한 일'군들의 사업 조건에 따라 한 개의 단일한 써클을 조직할 수도 있으며 련합적인 써클을 조직하여 때로는 부문별로 때로는 통합하여 운영할 수도 있을 것이다. 이에 있어 심중히 고려해야 할 것은 자기 직장의 환경과 조건을 고려함이 없이 처음부터 대규모적으로 조직할 필요는 없는 것이니 어디까지나 자기들의 력량과 조건을 엄밀히 타산해야 할 것이다.

조직 구성에 있어서 다음으로 제기되는 문제는 내부적 준비 사업 즉 써클 지도자는 어떤 사람을 선발 임명하여, 무엇을 어떻게 준비시킬 것인가, 써클의 골간, 핵심은 어떤 방향으로 포착 육성할 것인가, 조직 후의 사업 조직은 어떠한 계획 밑에 운영하며, 조직 망라된 써클원들을 흥미있게 정상적으로 풍부한 기술적 자료로써 훈련하기 위하여서는 무엇이 필요한가 하는 것을 검토하고 준비하는 사업이 중요하다고 본다. 일정한 계획과 준비 없이 조직은 해 놓고 나서 다음 날의 사업 계획이 막연하다면는 커다란 흥미와 기대를 가지고 참가한 써클원들에게 적지 않은 동요와 전망성에 대한 의혹을 줄 것이며 결국 열성을 마비시키는 현상을 초래할 것이다.

그런만큼 이 사업은 우선 당, 직맹 단체와의 긴밀한 협의 밑에 진행할 것이며, 가능하면 전문 극장 혹은 배우들과의 협의 밑에 수행하는 것이 합리적이라고 생각한다.

다음으로 무용 써클원들과 핵심을 발견 선발하는 방법상 문제에서 몇 가지 의견을 말하고저 한다.

1, 군중적인 오락회, 친선 야회를 다양한 방법으로 수시로 조직할 것이다.

이는 근로자들로하여금, 로동에서의 피곤을 가시게 하며 다음 작업, 매일의 로동에로의 새로운 힘과 정열을 북돋아 주며 집단적 친선 단결을 도모하며 근로자들을 문화적 정서로 교양하는데 커다란 역할을 놀 것이다.

이를 위하여는 고정된 방법을 지속할 것이 아니라 다양 다채로운 방법으로 군중적 심리를 발동시키도록 해야 할 것이다。 고정 불변한 방법은 인차 군중들의 흥미를 상실케 하며 군중들이 다만 '구경'군으로서만 참가하게 됨으로써 그들의 숨은 재능을 충분히 발동시킬 수 없는 결과를 가져 온다.

사람들은 과거의 습성으로 인하여 노래 부르고 춤 추는 대 렬속에 뛰여들 심정은 발동하나 좀체로 행동으로 옮기지는 못 하는 경우가 많은 것이다.

그런만큼 군중 오락회 및 친선 야회를 다양 다채롭게 조직하 는 데서 군중들은 부지불식간에 춤과 노래의 대렬에 뛰여 들어 자기의 숨은 재능들을 적극적으로 시위하게 될 것이니 일반적 으로 사람의 심리는 먼저 추고 노래하는 사람보다 독특하게 더 잘하고 싶이하는 충동을 느끼는 것이 상례로서 이렇게 함으로 써 군중 속에서 어떠한 묘기가 나올지 모르는 것이다.

그러므로 조직자는 흥미있게 조직하는 일방 그 곳에서 벌어지 는 노래와 춤들을 세심히 관찰해야 할 것이다.

그 속에서 무용에 소질있고 능란한 사람들을 발견 선발할 수 있는 것은 물론이요 귀중하고 다양한 민요나 민속적 '춤'가락 을 가지고 있는 중년, 로인들을 써클 사업에 인입할 수 있을 것 이니 이리하여 자료들을 선정하는 사업을 소홀히 하지 말 것 이다.

2. 핵심으로서는 체격의 균형성이 어느 정도 잡히고 운동 선경이 발달한 청년 남녀들을 택할 것이다.

어쨌든 무용은 그 특수성으로 보아 일정한 육체적 피곤을 극복할 수 있는 건강하고 활발한 청년들이 핵심이 되여야 하기 때문이다.

무용은 그 기본에 있어서 어쨌든 운동이다. 운동도 보통 운동이 아니고 리드미칼한 운동이며 복잡 다단한 동작과 행동 이 기교를 이루는, 표현성을 생명으로 하는 것이다. 그런만큼 운동 신경이 둔하고 민감하지 못한 사람은 무용가로 발전할 수 도 없으며 따라서 써클의 핵심으로도 곤난한 것이다.

무용은 원칙적으로 육체가 표현 소재인만큼 체격의 균형성과 유연성은 그의 필수적 조건이다.

그러나 써클들에서 이 원칙을 기계적으로 적용할 수는 없는 것이니 각기 자기의 환경과 조건에 따라 신축성을 가져 조직해야 할 것이다.

3. 무용 써클은 연극 써클에서와 마찬가지로 핵심을 선발함에 있어서 다양하게 인물을 선발해야 한다.

성격적인 역할을 능란히 담당할 수 있는 각이한 사람들을 동시에 다양하게 선발해야 한다.

그것은 작품 창조에 있어서 어디까지나 인물의 개성, 성격의 구체성과 선명성을 떠나서는 이를 상상할 수 없기 때문이다.

수많은 사람들은 모두 제각기 얼굴의 생김이 다른 것과 마찬가지로 성격적 특징에 있어서도 각이하다.

제각기 상이한 성격적 특성들은 각기 특성있는 행동, 재스츄어, 휘르마를 소유하고 있는만큼 성격적 특성을 재능있게 표현할 수 있는 사람들을 신중히 고려하여 선발하는 것이 좋다고 생각한다.

4. 무용 써클의 조직은 이상과 같이 실무적 사업 조직과 관찰을 통해 선발하는 방법 이외에 흥미있는 사전 사업으로써 자원적 원칙(필요에 의해서는 조직적인 권고와 지시로써도 될 수 있지 않겠는가 생각한다)에서 열성적으로 참가하게 하는 것이 필요하다.

이 밖에도 여러 가지 방법으로 조직할 수 있는 무용 써클 운영에 있어서 조직한 써클을 솜씨있게 풍부한 내용으로 운영하는 동시에 그들의 영예를 보장하여 주며 사업 평가를 옳게 고무적으로 하여 주는 것이 무엇보다도 중요하다.

써클원들은 어디까지나 자기의 본신 공작을 책임있게 완수하면서 여가의 시간을 리용하여 사업하는 것이며 또 이 사업이 중요한 군중 문화, 대중 정치 선전 선동 사업을 수행하는 것이니 만치 비써클원보다 더 많은 정력과 열성을 선제로 하는 것이다。 그런만큼 그들에 대한 사업 평가는 중요한 의의를 가진다고 본다。

오늘 적지 않은 직장의 써클 사업에 생산 혁신자, 모범 일'군들이 중심적 력량으로 망라되는 것은 참으로 리상적인 좋은 조직 방법이라고 생각한다。 대중의 모범이 못 되고 존경을 받지 못하는 자가 예술적 수단을 통하여 군중들을 위안 고무하려 할 때 그것은 진실하고 엄정한 근로자들에게 소기의 감명을 주지 못하리라는 것은 두말할 필요도 없다。

II

단일적 혹은 련합적 성격으로 조직된 무용 써클이 활발히 운영되고 높은 성과를 쟁취하기 위해서는 우선 자각적인 사상적 단결과 높은 동지애로써 결속되는 고상한 륜리와 규률이 필요하며 아울러 기술적 문제들의 해결이 중요한바, 이에는 다음과 같은 문제가 제기되리라고 생각한다。

그것은 첫째로 운영상 일반적 문제, 둘째로 사업 계획의 대상, 세째로 작품 형상 과정에서의 기술적인 몇 가지 문제 등으로 생각할 수 있을 것이다。

1. 무용 써클 운영상 일반적 문제

무용 써클이 운영의 첫 걸음을 밟기 위해서는 우선 련습장이 있어야 하는바, 무용은 육체적 률동과 운동이 기본 훈련이며, 수단이니만치 일정하게 넓은 공간을 차지하는 장소가 요구된다。

직장들에 있는 민주 선전실—구락부들이 련습장으로 리용될 수 있으며 이상의 기본적 시설이 없는 곳에서는 여름철에 한하여 야외 (아담하고 평탄한 장소)를 리용할 수 있을 것이다。

그런데 초기에는 써클원들이 수집어 자기 마음대로 행동하서 못하기도 없고 외부의 방해로 인해 적극성을 상실할 수 있을 것이기 때문에 실내건 야외건 구경'군들이 모이지 않는 곳을 선택함이 좋을 것이다.

무용 련습은 간편한 몸차림으로 하는 것인만큼 환경의 보장은 무엇보다도 절실한 문제이다. 엄동 설한에 난로나 스팀도 없는 마루방이나 혹은 콩크리트 바닥에서 웃저고리를 벗고 춤을 련습하게 된다면 이는 능률이 오르지 않을 것은 물론 적지 않은 고통으로 될 것이다.

련습에 동반되는 필수적 조건으로서는 최소 한도의 반주 악기 (피아노, 아코데온, 오르간, 장고, 가야금, 피리 등)가 구비되여 있어야 하며 반주원이 있어야 한다. 이것은 특히 써클 경연 대회에 참가한 무용 종목이 거의 무반주로 나오는 형편에 있음을 비추어 보아 다시 한번 강조하게 된다.

옛날부터 피리, 장고, 노래'가락이 흥겨워지면 어깨춤이 저절로 나온다는 말도 있으며「손풍금아 울려라 춤은 내가 출테니」하는 말도 있다 싶이 이것은 필요 불가결의 조건이다.

다음으로는 지도 방법 문제이다. 처음으로 무용을 시작한 사람이 지도하는 대로 행동하지 못한다고 지도자가 신경질적으로 망미감을 자르던다면 소보자는 주눅이 들고 당황하여 더욱 움직임에서 중심을 상실할 것이다.

동작에 대한 해설은 소보자들이 될수록 쉬 납득하여 행동할 수 있게 계이한 말로 할 것이며, 동작, 기교들의 특징, 성격들을 정확히 해명해 줌으로써 써클원들이 어렵다는 선입감에 사로잡히지 않도록 해야 할 것이다.

2. 사업 계획의 대상과 써클 운영에 있어서의 기술적 문제

무용 예술은 다른 예술 분야와 엄연히 구별되는 독자적 표현 수단을 가지고 있으며 형상 방법에 있어서도 독특한 수법과 양식을 가지고 있는만큼 무용 써클들에서의 사업 계획의 내용 들도 이에 적응하게 수립되여야 할 것이다.

그렇다고 하여 무용 예술이 다른 자매 예술과 하등 인연이 없다는 것은 아니다. 무용 예술은 어디까지나 자매 예술의 제 형식 수단과의 련관 속에서 이루어지는 종합 예술인 것이다.

특히 무용 예술은 음악과의 밀접하고, 유기적인 관계를 떠나서는 존재할 수 없다고 말해도 과언이 아니다.

그러므로 무용 써클의 사업 계획은 자매 예술을 최대 한도로 배우며 리용하는 유기적 련관 속에서 수립되여야 한다. 동시에 또한 무용 예술은 어디까지나 자기 독특한 기술적 문제를 가지고 있는만큼 자기에게 부과된 전문적인 마스쩨르스뜨보 (기교)의 습득과 제고에 주력하도록 해야 하는 것이다.

그러면 그것은 어떤 것이겠는가?

첫째로 무용의 기본 훈련 즉 무용와 기교와 형식에 대한 연구 습득 사업이다.

무용은, 극장에서이건 써클에서이건 기본 훈련과 기교 형식에 대한 습득으로부터 시작하는 것이며, 이는 배우들이나 써클들의 예술성을 제고시키기 위한 선차적인 과업인 것이다.

그런만큼 써클 사업 계획에 있어서 정상적이며 체계적인 무용 기본 련습의 진행은 가장 중요한 것의 하나로 된다.

써클에서는 조선 무용 기본과 아울러 현재 일반적으로 보급되여 있는 쏘련과 중국의 몇 개 민족 무용 기본을 대상으로 곡목을 선정할 수 있을 것이며 나아가서는 인민 민주주의 제 국가의 민족 무용까지도 포함시킬 수 있을 것이다.

이것은 민간 예인들을 초청하거나 발견하여 전습받을 수도 있고, 써클 지도자 강습회, 전문 극장에서의 써클 지도를 통해도는 전문 극장의 공연과 련습을 관람하는 방법으로 자료들을 구할 수도 있다.

그런데 써클 사업이란 자기의 본신 사업을 완수하고 여가의 시간을 리용하는 것이 기본 원칙이너만큼, 이런 강습회를 통한 견습이나 공연 및 연습, 관람은 매일과 같이 바랄 수 는 없는 것이며, 객관적 지도와 방조만을 기대할 수는 없다.

그러면 일단 써클 강습회에서 일정하게 강습을 받았거나 견습 및 관람을 통해서 얻어진 자료들을 가지고 여하히 목자적 으로 운영하여 나가겠는가. 매일과 같이 몇 달 전에 강습 혹은 지도를 받아 온 기본 동작과 곡목만을 되풀이할 수는 없다. 때 문에 여기에는 매개 써클원들의 집체적인 창발성이 요구되며 기술적인 고려가 요구된다. 강습 혹은 지도를 통해 얻어진 제반 기본 동작들을 월별 혹은 분기 계획에 적절하게 포함시켜 지도 사업을 진행하되 로동에 의한 피로 정도와 그 주간 혹은 그 달의 작업 설정을 고려하여 정력이 몹시 필요한 것과 그렇지 않은 것 은 안배 조절하도록 해야 할 것이다. 이에 있어 우선 조선 무용 기본을 시급히 숙달하는 방향에서 작성되여야 함은 물론이나.

처음에는 어쨌든 강습과 관람에서 배운 기본 동작와 곡목 (조선 것이건 외국 것이건)들을 써클에 망라된 성원들이 되 다 원만하게 마스타하도록 할 것이다.

그 다음 번의 조직은 일정하게 마스타한 기본 동작들과 자 료들에 의거하여 두 가지 방법으로 연구 실시할 수 있을 것 이다.

그의 하나는 이미 배운 기본 동작 및 자료들을 토대로 하 여 률동의 순서들을 이러처럼 늘어서 바꾸어 놓아 지도하는 것 이다.

한 개 동작과 기교들이 다음의 동작을 조성할 수 있으며 이와 련결될 수 있는 동작들을 발견하여 그것을 미적 관념하 에 정리하여 전체로 한 개의 구전을 형성시켜 보는 것이다.

사업 계획의 목록에는 이것은 조선 무용의 어느 기본 동작 에 의거한 꼼비나찌야 혹은 바떼용 연구 계단이라고 기입할 수 있을 것이다.

이와 같은 기교의 꼼비나찌야(련합)와 바떼용(변화시키 여 다양하게 발전시킨 것)에 대한 연구는 어떤 한 개인이 할 것이 아니라 몇 사람이 제각기 연구하여 서로 검토한다든가 혹은 집체적으로 연구하도록 해야 할 것이다。 이것은 써클원들에게 적지 않은 홍미와 연구심을 발동시키게 될 것이다。

이의 방법적 문제로서는 이미 배운 기본 동작들을 충분히 소화한 기초 우에서 다른 무용 곡목, 혹은 극장 무대에서 상연되는 춤들을 관찰하게 할 것이다。 거기에서 자기들이 소유하고 있는 동작과 기교들을 발견함과 동시에 자기들이 배우지 못한 동작, 기교들이 어떻게 련결, 형성되였으며, 그 기교, 동작은 어떻게 이루어지고 있으며 특징은 어디 있는가 하는 것 등을 발견 연구하여 그를 자기들이 만드는 꼼비나찌야와 바떼옹들에 적용할 수 있을 것이다。

이것을 전문적인 술어로 말하면 「률동 구성론」 「무용 기교 형식론」 이라고 한다。

다른 하나의 방법은 이미 배운 기본 동작들과 곡목들을 더욱 원숙하게 련마하면서 자기들이 만든 꼼비나찌야와 바떼옹 등으로 기교 훈련을 더욱 풍부히 하는 동시에 에쮸드 구성 련습의 단계로 넘어 가는 것이다。

이 조직은 상당한 경험과 숙련을 가지고 있는 써클에 해당되는 과제이며 배우술의 연구를 동반한다。

이것은 무용의 기교 형식과 빤또미마가 유기적 련관으로서 종합된 하나의 표현성을 가진 춤을 만드는 기초 훈련으로 될 것이다。

무용에는 사전과 내용을 밝히며 극의 진행을 촉진시키며, 주인공의 내면 세계와 사상 감정의 발전을 론리적으로 명료하게 밝히는 언어적 작용을 하는 행동 무용이 있는 한편 시대, 환경, 장소 등의 특징을 선명히 보여 주기 위하여, 극의 효과와 색채를 강조하기 위하여, 그 시대 인민들의 전형적인 풍속, 감정, 정서를 집중적으로 표현하기 위하여 적용되는 여홍 무용이 있다。

행동 무용은 춤의 사상과 내용을 직접 표현하며 극을 진척시키는 중요한 춤으로서 세련되고 공부한 기교와 빤또미마가 유기적으로 련관되여 하나의 종합된 형식을 가지는 춤인만큼 이의 기초적 훈련은 아주 중요하다.

우리는 어떤 춤을 감상할 때, 그 춤이 추기는 잘 추는 것같은데 무엇을 말하려고 하는지 리해하기 곤난한 것도 보며 반면에 내용을 전달하려는데 급급하여 지나치게 빤또미마(무용적으로 세련되지 않은)를 많이 주입하였기 때문에 춤으로서의 가치를 상실한, 즉 시'적 정서가 걸여된 무미한 춤도 보게 되는 것이다. 그런데 이 두 가지 현상은 모두 행동 무용에 대한 론리적 연구가 부족함으로하여 예술적 형상이 걸연된 데서 오는 것으로 이는 전문 극장에서도 많은 고심과 연구를 거듭하는 문제이다.

이의 초보적인 훈련 방법으로서는 이미 숙달한 일정한 기교 형식을 로대로 하여 행동 표현의 련습을 하는 것이다.

이의 첫 계단으로서는 단순하고 막연한 감정(기쁨, 슬픔, 환희, 애수, 분노, 놀라움, 공포, 희망 등) 표현을 목적으로 하고 에츄드를 만들어 보게 하는 것이다.

이것은 초기에는 써클 지도자를 중심으로 하는 핵심일'군들 사이에, 점차적으로는 써클원 전체에게 과제로 줄 수 있다고 본다. 과제를 받은 써클원은 기쁨 혹은 슬픔의 감정을 표현하기 위해서 자기가 배운 기교 형식 및 률동을 가지고 연구할 것이며, 자기가 알고 있는 최대한의 자료들을 보충하며 나아가서는 창조할 것이다.

시일을 두고 연구한 에츄드들은 계획에 지적된 어느 시각에 모두들 앞에서 발표하여 일정한 결론을 얻을 것이며, 좋은 것은 모범으로 하여 전체가 따라 배우는 조직이 제기되여야 할 것이다.

둘째 계단은 단순하고 막연한 감정의 제시에서 한 걸음 나아가 구체적인 행동적 과제를 제시하는 계단이다.

「봄날 꽃밭에서 나비를 쫓아 다니다」
「추운 겨울 날 기쁜 일이 갑자기 생겼다」

「숨을 죽이고 적진을 향해 육박한다」

「표창을 받은 나의 결의와 기쁨」 등등과 같은 행동적 과제를 제시하여 연구케 하면 시절도 장소도 행동선도 료해한 기초 우에서의 형상 계획이 나올 것이다.

이는 적지 않은 시일을 필요로 하는 것으로 계속 부절하게 기교 련마와 자료 선정 사업을 진행해야 하며, 수시로 제기되는 강습회, 지도자 초빙, 전습 사업 등을 조직 참가해야 한다.

또한 이 과정에 들어 서려며는 이미 배운 단순한 기본 동작과 기교 형식의 파제용만으로는 불가능한 것이니 실지 생활 과정에서 관찰할 수 있는 행동과 동작들을 률동적이면서 사실적으로 표현할 수 있도록 세심하고 부단한 연구가 동반되여야 한다.

이상의 과제는 무용 학교, 극장등에서도 연구 대상으로 하고 있는 것으로 써클에서도 또한 필요하다고 본다. 이에 있어서 특히 강조할 것은 그저 흥미적으로 해 볼 것이 아니라 어디까지나 자기들의 력량과 실정에 적응한 정확한 사업 계획을 수립해야 한다는 것이다.

결론적으로 말해 이상의 훈련 방법은 배우술과 련결된 것으로서 써클원들로 하여금 어떻게 이미 배운 기교와 동작들을 원숙하고 아름답게 추게 할 것인가에 그 첫 번째 의도가 있으며, 일정하게 숙달된 기교와 동작을 감정 표현에 어떻게 적용시키겠는 가에 둘째 의도가 있으며, 어떻게 다양한 기교와 형식을 판도미마와 련결시켜서 일정한 내용을 표현하는 종합된 하나의 형상을 낳게 할 것인가에 세째 의도가 있다.

다음 기교 형식의 훈련과 습득에서 한 가지 더 보충할 것은 특수 기본을 만드는 것이다.

무용에는 장단의 성격에 의하여 춤 가락들이 상이한 특징과 형식을 가지고 있으며, 춤의 스찔상 특수성에 의하여 춤 가락도 특징이 있다. 례를 들어 한삼과 부채를 가지고 추는 춤과 탈춤은 서로 각이한 특징이 있으며 춤'가락도 다르다。 또한 승무와 농악무도 서로 다르다。

그런만큼 탈춤이라면 탈춤에 적용되는 춤'가락들을 모아, 농악무는 농악무에 소요되며 사용되는 춤'가락들은 모아 종합하도록 할 것이다。 최근에는 수박(手拍) 춤이 류행인데 이 수박춤, 가락도 최대한으로 종합해 보는 것이 필요할 것이다。

이렇게 춤의 스찔과 장단의 성격 및 특수성에 의거하여 종합한 춤'가락들을 한 묶음으로 하여 련습 조직을 하는 것도 써클 인물로하여금 춤의 매개 특징과 성격을 리해하고 빨리 숙달하게 하는 데 막대한 도움을 줄 것이니 이는 전문 극장과 학교에서도 역시 필요한 것이다。

이상과 같은 자료와 기술적 축적과 훈련들은 써클이 앞으로 창조하게 될 작품들의 다양성과 풍부한 사상 예술성과 선명성을 보장하는 중요한 담보로 될 것이다。

다음으로 훈련 과제로서 제기되는 또 한 가지 중요한 문제는 집단지 구도 형성에 대한 련습이다。

이 방법은 군무나 무용극에서 군중이 무대에 자리잡고 있 채로 막이 오른다든가, 무대에서 퇴장하지 않은 채로 막이 내리는 경우에 필요하다。

군무나 무용극에 있어서는 집단적인 조형성이 필요한 것이니 그 조형성은 일정한 구체적이며 선명한 사상 감정의 표현을 전제로 한다。

우리는 무대에서 춤들은 잘 추는 것 같은데 개막시의 포즈와 종말의 포즈가 산만하며 추상적임으로하여 불유쾌한 유감스러운 인상을 받게 되는 일을 가끔 발견할 수 있다。

이렇듯 대사와 가사가 없는 무용 예술에 있어서는 특히 사전의 도입, 개시와 종말의 포즈가 중요한 역할을 논다。 종말 포즈는 그 작품의 클라이막스를 이루고 있을 때도 있으며, 시초의 과제를 집중적으로 표현할 때도 있는 것이다。

집단적 포즈와 형식으로서 일정한 사상 감정을 표현하는

향직은 창작자의 의도에 의하여 그의 형상적 특징에 의하여 각 각 특색을 가지게 되는 것이지만 대체로 두 가지로 나눌 수 있다.

그의 하나는 종합적이며 통일적인 포즈와 구도의 형성으로써 시작 혹은 종말을 짓는 것이 있으며, 다른 하나는 개별적 인물의 개성적 신분적 특징에서 오는 각이한 행동과 포즈들이 조형적 미를 반영하면서 동일한 목적 지향성을 뵈여 주며 종말을 고하는 것을 들 수 있다.

이와 같은 련습은 써클에서도 필요한 것이니 이를 여하히 할 것인가.

우선 과제 (행동할 수 있는)를 내 놓는다. 례를 들면 「원쑤 격멸에로」 「당 주위에 더욱 굳게 단결하자」 「행복한 우리 조국의 앞날을 바라며」 등등 여러 가지로 내 놓을 수 있다.

집행자는 연기자가 자기 자리에서 중앙에까지 나와서 포즈하기까지에 소요되는 음악의 소절수를 결정하여 준 다음 4,5분의 여유를 주고 나서 행동하게 하는데 한 사람씩 나와서 하는 개별적 방법과 여러 사람이 한 시각에 일제히 나와서 하는 집체적 방법이 있다.

개별적 방법시는 먼저 나와서 포즈한 사람과 조형적 균형이 맞도록 굴곡있게 진행시킬 것이다.

집행자는 개별적 혹은 집체적으로 진행하여 완성된 포즈에서 행동적 과제를 제시한 내용이 예술적으로 훌륭하게 표현되여 있는가 어떤가에 대하여 우단점을 들어 가며 설명해 주어야 할 것이다.

종합적이며 통일적인 포즈와 구도의 형성에 대한 것은 창작자 혹은 그 집단의 독창적 연구에 의하여 다양한 구도와 형식을 안출할 수 있는 것이나 이것도 역시 행동 과제를 정부하고 선명하게 표현할 수 있는 최선의 것을 연구해 내야 할 것이다.

둘째로 사업 계획의 하나로서 써클에서 련습을 받고저 하거나, 창작하려고 하는 레파토리를 토의하는 문제인바, 이에는 당과 직맹 단체와의 긴밀한 련계가 필요하다.

레파토리는 자기 직장 생활을 반영한 것으로서 자기 직장 사업의 매 시기와 계단의 정치적 생산적 목적 달성을 방조하는 방향에서 토의 결정하는 것이 가장 리상적이다.

전습 받을 작품에 있어서는 레파토리는 무엇이며 전습 받을 곳은 어디이며, 누가 언제까지 어떤 수속과 절차 밑에 배웠다가 우리의 것으로 할 수 있겠는가 하는 것이 토의되여야 하며, 배역과 시간, 작곡과 반주 문제, 의상, 소도구에 대한 해결책, 상부에 건의할 문제들이 구체적으로 계획에 지적되여야 한다.

세째로 전문 극장이나 다른 써클에서 진행되는 꼰첼트 혹은 무용 공연의 감상 조직 및 관람 후의 합평 연구 사업 조직을 하는 것이 중요한 사업 목록으로 될 것이다.

무용 써클원들은 일반 관중들보다 더 열성적이며, 엄격한 무용 공연의 관객이 되여야 하며 비평가가 되여야 한다. 그러므로 관람시에 있어서도 연구적이며 분석적인 학습하는 립장에서 보아야 한다. 첫째로 그 작품의 기본 쩨마가 무엇이며 그것을 어떤 형식을 통해서 어떻게 형상하였는가, 그 쩨마가 인민들에게 어떠한 위안과 교양적 가치를 부여하는가, 둘째로 매개 인물의 률동은 그의 신분과 성격, 년령과의 관계에서 어떤 련관성을 가지고 있는가, 세째로 무용 음악은 그 작품의 사상성과 성격을 옳게 묘사하고 있는가, 음악으로서의 자기의 독자적인 예술성을 가지고 있는가를 연구하며 사건의 고조, 배역과 음악과의 관계 등을 살필 것이며, 네째로 의상, 소도구, 장치, 조명 등에 대한 것을 연구해 보아야 할 것이다. 이에 있어서 극히 중요한 것은 새롭고 풍부한 내용을 묘사하기 위하여 어떠한 새롭고, 발전된 풍부한 기교물이 발견 창안되고 있는가를 주목하는 것이다.

다음으로 더 연구할 문제는 상연된 무용 곡목이 어떠한 형식을 통해서 창작되였는가 하는 문제이다. 조선 무용이면 조선 무용의 어떤 스쩔이 기본 형식을 이루고 있는가, 그 스쩔은 그 작품의 내용을 표현함에 있어서 적당하며 원숙한 표현성을 내포하고 있는가 하는 문제를 연구해야 할 것이다. 외국 민족 무용이라면는 그것이 어느 나라의 형식과 기교인가, 그 나라의 민족 무용 기교와 률동이 아닌 것들이 혹시 혼합되여 있지는 않은가, 하는 문제를 연구해야 할 것이다. 이렇게 함으로써 이는 써클원들 자신이 알지 못하던 외국 민족 무용의 기교나 률동과 친숙해질 수 있으며 배울 수 있는 계기들로 될 것이다.

또한 작품의 구성상 반전 법칙에 대하여 연구하는 것이 필요한바, 극의 전개에 대한 수법 즉 사건의 도입 개시, 발전, 전환, 절정 (클라이막스), 종결들이 어떠한 의도 밑에 어떠한 수법으로 해결, 진척되고 있는가 하는 문제들을 분석해야 한다. 무용 창작에 있어서 일반적이며 고전적 수법의 하나로서 독무에서는 춤의 중간부 혹은 종말 부분에 그가 가지는 가장 독특하고 시위적인 기술적 바테숑을 포함시키는 것이 상례이며, 군무에서는 「바라비례」라고 하여 춤의 종말에 있어 피터 바람과 같이 열정적으로 한바탕 춤의 흐름을 끌어 올티고 끝마치는 형식들이 있으니, 이런 수법도 잘 살펴야 할 것이다.

마지막으로 류의해야 할 것은 출연자들의 배당들에 관한 문제이다.

제시된 기교 형식을 훌륭하게 뵈여 주면서 어떻게 일반된 체험 속에서 과장함이 없이 진실하게 연기하는가 하는 것을 세밀히 관찰하여 모범으로 삼아야 한다. 필요 없고 지나친 얼굴 표정과 감정의 로출은 관객에게 불쾌한 감을 주며, 소박하고 진실한 역에의 열중은 관중의 동감과 감명을 환기시킨다.

그런데 이상과 같은 각 부문을 종체적으로 분석하는 립장에서 관람하는 것은 불가능할뿐더러 그렇게 하면 구체적인 파악을 못하게 된다. 그것은 작품이 하나 창조되기까지는 2개월 내지

1년 반이나 걸리는 것이며 또한 이는 여러 전문적 분야의 사람들이 집중적으로 협력하여 만드는 것일뿐더러 무대 예술은 공간적이며 시간적인 예술인만큼 더욱 곤난한 것이다. 그러므로 써클원들이 집단적으로 가서 각기 부문을 분담하여 연구 분석하는 것이 중요하며, 합평회시는 각기 분담별로 전문적으로 보고하고 나서 다른 사람들은 토론으로 보충하도록 이렇게 조직하면 써클 사업에 많은 도움을 받을 것이다.

네째로 전문 극장들의 련습과 시연회에 참가하는 사업 조기은 계획 목록에 포함시켜야 한다. 좌담회 사업도 또한 중요하다.

현재 써클들에서는 전문 극장의 련습을 참관한다든가 좌담회를 조직하는 사업이 불가능한 듯이 도외시되고 있다.

써클 운영을 위한 마스쩨르스뜨보 제고에 있어서나 작품 창조 사업에서 이 사업 조직은 막대한 도움을 준다.

다섯째로 가능한 정도내에서의 무용 리론 연구 사업과 아울러 예술 교양 (실기를 포함하여) 사업과 자매 예술 감상, 연구 사업도 사업 계획에 포함시킴이 필요한데, 이것은 자매 예술 써클원들과 공동적으로 진행할 수 있을 것이며, 이렇게 하여 서로 방조를 받을 수 있을 것이다.

이상이 무용 써클 운영에 있어서 기술적으로 제기되는 개 략적인 문제들이며, 사업 계획의 대상으로 될 수 있는 문제들이라고 생각한다.

3. 작품 형상 과정에서 제기되는 기술적 문제들

작품 창조 과정에 대한 것은 이미 론술하였기 때문에 다시 반복하지 않고, 여기서는 1956년 5·1절 기념 전국 산업별 직맹 단체의 무대 예술 경연 대회를 비롯한 써클 심사 과정에서 나타난 현상들에 비추어 시정해야 할 기본 방향과 방법적인 몇 가지 문제들에 중점을 두고 이 문제를 론하려고 한다.

7. 전문 극장에서나 써클에서 무용을 만들려고 할 때 우선적인 문제는 작품의 주제에 관한 것이다.

「주제는 작가가 작품에서 쓰려고 기도한 현실의 범위를 말하는 것으로서……그 주제 속에는 작가가 자기 작품 속에서 독자들에게 말하며 호소하려는 주장과 사상이 표현된다。」(문학 써클원 수첩)

무용에 있어서도 제마 선택은 일차적인 중요성을 가지며, 그 주제의 선택에 따라서 또한 선택된 주제의 성격과 창작자의 의도에 따라서 그 내용을 표현할 수 있는 기교 형식을 중심으로 하는 구성 플랜이 나온다.

무엇보다 무용에 있어서는 그것이 독무이건 군무이건, 지어는 무용극이건간에 주제가 명확하고 압축되여 간결해야 하며 생동성을 가져야 한다.

그것은 무용 예술이 대사나 가사가 없이 춤과 빤또미마로서 묘사하는 예술이며, 등장하고 있는 주인공 혹은 군중들이 사건의 과거와 미래를 구체적으로 관객에게 전달할 수 없으며 현재의 행동과 극으로서 직접적으로 관중에게 호소해야 하는 조건적인 예술이기 때문에 더욱 그렇다.

복잡하고 기본 주제가 무엇인지 분간하기 곤난한 것이라든가, 생활을 그린다고 해서 그의 시작, 과정, 종말, 결과(실지 생활적인 행동의 나열을 말함)를 전부 설명하려고 하는 자연주의적 묘사 방법은 제거되여야 한다.

생활의 어느 한 본질적이며 전형적이고 흥미있는 측면을 선택하여 이를 풍부하고 흥미있는 예술적 수법과 과장을 통해서 그려 내도록 해야 한다.

특히 무용 소품에 있어서는 주제의 단일성이 요구되는바 「한 가지 문제를 제기하고 그것을 해결」하는 것으로 되여야 하는 것이니 이는 문학에서의 단시와 흡사하다.

소품에서 복잡한 내용, 생활 및 작업 과정을 나열식으로 그리는 폐단을 제거할 것이며, 우선 자기들의 실생활과 주위에서 주제를 찾아 선정해야 할 것이다.

다음으로 써클에서의 주제 선정의 실질적 대상으로서는 자기 지방과 마을의 아름답고 고유한 전설, 풍습, 지난 세기 조선 인민들의 애국적인 투쟁의 에피쏘드, 일제를 반대해 싸운 로동자, 농민들의 애국적 투쟁의 단편들과 아울러 고전 유산들에서 가져온 주제도 좋을 것이며 그 밖에도 실생활 과정에서 다양한 주제를 얼마든지 선정할 수 있을 것이다.

주제 선택에 대한 더욱 본질적이고 구체적인 제시는 김일성 동지의 「작가 예술인들에게 주신 격려의 말씀」 및 문화 선전상 동지의 「문학 예술의 가일층의 발전을 위하여」 등을 연구 참조하면 좋으리라 본다.

ㄴ. 형상 과정에서의 기술적 문제의 하나는 기교와 형식에 관한 것인바, 아무리 능란한 기교라 할지라도 그것이 작품의 내용과 성격 및 형태에 적응한 것이 아닐 때에는 그의 가치를 잃는다.

무용에 있어서 기교 동작은 그의 내용과 주제에 합당한 것이여야 하는 것으로 이는 시 작품에서 사용되는 어휘들과 같이 세련되고 미'적으로 압축 혹은 과장된 것이여야 한다.

기교 형식과 아울러 빤또미마는 사실적이여야 하며 등장 인물의 성격, 신분, 그의 시대, 그의 생활 처지 등에서 오는 특성적인 것을 살려 미'적으로 정리해야 하는 것이니 외국 민족 무용 혹은 클라식 발레트를 위시한 여러 형식과 기교를 도입 적용함에 있어서도 그것들이 생경하게 원형 그대로 로출되게 할 것이 아니라 그 인물, 풍습, 생활에 적응하게 창조적으로 도입 적용해야 한다.

ㄷ. 기교 형식, 빤또미마의 문제를 더 구체적으로 언급하려고 할 때 인물의 성격화와 함께 민족적 형식 및 특색의 선명성과 정확성에 관한 문제가 중요하게 제기되므로 다시 한번 강조하게 된다.

이 문제는 써클에서 적지 않은 관심을 하고 있는 문제라고 생각한다.

　무용 창작에 있어서 일정한 주제와 내용을 일정한 인물(개성화된)들을 통해서 묘사함에는 반드시 그 각이한 인물의 년령, 성별, 사회적 위치, 성격적 특징들에 적응하는 률동과 기교, 동작 및 빤또미마를 발전해야 하며 창조해야 한다.

　기교 형식에 있어서 외국의 민족 무용들은 남자와 녀자의 률동과 기교 형식이 각기 뚜렷한 자기의 역할과 특징을 가져 각이하게 묘사되는데 조선 무용에 있어서는 그것이 동일한 형식과 정서로 묘사되며, 외국 민족 무용은 활발하게 추는데 조선 무용은 얌전하고 률동의 기복이 없이 추는 등 이런 부정적 현상들을 제거해야 한다. 조선 무용에 있어서 실제로 풍부한 남성적 춤'가락을 힘써 배워야 할 것이다.

　또한 신분 관계에 따라 명확한 률동과 기교 동작을 부여해야 하는바, 아동들의 생활 모습과 행동은 성인 혹은 로인의 것과 엄연히 구별되는 데도 불구하고 차별없이 동일한 률동과 기교를 부여하며 내'적 정서도 량자간에 한계가 없는 등 폐단들은 창작 사업에서 시정되어야 할 중요한 문제이다. 심한 경우에는 로인으로 분장한 배우가 의상, 소도구 등 외'적 조건만은 갖추었으나 얼굴은 젊은 그대로 률동은 청년들 이상으로 뛰여 돌아 다니는 현상까지도 볼 수 있는 것이다.

　다음으로 민족적 형식의 구체성과 정확성에 관한 문제인데 흔히 써클에서는 외국 민족 무용을 상연할 때에, 「쏘련 무용」(혹은 「중국 무용」)이라고 제목을 소개하고 로씨야 민족 의상을 입고 나와서는 로씨야 민족 무용 기교 형식이 전혀 아닌 어떤 춤을 춘다든가 우크라이나, 몰다비야, 백로씨야 등의 민족 무용 기교들이 혼합되여 있는 것을 들고 나오는 일이 많으며 발레트 무용이라 해 가지고 백색 까제로 쮸쮸—(고전 발레트 의상)를 만들어 입고 나와 곡예 무용도 아니고 체육 무용도 아닌 분간하기 힘든 춤을 추는 일도 있는데, 이런 정확치 못하고 자신 없는 것은 보류하고 자신있고 정확한 자료를 얻을 수 있는 조선 무용을 전적으로 연구해 가며, 일방 점차적으로 정확한 자료에 립각한 정확한 훈련을 거쳐 외국 무용들을 듣고 나오도록 하는 것이 좋을 것이다.

이것은 외국의 민족 무용들이 광범하고 정확하게 소개되여 있지 못하며, 써클들에 전문적인 강습을 주지 못한 현재에 있어서는 피치 못할 사정인 것으로, 앞으로 써클에서 외국 민족 무용을 준비할 경우에 있어서는 전문 극장과 협의하여 방조를 받는 것이 효과적일 것이다.

ㄹ. 작품 창조에 있어서 이미 만들어진 일반화된 일정한 형식과 기교에다가 기계적으로 창발성이 없이 새로운 내용을 담으려고 하는 현상들이 적지 않게 있다.

일정한 작품의 형식과 구도는 그 작품이 표현하고저 하는 사상과 내용에 적응하게 이루어졌다는 것을 모르고 그 내용과 주제는 어찌 되였든 새로운 내용과 주제를 일정한 틀에다가 맞추어 보려고 애쓰는 폐단이 있는가 하면 이미 발표된 작품을 시작과 종말 혹은 중간 부분을 약간 손질하여 (더 훌륭하게 하지도 못하면서) 자기 작품으로 새로운 제목을 달고 나오는 폐단이 있는데 이는 아주 좋지 못한 현상이다.

또한 무용이라 해서 철두철미 무용의 기교, 률동으로만 일관해야 된다는 인식 밑에 애써 노력하였는데도 불구하고 아무런 감흥도 주지 못하는 작품이 많다.

이는 세련되고 미의식화된 빤또미마와 밀접히 결부시켜 무용화하지 못한 탓이니 춤이 될 장면은 춤으로 하고 빤또미마로 해결할 것은 빤또미마를 리용해야 하는 것이다. 빤또미마는 음악 선률상에서 순전한 연극적 동작으로도 할 수 있으며 률동화해서 할 수도 있다.

그런데 중요한 것은 이것들이 서로 밀접한 련관 속에서 종합된 정서로서 표현되여야 한다는 것이다.

ㅁ. 로동 과정 (공장에서는 생산 과정, 농촌에서는 농사일)을 무용으로 묘사함에 있어서 로출되기 쉬운 그릇된 현상

은 로동 과정을 묘사한다고 해서 행동을 라렬식으로 널어 놓는 것이다.

근로자들의 내면 세계에서 물끓는 창조적 회열, 로동에 대한 즐거움과 흥겨운 심정 등을 표현하기 위해서는 로동 과정을 그저 기계적으로 옮겨 놓아서는 안 되며 세련되고 풍부한 기교 동작으로써 안받침된 행동적 과장이 리드미칼하게 반영되여야 한다. 로동 과정들이 예술적 과장과 률동성으로 안받침되여 맥맥히 흐르는 듯 묘사되여야 한다. 그렇다고 하여 이는 실지 로동 과정이나 동작과 인연이 없는 아무런 동작으로써도 표현이 가능하다는 것은 아니고, 어디까지나 모방에 머무르지 않는 예술적 재현이 되여야 한다는 것을 의미한다.

전실한 예술적 재현이 관중의 흥미와 공감을 볼며 일으키게 된다면 실지 작업 과정의 행동이 그대로 반복되지 않는다고 해서 나무랄 사람은 없을 것이니, 예술은 리알한 형상의 창조인 것이며 현실의 기계적 모방은 아닌 것이다.

작업 및 로동 과정을 리알하게 표현한다는 것은 무엇인가.

만일 어떤 무용 동작이 사과를 따는지 꽃나무 가지를 꺾는지 뽕'잎을 따는지 분명치 않다든가, 용광로에 석탄을 퍼넣는 건지 재를 담아 내는 건지 애매하다든가, 모를 심는지 이삭을 줏는 동작인지 분간하기 곤난하다면 이는 관중들에게 의혹과 비 진실감을 줄 뿐 도저히 감명을 줄 수 없을 것이다.

로동 과정의 묘사에 있어서 이러저러한 구도의 변화를 가져 오는 단지 그 자체에만 매여 달릴 것이 아니라, 로동 과정에서의 근로자들의 감정 세계와 지향, 락천적이며 로동을 애호하는 그들의 정신, 동지 호상간의 두터운 애정의 교류, 사회주의적 경쟁심, 개성적 특징 등등을 행동 무용으로써 혹은 구도상 변화 등을 리용하여 묘사하는 것이 중요하다. 즉 인간으로서의 생동하는 모습들이 묘사되여야 한다는 것이다.

그 다음으로 로동 과정의 제 동작과 행동에 대한 예술적 과장과 확대에 대한 것인데 이는 그 과정의 외형적 동작에 대한 피상식이며 인상식인 묘사만으로써는 불가능한 것이다。 하나의 극의 과정을 묘사함에 있어서 인간의 육체적 동작과 행동이 가지는 운동 법칙과 특징을 정확하게 본질적으로 관찰하고 포착하여 다양한 구성과 율동으로써 마련용 (본질적인 목적과 대상에서 리탈되지 않는 범위내에서 변화시키며 발전시키는 것을 념두에 두고) 하는 것이 그 중요한 고리로 되는 것이다。

이에 있어서 인간의 동작과 행동은 어떤 심리적 변화나 혹은 신체 내부의 변화를 일으킨다든가 또는 객관에 작용할 때에 제각기 상이한 특징과 형태를 조성하는 것이며, 이 제각기 상이한 특성과 형태들은 또한 그 자체로 개성적인 특징과 형태들을 띠고 있으면서도 본질에 있어서 호상간 일반적 공통성을 가지고 있다는 것을 고려하고 감작해야 할 것이다。

ㅂ。 무용 예술에 있어서 생활을 묘사하는 데 실재 인간을 등장시키지 않고 동물 혹은 식물의 어떤 것을 상징화한 인물을 통하여, 또는 동식물의 생활 현상 혹은 상태 묘사를 통하여 인간의 사상 감정을 표현하는 특징적인 수법이 많이 사용되고 있다。 이런 수법은 일정한 성과를 거두면서 보편화되고 있으며, 특히 아동 교양의 주요 수단으로 되고 있다。

이 수법에 있어서는 상징화된 동식물 그 자체들만 등장하는 수도 있고, 실제 인간과 같이 등장할 수도 있다。

이와 같은 작품들의 실례로는 국립 예술 극장의 「장미」, 조선 고전무의 하나인 「학춤」, 민족 무용인 「사자춤」, 쏘련 작품으로서 발레로 「백조의 호수」, 「의사 아이바리드」 등을 들 수 있다。

이러한 수법을 적용함에 있어서는 다음과 같은 문제들이 고려되어야 한다。 그것은 첫째로 주제의 문제, 둘째로 형상에 서의 기술적 문제, 세째로 음악, 의상에 대한 문제이다。

첫째로 주제에 대한 문제에 있어서 비록 동식물의 생활 및 상태를 통한 형상이라 하되, 그것은 실지 인간의 생활을 통해서 창작하는 것과 조금도 다를 것이 없다。 다르다면 형상 과정의 기술적 문제 뿐이니, 이 방법을 적용함에 있어서도 화고간 작가의 이데야, 사상 교양적 목적이 있어야 하는 것이다.

이것은 시인 및 화가가 산천 풍경, 자연 속의 동식물을 노래하며 그릴 때에 있어서와 하나도 다를 것이 없다.

또 하나는 동식물에 대한 선정 문제이다.

우선 동식물 중 무용적으로 그의 생활 상태를 묘사하기 어려운 것이라든가 혹은 외형적 운동 및 성격적 특색이 없는 것이라든가, 또한 보매 인상이 아주 나쁜 동물들은 선택하지 않는 방향을 취하는 것이 좋다. 또한 동식물의 성격적 특징 및 생활 상태에서 오는 상징성을 고려하여 선정하는 것이 합리적이다.

례를 들어 선량하고 평화를 상징하는 것으로 비둘기를, 근면성과 용감성을 상징하는 것으로 제비를, 온순하고 남의 일을 도와 주기 잘하는 선량한 것으로 곰을 선정하는 등등이다.

그 밖에도 여우는 교활하고 간상배적인 행위의 상징으로, 박쥐는 기회주의의 상징으로, 승냥이는 간악하고 야수적인 것의 상징으로 많이 리용되는데 이런 것을 인물 선정에서 참작할 수 있을 것이다. 한편 인간에 대한 리해 관계, 애증 관계에 기초하여 긍정 부정으로 선정되는 수도 있다.

물째로 형상 방법에 있어서의 기술적 문제로서 이에는 두 가지 방법이 있을 수 있다. 그의 하나는 동물 혹은 식물의 생활 습성 행동을 직접 모방하면서 형상하는 수법이다. 례를 들어 「원숭이」면 원숭이의 행동 및 생활 습성을 실자로 률동과 기교로써 모방 재현하는 것으로 아무리 훌륭하게 흉내낸다 하더라도 원숭이와 꼭 같을 수는 없는 것이니 이 경우에는 원숭이의 가장 특징적인 행동과 성격들을 무용적 률동과 기교를 통해서 종합한 형상을 만들어야 한다. 그의 행동적이며 성격적인 면모들을 풍부한 기교 형식을 통해서 창작가가 목적한 사상 감정의 표현에도 이끌어 가야 한다. 이에 있어 사실적인 동작과 행동들을 전문적인 무용의 기교, 률동과 결부시키는 것이 중요한 문제이다.

이런 조화가 결핍된 극단적인 례로서는 형식에 있어서 민족적인 주체를 살려야 한다고 하여 조선 무용의 기교, 률동에만 중점을 두다나니까, 그것이 원숭이가 조선 무용을 추는 건지 사람이 원숭이 흉내를 내는 건지 분간하기 어려운 것조차 있게 되는 것이다.

다른 한 가지 방법은 선정한 동식물의 특징, 인상들을 률동 적으로 모사하지 않고 성격화하여 형상하는 수법이다. 즉 토끼와 승냥이를 등장시켰다고 하면 토끼 혹은 승냥이의 동작의 흉내를 내는 것이 아니라, 어질고 철없고 나약한 토끼와 교활하고 사나운 승냥이로서 즉 성격적이며 본성적인 대립을 설정하고 전문화된 률동 기교, 동작들을 사용하여 형상하는 방법이니 아름답고 강한 장미꽃을 조선 녀성으로 상징한다든가, 강대하고 사시절 무성한 소나무와 대나무를 절개가 굳고 애국심이 강하고 강대한 우리 인민을 상징하여 형상하는 수법 등이 그것이다.

세째로 음악은 무용의 내용을 보충하며 설명하여 주는 춤의 사상 및 내용과 불가분리의 것이니만치 만약 동식물의 상징을 통해서 그린 춤이라면 등장하는 동물 혹은 식물의 특징과 아울러 그 작품의 성격과 인상을 청각적으로 느낄 수 있도록 작곡되는 것이 중요하다. 즉 매개 동물의 성격적 특징, 외모에서 오는 인상, 그의 울음 소리들을 반영할 수 있어야 하며, 또한 생활적 환경과 분위기도 묘사되어야 한다.

네째로 의상에 대한 것인데 의상은 선정된 동식물의 모습 혹은 외형의 일부 (가장 특징적인 곳)를 상징하여 만들 것이다.

색채는 가능한 정도로 그 동물이 가지고 있는 색대로 할 것이며 형태는 춤 추기 편리하며 아름답게 만들되 원형에 충실할 수도 있고, 아주 양식화할 수도 있을 것이다.

8. 무용 써클의 작품 창작에서 쓰이며 (조곡) 형식의

춤을 많이 보게 되는데 이는 앞으로도 력량이 장성되는 대로 장 려해야 할 형식이라고 본다.

쑤이따는 군무에서 한 걸음 더 진전한 형식으로서, 장차 무용극 창작에로 발전할 수 있는 첫 단계이다.

즉 쑤이따라는 것은 몇 개의 춤 곡목을 모아 한 묶음으로 하여 상연하는 것이다. 여기에는 독무, 쌍무, 트리오, 군무 등 다양한 종류들이 동시에 편입될 수 있는데, 대체로 일정한 주제하에 주제와 결부되는 여러 가지 각이하고 다양한 춤들이 모여서 한 개의 조곡을 이루는 것이다.

례를 든다면는 국립 최승희 무용 연구소의 『아름다운 나의 향토』와 『평화의 노래』 등이 그것이다.

『아름다운 나의 향토』는 우리 향토에서 벌어지는 이러저러한 민속적이며 락천적인 면모들이 묘사된 것이다.

『평화의 노래』는 푸로로그의 비둘기춤, 국제 청년들의 상봉, 각 민족 무용의 소개, 공고한 평화를 위한 단결의 데모 춤으로 엮어지고 있다.

이와 같이 쑤이따에는 한 개의 주제 속에 포함되는 여러 가지 춤들이 독자적 성격을 가지는 동시에 그 춤의 곡목들이 분리되여도 하나의 소품으로서의 가치를 보유할 수 있게끔 만드는 수법도 있고 또한 일정한 주제에 의하여 안출된 매개 춤 곡목들이 극적 련관성과 계기들을 제시하면서 진행되여 마지막 춤이 이야기를 맺게 하는 다른 한 가지 수법도 있는데, 그의 특징은 일관된 스쩰에 의하여 일관된 론리성있는 극적 발전 속에서 매개 춤 곡목들이 진행되는 것이다.

이상의 형식이 더 발전되고 확대되면서, 거기에 완전한 사건을 가지고 어떠한 주인공의 생활을 중심으로 하여 극을 전개시키는 무용극이 되는 것이다.

쑤이따 창작에서 중요히 고려되여야 할 과제는

a. 무언극 연기 (빤또미마)와 춤의 결합이 요구된다.

6. 민속적 풍습과 그에 고유한 심리학적 특징들을 충분

히 예리한 사실적 방법으로 형상하기에 노력해야 한다.

6. 유모아와 카리카츄라(戲畫化)는 저속하지 않고 산만하지 않게 묘사되여야 하며 모든 구도들이 교묘하게 형성될 것。

7. 독무에 있어서는 고상하고 세련된 기교와 표현을, 군무에 있어서는 호화롭고 다양한 구도와 집단적 미와 정서의 표현을 의도할 것。

앞으로 써클들이 창작 사업을 진행함에 있어서 참고가 되도록 이상에서 작품 창조 과정에서 제기되는 몇 가지 기술적이며 방법적인 문제들에 언급하였다. 인제 써클 운영상 문제에 있어 몇 가지 더 보충해 말하겠다.

첫째로 써클이 창설한 경우에는 기본 동작 련습에 노력을 경주함과 아울러 극장 혹은 다른 써클을 찾아 작품 (소품)을 4,5개 전습받는 것이 필요하다.

이것은 기술의 급속한 발전과 무용적 두뇌의 발전을 촉진시키며 률동과 친숙하여지는 첫 걸음이 될 것이다.

다음으로 창작시에 있어서의 엄격한 규률과 질서에 대한 것인데 무엇보다도 창작시에는 안무자의 승인이나 요구 없이 함부로 구상에 대하여서나 안무 계획에 대하여 간섭하지 말 것이니 이런 간섭은 창작 추진에 유해로운 결과를 초래할 것이다. 안무 과정에서 발생되는 의문이나 수정 방향에 대한 의견은 그날의 안무가 끝난 다음 안무자와 같이 앉아서 협의적으로 해결할 것이다.

써클에서의 기본 련습은 창작이 없을 때에는 한 시간 내지 두 시간, 창작이 있을 때에는 30분 내지 1시간으로 하고 창작시간은 기본 련습 시간보다 2배 내외로 하는것이 합리적일 것이다. 이에 있어서는 써클원들의 로동에서의 피곤 정도를 엄밀히 타산하는 것이 중요하다.

마지막으로 써클은 어떤 깜빠니야 사업의 수행만을 위해서나 혹은 경연 대회에의 출연을 위해서만 활동할 것이 아니라 정상적인 운영을 가져야 한다는 것을 강조한다.

합평회 사업에 간단히 언급한다면 합평회는 자기들의 환경과 력량을 고려한 기초에서 그에 적응한 평가를 내려야 할 것이며 기술 발전에 대한 고무의 합평이 되여야 할 것이니 방법에 있어서는 좌담식 합평회가 가장 적질하리라고 생각한다.

이상에 종합적으로 언급한 것이 무용 써클의 조직, 운영과 창조 과정에서 제기되는 몇 가지 기술적이며 방법적인 문제들인바, 써클의 활발하고 정상적인 운이의 고리는 일방으로는 조직하는 해당 직장 당, 직맹 단체 지도부의 관심과 조직 지도 사업에서의 열성 여하에 있으며, 타방으로는 써클원들이 자기 사업에 영예와 긍지를 가지고 흥미있게 열성적으로 참가하며 운영에서와 창작, 지도 사업에서 대중적 창발성들을 발휘하는데에 있다는 것을 강조한다. 도힌 전문 극장으로부터 정상적이며 체계적인 방조와 지도를 주는것이 막대한 역할을 논것이라는 것을 언급하면서 무용 써클의 앞으로의 비약적인 성과를 기대하여 마지 않는다.

무용 예술의 기초

1956년 12월 28일 인쇄허부, 1957년 4월 20일 발행
저 자   김 제 홍 · 유 영 근
심사자   조   익   환
발행소   국   립   출   판   사
인쇄소   문화 선전성 중앙 인쇄공장
7—60324   발행부수 10,000부

=값 ~~60~~ 원=
  65

무용 예술의 기초

김제홍 · 유영근

1999년 4월 28일 인쇄
1999년 5월 10일 발행

발행소: 국립출판사
영　인: 한국문화사
　　　　133-112 서울시 성동구 성수 1가 2동 13-156
　　　　전화 - (02) 464-7708, 3409-4488
　　　　팩스 - (02) 499-0846
　　　　등록번호 제2-1276호

값 10,000원

ISBN　89 - 7735 - 616 - 4